NCS
한국가스공사

직업기초능력평가

NCS 한국가스공사
직업기초능력평가

초판 인쇄   2021년 9월 15일
초판 발행   2021년 9월 17일

편 저 자 | 취업적성연구소
발 행 처 | ㈜서원각
등록번호 | 1999-1A-107호
주   소 | 경기도 고양시 일산서구 덕산로 88-45(가좌동)
교재주문 | 031-923-2051
팩   스 | 031-923-3815
교재문의 | 카카오톡 플러스 친구[서원각]
영상문의 | 070-4233-2505
홈페이지 | www.goseowon.com
책임편집 | 김수진
디 자 인 | 이규희

PREFACE

우리나라 기업들은 1960년대 이후 현재까지 비약적인 발전을 이루었다. 이렇게 급
속한 성장을 이룰 수 있었던 배경에는 우리나라 국민들의 근면성 및 도전정신이
있었다. 그러나 빠르게 변화하는 세계 경제의 환경에 적응하기 위해서는 근면성과
도전정신 이외에 또 다른 성장 요인이 필요하다.

최근 많은 공사·공단에서는 기존의 직무 관련성에 대한 고려없이 인·적성, 지식
중심으로 치러지던 필기전형을 탈피하고, 산업현장에서 직무를 수행하기 위해 요
구되는 능력을 산업부문별·수준별로 체계화 및 표준화한 NCS를 기반으로 하여
채용공고 단계에서 제시되는 '직무 설명자료'상의 직업기초능력과 직무수행능력을
측정하기 위한 직업기초능력평가, 직무수행능력평가 등을 도입하고 있다.

한국가스공사에서도 업무에 필요한 역량 및 책임감과 적응력 등을 구비한 인재를
선발하기 위하여 고유의 직업기초능력평가를 치르고 있다. 본서는 한국가스공사
채용대비를 위한 필독서로 한국가스공사 직업기초능력평가의 출제경향을 철저히
분석하여 응시자들이 보다 쉽게 시험유형을 파악하고 효율적으로 대비할 수 있도
록 구성하였다.

신념을 가지고 도전하는 사람은 반드시 그 꿈을 이룰 수 있습니다. 처음에 품은
신념과 열정이 취업 성공의 그 날까지 빛바래지 않도록 서원각이 수험생 여러분을
응원합니다.

STRUCTURE

핵심이론정리

NCS 기반 직업기초능력평가에 대해 핵심적으로 알아야 할 이론을 체계적으로 정리하여 단기간에 학습할 수 있도록 하였습니다.

출제예상문제

적중률 높은 영역별 출제예상문제를 상세하고 꼼꼼한 해설과 함께 수록하여 학습효율을 확실하게 높였습니다.

인성검사 및 면접

인성검사의 개요와 함께 실제 인성검사 유형과 유사한 실전 인성검사를 수록하였습니다. 성공취업을 위한 면접의 기본 및 면접기출을 수록하여 취업의 마무리까지 깔끔하게 책임집니다.

CONTENTS

PART

I

한국가스공사 소개

CHAPTER 01

공사 소개

1 KOGAS 소개

(1) 개요

"국민생활에 기여하는 청정에너지 기업"

KOGAS는 청정 에너지인 천연가스의 공급을 통한 국민생활의 편익 증진 및 복리 향상을 위해 1983년 8월에 설립되었다. 국민생활의 편익증진 및 복리향상을 위해 "전국천연가스 공급 사업"을 지속적으로 추진하여 1986년 평택화력발전에 천연가스를 공급한 이래, 전국적인 주배관 건설공사가 완료됨에 따라 하나의 환상망을 구축하여 안정적으로 가스를 공급할 수 있게 되었다. 더 나아가 2009년부터 미공급 지역에 가스를 공급하고, 2019년 제주권 천연가스 공급을 개시하는 등 에너지 복지 구현 및 지역균형 발전에 기여하고자 공급망 확대사업을 지속적으로 추진하고 있다.

(2) 비전 및 핵심가치

① 비전 ··· KOGAS VISION 2030
Everywhere Green Life, H_2 KOGAS, 당신의 일상과 함께하는 KOGAS 그린에너지

② 핵심가치 ··· 미래주도, 안전우선, 열린사고, 소통협력

③ 경영목표 ··· 가구당 차량연료비 60% 절감, 국가 온실가스 감축 1천만 톤, 영업이익 3조원

④ 전략목표 ··· H_2 Leading, New Business Expanding

수소 공급가격	신사업	가스 공급가격	부채비율	사회적 가치 기여도
4,000원(kg)	매출 2.2조원	20% 절감	230%	최상위

⑤ 전략방향

수소사업 선도	• 자생적 수소 네트워크 구축	• Green 수소 생산 및 확보
	• 연료전지 발전 확대	• 수소 핵심기술 확보
신사업 확대	• 수송용 LNG 보급 확대	• LNG 활용사업 발굴
	• 해외 GTP 사업 참여	• LNG 트레이딩 활성화
상품 및 설비 경쟁력 제고	• 수급 안정 강화	• 생산 · 공급 설비의 안전 · 경제적 이용
	• 천연가스 도입 경쟁력 강화	• 해외 에너지사업 추진
내부 역량 강화	• 재무 건전성 제고	• 업무환경 및 설비의 디지털 전환
	• 경영 관리시스템 개선	• 천연가스 기반 핵심기술 고도화
사회적 가치 실현	• 선도적 재난 · 안전 관리	• 일자리 창출 및 나눔
	• 탄소배출 관리 및 온실가스 감축	• 동반 상생협력 확대

2 사업 소개

(1) 천연가스공급

① **사업체계** … 천연가스는 해외 원산지에서 액화천연가스(LNG)상태로 KOGAS에 의해 도입된다. KOGAS는 이 LNG를 다시 기화하여 발전소 등지에 직접 공급하거나 일반도시가스회사에 공급하게 된다.

해외 원산지 공정	→	KOGAS 공정(도매업)	→	도시가스사(소매업)

② 도입수송

　㉠ **도입현황** : 1986년 10월 국내 최초로 인도네시아로부터 LNG를 도입한 이래 도입량은 해마다 급증하여 2019년 33,734천톤을 도입하였다. 전국 환상공급망 구축에 따른 수요 증가에 대비하여 물량의 적기 확보로 공급의 안정성을 도모하고자 인도네시아, 말레이시아 외에 브루나이, 카타르, 호주, 오만, 미국 등으로 도입선을 다변화하였다. 또한 20년 이상의 장기계약에 의해 도입되는 LNG의 특성상, 과학적인 통계분석모형을 이용하여 정확한 수요예측을 하고 있다. 세계 최대 물량을 도입하는 KOGAS의 국제적인 위상을 바탕으로 경직된 도입조건을 개선하기 위한 활동도 지속적으로 펴고 있다.

ⓒ **수송현황** : LNG를 운반하는 수송선은 영하 162도로 압축되어 있는 LNG를 다량 운반해야 하므로 그 제작과정이 매우 까다롭고, 고도의 해운기술을 요한다. KOGAS는 국내 조선 산업 및 해운산업 육성을 위하여 LNG 국적선 사업정책을 추진, 1994년부터 LNG 수송에 국적선을 투입하고 있다. 이러한 국적선 사업을 통해 추가 운항이 자유롭게 되었을 뿐만 아니라 국내 조선업을 부흥시키는 계기를 마련하였다. 현재까지 KOGAS는 국적선 29척 을 발주하였으며, 6개 해운사에 건조한 LNG국적선이 인도네시아, 말레이시아, 카타르, 오만, 러시아(사할린), 호주, 미국(사민패스) 7개국에서 국내로 LNG를 수송해오고 있다. 2019년 10월과 2020년 1월에 인도된 국적 28, 29호선은 통영-제주를 운항하며 제주 지 역에 천연가스를 공급하고 있다.

③ 생산공급

ⓐ **생산** : 세계 각지의 천연가스 생산국으로부터 LNG수송선으로 도입되는 LNG는 생산기 지에서 하역되어 저장 탱크에 보관되었다가 다시 기화되어 전국 배관망으로 송출된다.

ⓑ **공급** : 각 생산기지로부터 기화된 천연가스를 공급받은 지역본부에서는 각 정압기지(4~ 0.85MPa)를 거쳐서 발전소와 일반 도시가스회사의 배관까지 천연가스를 안전하게 공급 한다. 이 과정에서 중앙통제실은 전국 천연가스 배관망을 총괄감시하고 통제하며 생 산·공급계통을 분석함으로써 안전·안정적으로 천연가스를 공급하고 있다. 또한 지역 통제소에서는 관할 지역의 계통을 감시하고 통제하며 사고지역의 응급조치 및 비상조작 을 담당하게 된다.

(2) 미래에너지

① 수소에너지

ⓐ **수소사업 추진전략**

단계별 전략	2022 준비기	2030 확산기	2040 선도기
	수소산업 생태계 조성	수소이용 비약적 확대	해외 생산 및 수전해 본격화
목표	• 수소 생산 공급 인프라 구축 • 수소유통체계 조성	• 수소 생산·공급 인프라 확장 • 수소유통체계 안정화	• CO₂-free 생산체계구축 • 수소유통체계 고도화
추진방향	• 추출수소 네트워크 기반 초기 구소경제 선도 • CCUS기술도입을 통한 블루수소 생산		• 그린수소 생태계 구축 • 2040년 그린수소 121만 톤 도입
추진계획	• [누적] 충전소 132기, 생산기지 25기 구축 목표		• 국가 수소의 35% 이상 공급

      ⓒ 수소 인프라 조성
- 수소 생산기지 : 2030년까지 25개소 구축
- 수소 충전소 구축 : 2030년까지 132개소 구축
- 연료전지 발전/LNG 냉열

      ⓒ 수소유통센터
- 수소의 유통 및 거래 : ONE-STOP 수소 거래 플랫폼을 제공
- 적정가격 유지 : 다양한 지원정책으로 수소가격 안정화 추진
- 운영정보의 수집 · 제공 : 충전소 운영정보 실시간 제공, 이용자의 불편을 최소화
- 수급관리 : 수소시장 이해관계자 간의 협조체계 구축
- 최적운송망 구축 및 운영 : 유통효율화에 기여
- 공정한 유통질서 확립 : 정량 확인, 금지행위에 대한 불법 모니터링 등 시행

② 친환경 연료전환 사업 … LNG 벙커링 사업, LNG 대형차 사업, 가스냉방 보급 사업

(3) 해외사업

① 해외자원 탐사사업
      ㉠ 인니 해상광구 (Krueng Mane) 탐사사업
      ⓒ 동티모르 해상광구 (E) 탐사사업
      ⓒ 사이프러스 해상 2,3,9 광구 탐사사업
      ⓜ 모잠비크 Area4 사업

② 해외자원 개발 · 생산사업
      ㉠ 캐나다 혼리버 개발사업
      ⓒ 캐나다 북극권 우미악 광구 개발사업
      ⓒ 미얀마 A-1/A-3 개발사업
      ⓔ 인니 세노로 토일리 유가스전 개발 - 생산사업
      ⓜ 이라크 주바이르 유전 개발 · 생산사업
      ⓗ 이라크 바드라 유전 개발 · 생산사업
      ⓢ 이라크 만수리야 가스전 개발 · 생산사업
      ⓞ 이라크 아카스 가스전 개발 · 생산사업
      ⓩ 우즈베키스탄 수르길 가스전 및 GAS Chemical 건설 · 운영사업

③ LNG 프로젝트

    ㉠ 호주 GLNG 프로젝트

    ㉡ 호주 Prelude FLNG 프로젝트

    ㉢ 인니 DSLNG 프로젝트

    ㉣ 캐나다 LNG Canada 프로젝트

    ㉤ 카타르 RasGas 프로젝트

    ㉥ 오만 OLNG 프로젝트

    ㉦ 예멘 YLNG 프로젝트

    ㉧ 모잠비크 Coral FLNG 프로젝트

④ 해외기술사업 및 투자

    ㉠ 멕시코 만사니요 LNG터미널 사업

    ㉡ 모잠비크 마푸토 가스공급사업

    ㉢ 이라크 Kirkuk~Baiji Pipeline EPC 사업

    ㉣ 우즈벡 CNG 실린더

    ㉤ 우즈벡 CNG 충전소

    ㉥ 태국 PTT LNG터미널 사업

    ㉦ 싱가포르 LNG터미널 사업

    ㉧ 아랍에미리트 LNG 터미널 기술자문사업

    ㉨ 중국 저장 LNG터미널 기술자문사업

    ㉩ 중국 장수 LNG터미널 저장탱크 설계 및 감리용역사업

    ㉪ 중국 청도 LNG터미널 기술사업

    ㉫ 쿠웨이트 알주르 LNG터미널 사업

    ㉬ 영국 SABIC Ethane Terminal 시운전

    ㉭ 중국 저장 LNG 터미널 Marine 교육사업

    ⓐ 중국 천진 LNG 터미널 교육사업

    ⓑ 프랑스 덩케르크 LNG터미널 기술자문 사업

    ⓒ 칠레 GNL Mejillones LNG터미널 기술자문 사업

    ⓓ 중국 장수 LNG터미널 저장탱크 설계검증사업

(4) 연구개발

① 중점연구분야

　　㉠ LNG 저장탱크 : 세계 최대 용량의 LNG 저장탱크

　　한국가스공사는 2019년 제주LNG본부에 세계 최초 멤브레인 완전방호식 LNG 저장탱크를 건설하였다. 가스연구원은 국내외 9% Ni강 탱크 설계를 수행하였으며 특히 세계 최초로 207,000kℓ급 초대용량 탱크를 설계하여 국내 삼척기지에 적용하였고 싱가포르 터미널에 수출한바 있다.

　　㉡ 인텔리전트 피그 : 최첨단 배관 관리 기술

　　천연가스 공급배관은 안전한 공급을 위하여 지하에 매설되어 있다. 지하매설 배관에 대한 정확한 진단과 유지보수는 국민의 생명과 직결되는 안전 최우선 과제이다. 인텔리전트 피그는 가스가 흐르는 배관내부를 통과하면서 배관망의 상태를 정확하게 진단하는 기술이다.

　　㉢ 안전방재기술 : 과학적 선진 안전관리, 정량적 위험성 평가 시스템

　　정량적 위험성 평가란 사고의 발생 확률과 피해 영향을 종합하여 위험도를 수치화하고 안전성을 확보하는 통합 위험성 평가 기법이다. 한국가스공사는 최초 설계뿐만 아니라 운영단계에 이르기까지 위험요소를 확인하고 정량화하는 데 필요한 기초 및 응용기술을 개발함으로써 사고 예방과 국내 최고 수준의 위험관리 체계를 구축하고 있다.

② 기술이전

　　기술등록 및 탐색 → 기술이전 신청 → 내부 심의 → 계약 체결 → 기술실시 및 사후관리

③ LNG 기술

　　㉠ 액화플랜트

　　　• 고효율 천연가스 신액화공정(KSMR) 개발
　　　• 액화플랜트 테스트베드
　　　• 액화플랜트 FEED 개발

　　㉡ LNG 저장탱크

　　㉢ LNG 생산기지

④ 설비기술

　　㉠ 안전방재연구

- 가스설비 정량적 위험성 평가 기술
- 누출사고 피해 예측 분석 기술
- 가스설비 구조적 안전진단
- 가스설비 안전 모니터링 시스템
- 매설배관 위치이동 기술
- 지진 관련 기술
- 지하매설물 실증실험 시스템 구축

　　㉡ 배관기술

- 배관재료거동
- 건전성평가 및 보수
- PNG 배관
- 전기 방식 설계 및 부식 진단
- 방식 피복
- 신규 에너지 배관사업 검토
- 공급 기술 검토

⑤ 수소기술

수소생산	• 수전해 수소제조 기술개발
수소저장	• LOHC 탈수소화 촉매반응기 • 수소액화
수소충전	• 수소스테이션 • 수소풍저소 부품 국산화
수소이용	• 지능형플랫폼 기반 복합에너지 허브 시범구축 • 수소에너지/연료전지
CCUS	• CCUS : 이산화탄소를 활용·격리시키는 기술 • 이산화탄소 포집·활용 및 저장기술 개발의 필요성

⑥ 기술지원

　　㉠ 계량연구분야

- 천연가스 유량계 및 유량측정 신기술 연구
- 생산수율 향상을 위한 설비개선 및 표준화 관련 연구
- 유량계 계측기 교정 및 표준화 관련 연구

　　㉡ 품질연구분야

- 천연가스 품질기준 및 검사기준 확립 연구
- 연소기기의 가스호환성 기술 연구
- 열량조절 기술 및 설비공동 이용기술 연구

CHAPTER 02 채용 안내

1 인재상과 채용원칙

① 인재상

　㉠ 원칙과 정직을 추구하는 청렴인재 ··· 공적 가치 실현을 위한 원칙을 준수하며, 부당이득을 항상 경계하고 정직으로 자신의 역할과 책임을 다하는 인재

　㉡ 배려와 협력을 실천하는 신뢰받는 인재 ··· 화합을 통해 시너지를 창출하며, 열린 마음으로 타인과 소통·협력함으로써 지역사회 및 국가에 공헌하고 신뢰를 이끌어내는 이재

　㉢ 조직성장을 이끌어가는 도전적 변화인재 ··· 새로운 변화나 실패를 두려워하지 않고 도전적 의지로 조직의 성장을 이끌어 나가는 인재

　㉣ 미래를 열어가는 창의형 글로벌인재 ··· 기존의 관념에서 벗어나 창의적 방법을 모색하며, 국제적인 안목과 전문성을 가지고 글로벌 수준의 성과를 창출하는 인재

② 채용원칙

　㉠ 공정성과 투명성에 기반한 채용

　㉡ 능력주의에 기반한 채용

　㉢ 공개경쟁시험＋심층면접＋학력·연령 제한철폐

2 인사제도

채용	• 학력 및 연령제한 철폐 • 공개경쟁 원칙
보직	• 순환보직을 원칙으로 적재적소 인력 배치 • 사내공모를 통한 해외근무자 선발 • 인사상담등록시스템에 의한 투명한 인사
승진	• 능력과 성과에 따른 승진관리 • 승진 심사 및 시험에 의한 승진자 결정
평가	• 역량평가 및 업적평가 • 상사·부하·동료·본인에 의한 다면평가시스템 운영

3 인재육성

인력개발체계	• 기반역량 및 리더십 역량 중심의 조직역량개발 교육 • 글로벌 핵심인재 양성을 위한 국내외 장·단기 위탁교육 • 자기개발 교육지원
조직 및 개인역량 강화교육	• 조직 및 개인 역량 강화를 위한 다양한 직무교육 실시 • 직무역량 및 글로벌 역량 중심의 개인역량개발 교육
글로벌 핵심인재양성	• 국내/해외 대학원 장기위탁 교육 • 에너지관련 국제기구 및 해외관련사 장·단기 파견교육
자기개발 교육지원	• 대학원, 전문자격증, 어학 등 다양한 자기개발을 위한 교육지원

4 직무분야 및 업무소개

(1) 사무(경영, 경제, 회계, 법학, 행정)

① 경영지원

   ㉠ **경영기획** : 경영기획, 경영혁신, 경영평가, 대외업무, 사업평가, 연구기획, 조직관리, 출자회사관리, 홍보, 법무, 감사

   ㉡ **경영정보** : 정보기획, 경영시스템 개발 및 운영

   ㉢ **인사/노무** : 인사기획, 인사운영, 교육기획, 교육운영, 급여, 노사협력, 복리후생

   ㉣ **총무** : 총무, 행정지원, LNG도입현장지원, 시설물관리, 용지보상, 비서, 비상계획

   ㉤ **계약** : 국내계약, 국제계약, 원가조사, 자재관리

② 재무

   ㉠ **재무기획** : 재무기획, 예산, 요금원가산정, 요금제도개선, IR

   ㉡ **재무/경리** : 재무회계, 세무회계, 자금조달, 외환관리, 자산관리

③ 마케팅

   ㉠ **수급** : 수급계획, 수급관리, 수요예측

   ㉡ **도입** : 도입계약, 도입운영, 수송계약, 운항관리

   ㉢ **영업** : 계약관리, 수요관리, 영업관리

(2) 기술(기계, 전기, 화공, 토목, 건축, 전산, 자원, 지질)

① 사업개발

  ㉠ **설비사업** : 사업개발, 사업운영, 기술지원

  ㉡ **신에너지** : R&D사업화 및 벤처육성, CDM사업화, 대체에너지사업화, 차량연료사업

  ㉢ **자원개발** : E&P 사업운영, E&P 사업개발, E&P 기술지원

② 기술 지원

  ㉠ **안전** : 안전관리, 품질관리, 환경관리, 안전품질관리, EHSQ시스템관리, 소방

  ㉡ **기술계획** : 사업계획, 계량계획, 기술표준화, 사업소통합관리, 계통분석, 계통운영, 통제시스템관리

  ㉢ **기술정보** : 설비 시스템 개발 및 운영, 전산장비관리

③ 생산

  ㉠ **생산운영** : 생산설비운영총괄, 생산설비개선총괄, 시험분석, 기술관리, 생산설비운영, 생산 설비운영(현장), 시운전, 통제소운영(생산), 생산설비보전

  ㉡ **생산건설** : 건설관리(생산), 건설공무(생산), 공정설계(생산), 설계(생산), 공사감독(생산), 건축 설계 및 시공(생산)

④ 공급

  ㉠ **공급운영** : 공급설비운영총괄, 공급설비개선총괄, 공급설비운영, 공급설비운영(관리소), 통제소운영(공급), 공급설비보전, 관로 개선, 관로 관리

  ㉡ **공급건설** : 건설관리(공급), 건설공무(공급), 설계(공급), 공사감독(공급), 건축 설계 및 시공(공급)

5 전형절차

(1) 모집단위 및 인원

모집분야	직군/직급		주요직무	모집단위	인원
일반직(신입)	기술	6급	수소사업 신성장사업 설비운영/건설	기계	6
				전기	3
				토목	6
				화공	4
사회형평(장애)			수소사업 신성장사업 설비운영/건설	기계	3
				전기	3
				화공	2
고졸인재		7급	설비운영	기계	7
				전기	6
계					40

(2) 지원자격

① 공통 지원자격

　㉠ 연령 : 제한 없음(단, 공사 임금피크제도에 따라 만 58세 미만인 자)

　㉡ 병역 : 「병역법」 제76조에서 정한 병역의무 불이행 사실이 없는 자

　㉢ 학력/전공 : 제한 없음

　㉣ 결격사항

　　• 한국가스공사 인사규정 제5조의 결격사유

　　• 공공기관에 부정한 방법으로 채용된 사실이 적발되어 합격취소, 직권면직 또는 파면·해임된 후 5년이 경과하지 않은 자

　㉤ 기타

　　• 2021.12.6(월)부터 연수원 입소 가능한 자

　　• 성별무관 교대근무 가능한 자

　　• 입사지원서 작성 시 개인인적사항(성명, 생월일 등) 또는 어학정보 등 입력 오기재에 따른 정보 불일치 시 불합격처리

　　• 자격, 우대사항 대상 등 인정 기준일 : 접수마감일

② 일반직(신입) 지원자격

- 외국어(영어)
  - 토익 750점 이상 수준의 유효 영어성적 보유자
  - 유효 영어성적 점수표

토익	텝스	토플	오픽	토익스피킹
750점 이상	322점 이상	85점 이상	IM2 이상	130점 이상

  ※ 청각장애인 중 장애의 정도가 심한 장애인(기존 청각장애 2·3급)은 듣기평가를 제외한 점수가 토익 375점 이상, 텝스 193점 이상

③ 사회형평(장애) 지원자격

- ㉠ 외국어(영어)
  - 토익 500점 이상 수준의 유효 영어성적 보유자
  - 유효 영어성적 점수표

토익	텝스	토플	오픽	토익스피킹
500점 이상	220점 이상	56점 이상	IM1 이상	90점 이상

  ※ 청각장애인 중 장애의 정도가 심한 장애인(기존 청각장애 2·3급)은 듣기평가를 제외한 점수가 토익 250점 이상, 텝스 132점 이상

- ㉡ 유의사항
  - 모집분야 구분에 관계없이 일반직(신입)과 동일근무 및 동일대우
  - 입사지원서 작성 시 사회형평 해당사항 반드시 입력
  - 면접전형 시 장애인증명서 또는 국가유공자 확인서 또는 보훈보상대상자 확인서 필수 제출(미제출시 불합격 처리)

④ 고졸인재 지원자격

- ㉠ 학력
  - 최종학력 고등학교 졸업자(2022년 2년 졸업예정자 포함)
  - 고등학교 검정고시 합격자 지원 가능
  - 전문대 이상 학위소지자, 졸업(예정)자, 졸업유예자 지원불가
  - 대학 중퇴자 및 재학·휴학 중인 자 지원 가능하되, 졸업가능학점까지 신청하여 별도 수업 없이 졸업 가능한 경우는 지원불가

  > ※ 면접전형 시 학력 확인 서류 필주 제출, 미제출 시 불합격 처리됨.
  > ※ 고졸학력으로 합격되었음에도 불구하고, 「고등교육법」 제2조 등에 따른 학교의 학력 소지자로 확인될 경우 허위서류 제출로 인한 부정합격으로 간주, 합격취소 및 직권면직 처리하며, 향후 5년간 우리공사 채용시험 응시 불가

- ㉡ 자격 : 관련분야 기능사 이상의 자격을 취득한 자

ⓒ 연령

- 만 18세 이상인 자(근로기준법 제70조 2항에 따라 야간근로와 휴일근무 가능자)
- 단, 공사 임금피크제도에 따라 만 58세 미만인 자일 것

ⓔ 병역 : 군미필자 지원가능, 「병역법」 제76조에서 정한 병역의무 불이행 사실이 없는 자

(3) 전형절차

① 원서접수 … 인터넷 접수

② 서류전형 … 적격자 전원 선발

- 평가내용 : 지원자격 충족여부 및 입사지원서
- 자기소개서 불성실 작성자 불합격 처리

③ 필기전형

- ㉠ 인성검사(적부) : 공사 인재상 부합여부 및 가치관 등을 평가하여 적격자를 선발, 직업기초면접 자료로 활용
- ㉡ NCS 직업기초능력(100점, 50%) : 업무수행에 필요한 의사소통, 수리, 문제해결, 자원관리, 정보 등의 능력을 평가
- ㉢ 직무수행능력(100점, 50%) : 직무수행 시 필요한 전공 관련 지식 평가

> ※ 필기전형 과락기준
> - 일반직(신입)
> -NCS 직업기초능력 4할미만 또는 직무수행능력 4할미만시
> -NCS 직업기초능력+직무수행능력 합산 평균 6할미만시
> - 사회형평적 채용 우대 대상자는 가점합산 후 6할미만시

④ 면접전형

- ㉠ 직무PT면접(100점, 50%) : 직무관련 제시된 주제 또는 상황에 대해 응시자 개인별 일정시간(약20~30분)동안 워드프로세서 등을 활용하여 자료작성 후 주제 발표
- ㉡ 직업기초면접(100점, 50%) : 공사 핵심가치, 인성검사 결과 및 입사지원서 기반으로 개인별 직무를 수행하는데 필요한 기초적인 역량을 평가

> ※ 면접전형 과락기준
> - 직업기초면접 4할미만 또는 직무(PT)면접 4할미만시
> - 직업기초면접+직무(PT)면접 합산 평균 6할미만시
> - 사회형평적 채용 우대 대상자는 가점합산 후 6할미만시

⑤ **기초연수** … 연수태도 및 기초연수 평가

　　연수원 입소 시 사전 공지되는 기준에 따라 종합평점 60점미만시 미수료 처리

　　• 기초연수(약 2주 예정) : 연수 수료여부(적부)

　　• 신체검사, 신원조사, 제출서류 확인 등(적부)

공사 관련기사

NEWSROOM 가스公, 자사 최초 수소 충전소 운영 … 명실상부 수소기업 도약

—수소 생산, 도입, 유통까지 수소선도기업으로서의 발판 마련

김해 수소충전소 준공, 7월부터 연중무휴로 자체 운영 개시

내년 4월 수소 생산 · 충전 가능한 On-Site형 제조식 수소충전소 변신

가스공사, 천연가스 · 수소사업 병행으로 사업 다변화 본격 추진

한국가스공사(사장 채희봉)는 경남 김해시 안동에 자사 최초로 제조식 수소충전소(이하 김해 수소충전소)를 구축하고 7월부터 자체 운영한다고 밝혔다.

이번 수소충전소는 김해시 관내 1호로 가스공사 부산경남지역본부 경내에 구축됐으며, 시간당 수소 승용차 10대 또는 수소 버스 2대를 충전할 수 있는 설비를 갖췄다.

환경부 · 경상남도 · 김해시가 30억 원을 지원하고 가스공사가 30억 원을 부담하는 등 총 60억 원이 투입된 김해 수소충전소는 지난해 9월부터 약 9개월의 공사 끝에 이달 말 준공됐다.

김해 수소충전소는 이용자 편의를 위해 연중무휴로 운영되며, 특히 내년 4월부터는 소내 수소 제조설비를 통한 수소가스 자체 생산이 가능해져 외부에서 수소를 구매할 필요가 없는 'On-Site형 제조식 수소충전소'로 탈바꿈하게 된다.

가스공사는 이번 김해 수소충전소를 자체 운영하게 됨에 따라 자사 주력사업인 천연가스 제조 · 판매와 더불어 수소사업을 본격적으로 추진할 수 있는 발판을 마련하게 됐다.

가스공사 관계자는 "충전소 구축을 위해 물심양면으로 지원해준 김해시에 감사드린다"며, "앞으로 수소 생산 및 수소 도입, 인프라 구축 및 유통에 이르는 수소 밸류체인을 구축해 명실상부한 수소 선도기업으로 자리 매김하겠다"고 말했다.

—2021. 6. 28.

면접질문

● 수소사업이 왜 필요한지에 대해 말해보시오.

● 우리 공사의 수소사업의 추진 전략을 알고 있는가?

NEWSROOM 한국엘엔지벙커링, 자회사 최초 STS 방식 LNG 공급 성공

─올해 TTS · PTS · STS 공급 잇달아 성공, LNG 벙커링 선도 기업 발돋움

한국가스공사(대표 채희봉)의 LNG 벙커링 자회사인 한국엘엔지벙커링㈜이 5월 4일부터 6일까지 3일간 경남 거제시 삼성중공업 조선소에서 LNG 수송선에 Ship to Ship(STS, 선박 대 선박) 방식으로 LNG를 공급했다고 밝혔다.

한국엘엔지벙커링은 가스공사가 지난해 12월 LNG 벙커링 사업을 추진하고자 설립한 자회사로 국내에서 유일하게 STS 방식 LNG 벙커링 공급이 가능한 사업자다.

한국엘엔지벙커링은 이달 3일 아시아 최초 벙커링 겸용 선박인 'SM JEJU LNG 2호'를 이용해 가스공사 통영 LNG 기지에서 LNG를 싣고 4일 거제 조선소에 입항, 180,000㎥급 LNG 수송선(선주 : 그리스 GASLOG㈜)에 호스 연결 및 가스 치환 · 냉각 후 LNG 약 4,400㎥(약 2천 톤)를 공급했다.

이 과정에서 한국엘엔지벙커링은 한국선급 · 삼성중공업 · 대한해운과 함께 위험성 분석, 절차서 및 장비 설치 등 사전 준비 작업을 마무리하고 STS LNG 공급 전 과정을 안전하게 진행했다.

지난 1월 LNG 추진선 및 LNG 수송선에 각각 Truck to Ship(TTS, 트럭 대 선박), Port to Ship (PTS, 항만 대 선박) 방식으로 LNG를 공급한 한국엘엔지벙커링은 이번에 STS 공급에도 성공함으로써 3가지 방식에 의한 LNG 벙커링을 모두 수행할 수 있게 됐다.

특히, 국내 조선사가 STS 방식으로 LNG를 공급받을 경우 조선소 내 LNG 수송선 시운전이 가능해져 선박 적기 인도에 도움이 된다.

한국엘엔지벙커링 관계자는 "이번에 STS LNG 선적을 성공적으로 수행함에 따라 향후 대기환경 개선은 물론, 국내외 선사 대상 LNG 벙커링 사업 활성화 및 LNG 추진선 발주 증가 또한 기대된다"고 말했다.

─2021. 5. 6.

 면접질문

- 우리 공사의 LNG 벙커링 사업에 대해 말해보시오.
- TTS · PTS · STS 방식에 대해 설명해보시오.

PART

II

직업기초능력평가

01 의사소통능력

1 의사소통과 의사소통능력

(1) 의사소통

① 개념 … 사람들 간에 생각이나 감정, 정보, 의견 등을 교환하는 총체적인 행위로, 직장생활에서의 의사소통은 조직과 팀의 효율성과 효과성을 성취할 목적으로 이루어지는 구성원 간의 정보와 지식전달과정이라고 할 수 있다.

② 기능 … 공동의 목표를 추구해 나가는 집단 내의 기본적 존재 기반이며 성과를 결정하는 핵심 기능이다.

③ 의사소통의 종류
  ㉠ 언어적인 것 : 대화, 전화통화, 토론 등
  ㉡ 문서적인 것 : 메모, 편지, 기획안 등
  ㉢ 비언어적인 것 : 몸짓, 표정 등

④ 의사소통을 저해하는 요인 … 정보의 과다, 메시지의 복잡성 및 메시지 간의 경쟁, 상이한 직위와 과업지향형, 신뢰의 부족, 의사소통을 위한 구조상의 권한, 잘못된 매체의 선택, 폐쇄적인 의사소통 분위기 등

(2) 의사소통능력

① 개념 … 직장생활에서 문서나 상대방이 하는 말의 의미를 파악하는 능력, 자신의 의사를 정확하게 표현하는 능력, 간단한 외국어 자료를 읽거나 외국인의 의사표시를 이해하는 능력을 포함한다.

② 의사소통능력 개발을 위한 방법
  ㉠ 사후검토와 피드백을 활용한다.
  ㉡ 명확한 의미를 가진 이해하기 쉬운 단어를 선택하여 이해도를 높인다.
  ㉢ 적극적으로 경청한다.
  ㉣ 메시지를 감정적으로 곡해하지 않는다.

2 의사소통능력을 구성하는 하위능력

(1) 문서이해능력

① 문서와 문서이해능력
  ㉠ 문서 : 제안서, 보고서, 기획서, 이메일, 팩스 등 문자로 구성된 것으로 상대방에게 의사를 전달하여 설득하는 것을 목적으로 한다.
  ㉡ 문서이해능력 : 직업현장에서 자신의 업무와 관련된 문서를 읽고, 내용을 이해하고 요점을 파악할 수 있는 능력을 말한다.

예제 1

다음은 신용카드 약관의 주요내용이다. 규정 약관을 제대로 이해하지 못한 사람은?

> [부가서비스]
> 카드사는 법령에서 정한 경우를 제외하고 상품을 새로 출시한 후 1년 이내에 부가서비스를 줄이거나 없앨 수가 없다. 또한 부가서비스를 줄이거나 없앨 경우에는 그 세부내용을 변경일 6개월 이전에 회원에게 알려주어야 한다.
> [중도 해지 시 연회비 반환]
> 연회비 부과기간이 끝나기 이전에 카드를 중도해지하는 경우 남은 기간에 해당하는 연회비를 계산하여 10 영업일 이내에 돌려줘야 한다. 다만, 카드 발급 및 부가서비스 제공에 이미 지출된 비용은 제외된다.
> [카드 이용한도]
> 카드 이용한도는 카드 발급을 신청할 때에 회원이 신청한 금액과 카드사의 심사 기준을 종합적으로 반영하여 회원이 신청한 금액 범위 이내에서 책정되며 회원의 신용도가 변동되었을 때에는 카드사는 회원의 이용한도를 조정할 수 있다.
> [부정사용 책임]
> 카드 위조 및 변조로 인하여 발생된 부정사용 금액에 대해서는 카드사가 책임을 진다. 다만, 회원이 비밀번호를 다른 사람에게 알려주거나 카드를 다른 사람에게 빌려주는 등의 중대한 과실로 인해 부정사용이 발생하는 경우에는 회원이 그 책임의 전부 또는 일부를 부담할 수 있다.

① 혜수 : 카드사는 법령에서 정한 경우를 제외하고는 1년 이내에 부가서비스를 줄일 수 없어.
② 진성 : 카드 위조 및 변조로 인하여 발생된 부정사용 금액은 일괄 카드사가 책임을 지게 돼.
③ 영훈 : 회원의 신용도가 변경되었을 때 카드사가 이용한도를 조정할 수 있어.
④ 영호 : 연회비 부과기간이 끝나기 이전에 카드를 중도 해지하는 경우에는 남은 기간에 해당하는 연회비를 카드사는 돌려줘야 해.

[출제의도]
주어진 약관의 내용을 읽고 그에 대한 상세 내용의 정보를 이해하는 능력을 측정하는 문항이다.
[해설]
② 부정사용에 대해 고객의 과실이 있으면 회원이 그 책임의 전부 또는 일부를 부담할 수 있다.

답 ②

② 문서의 종류

　ㄱ 공문서 : 정부기관에서 공무를 집행하기 위해 작성하는 문서로, 단체 또는 일반회사에서 정부기관을 상대로 사업을 진행할 때 작성하는 문서도 포함된다. 엄격한 규격과 양식이 특징이다.

　ㄴ 기획서 : 아이디어를 바탕으로 기획한 프로젝트에 대해 상대방에게 전달하여 시행하도록 설득하는 문서이다.

　ㄷ 기안서 : 업무에 대한 협조를 구하거나 의견을 전달할 때 작성하는 사내 공문서이다.

　ㄹ 보고서 : 특정한 업무에 관한 현황이나 진행 상황, 연구·검토 결과 등을 보고하고자 할 때 작성하는 문서이다.

　ㅁ 설명서 : 상품의 특성이나 작동 방법 등을 소비자에게 설명하기 위해 작성하는 문서이다.

　ㅂ 보도자료 : 정부기관이나 기업체 등이 언론을 상대로 자신들의 정보를 기사화 되도록 하기 위해 보내는 자료이다.

　ㅅ 자기소개서 : 개인이 자신의 성장과정이나, 입사 동기, 포부 등에 대해 구체적으로 기술하여 자신을 소개하는 문서이다.

　ㅇ 비즈니스 레터(E-mail) : 사업상의 이유로 고객에게 보내는 편지다.

　ㅈ 비즈니스 메모 : 업무상 확인해야 할 일을 메모형식으로 작성하여 전달하는 글이다.

③ 문서이해의 절차 … 문서의 목적 이해→문서 작성 배경·주제 파악→정보 확인 및 현안문제 파악→문서 작성자의 의도 파악 및 자신에게 요구되는 행동 분석→목적 달성을 위해 취해야 할 행동 고려→문서 작성자의 의도를 도표나 그림 등으로 요약·정리

(2) 문서작성능력

① 작성되는 문서에는 대상과 목적, 시기, 기대효과 등이 포함되어야 한다.

② 문서작성의 구성요소

　ㄱ 짜임새 있는 골격, 이해하기 쉬운 구조

　ㄴ 객관적이고 논리적인 내용

　ㄷ 명료하고 설득력 있는 문장

　ㄹ 세련되고 인상적인 레이아웃

예제 2

다음은 들은 내용을 구조적으로 정리하는 방법이다. 순서에 맞게 배열하면?

> ㉠ 관련 있는 내용끼리 묶는다.
> ㉡ 묶은 내용에 적절한 이름을 붙인다.
> ㉢ 전체 내용을 이해하기 쉽게 구조화한다.
> ㉣ 중복된 내용이나 덜 중요한 내용을 삭제한다.

① ㉠㉡㉢㉣　　　　　　　② ㉠㉡㉣㉢
③ ㉡㉠㉣㉢　　　　　　　④ ㉡㉠㉣㉢

③ 문서의 종류에 따른 작성방법

　㉠ 공문서

　　• 육하원칙이 드러나도록 써야 한다.
　　• 날짜는 반드시 연도와 월, 일을 함께 언급하며, 날짜 다음에 괄호를 사용할 때는 마침표를 찍지 않는다.
　　• 대외문서이며, 장기간 보관되기 때문에 정확하게 기술해야 한다.
　　• 내용이 복잡할 경우 '-다음-', '-아래-'와 같은 항목을 만들어 구분한다.
　　• 한 장에 담아내는 것을 원칙으로 하며, 마지막엔 반드시 '끝'자로 마무리 한다.

　㉡ 설명서

　　• 정확하고 간결하게 작성한다.
　　• 이해하기 어려운 전문용어의 사용은 삼가고, 복잡한 내용은 도표화 한다.
　　• 명령문보다는 평서문을 사용하고, 동어 반복보다는 다양한 표현을 구사하는 것이 바람직하다.

　㉢ 기획서

　　• 상대를 설득하여 기획서가 채택되는 것이 목적이므로 상대가 요구하는 것이 무엇인지 고려하여 작성하며, 기획의 핵심을 잘 전달하였는지 확인한다.
　　• 분량이 많을 경우 전체 내용을 한눈에 파악할 수 있도록 목차구성을 신중히 한다.
　　• 효과적인 내용 전달을 위한 표나 그래프를 적절히 활용하고 산뜻한 느낌을 줄 수 있도록 한다.
　　• 인용한 자료의 출처 및 내용이 정확해야 하며 제출 전 충분히 검토한다.

ⓔ 보고서

- 도출하고자 한 핵심내용을 구체적이고 간결하게 작성한다.
- 내용이 복잡할 경우 도표나 그림을 활용하고, 참고자료는 정확하게 제시한다.
- 제출하기 전에 최종점검을 하며 질의를 받을 것에 대비한다.

예제 3

다음 중 공문서 작성에 대한 설명으로 가장 적절하지 못한 것은?

① 공문서나 유가증권 등에 금액을 표시할 때에는 한글로 기재하고 그 옆에 괄호를 넣어 숫자로 표기한다.
② 날짜는 숫자로 표기하되 년, 월, 일의 글자는 생략하고 그 자리에 온점(.)을 찍어 표시한다.
③ 첨부물이 있는 경우에는 붙임 표시문 끝에 1자 띄우고 "끝."이라고 표시한다.
④ 공문서의 본문이 끝났을 경우에는 1자를 띄우고 "끝."이라고 표시한다.

[출제의도]
업무를 할 때 필요한 공문서 작성법을 잘 알고 있는지를 측정하는 문항이다.
[해설]
공문서 금액 표시
아라비아 숫자로 쓰고, 숫자 다음에 괄호를 하여 한글로 기재한다.
예) 금 123,456원(금 일십이만삼천 사백오십육원)

답 ①

---

④ 문서작성의 원칙

㉠ 문장은 짧고 간결하게 작성한다(간결체 사용).
㉡ 상대방이 이해하기 쉽게 쓴다.
㉢ 불필요한 한자의 사용을 자제한다.
㉣ 문장은 긍정문의 형식을 사용한다.
㉤ 간단한 표제를 붙인다.
㉥ 문서의 핵심내용을 먼저 쓰도록 한다(두괄식 구성).

⑤ 문서작성 시 주의사항

㉠ 육하원칙에 의해 작성한다.
㉡ 문서 작성시기가 중요하다.
㉢ 한 사안은 한 장의 용지에 작성한다.
㉣ 반드시 필요한 자료만 첨부한다.
㉤ 금액, 수량, 일자 등은 기재에 정확성을 기한다.
㉥ 경어나 단어사용 등 표현에 신경 쓴다.
㉦ 문서작성 후 반드시 최종적으로 검토한다.

⑥ 효과적인 문서작성 요령

   ㉠ **내용이해** : 전달하고자 하는 내용과 핵심을 정확하게 이해해야 한다.

   ㉡ **목표설정** : 전달하고자 하는 목표를 분명하게 설정한다.

   ㉢ **구성** : 내용 전달 및 설득에 효과적인 구성과 형식을 고려한다.

   ㉣ **자료수집** : 목표를 뒷받침할 자료를 수집한다.

   ㉤ **핵심전달** : 단락별 핵심을 하위목차로 요약한다.

   ㉥ **대상파악** : 대상에 대한 이해와 분석을 통해 철저히 파악한다.

   ㉦ **보충설명** : 예상되는 질문을 정리하여 구체적인 답변을 준비한다.

   ㉧ **문서표현의 시각화** : 그래프, 그림, 사진 등을 적절히 사용하여 이해를 돕는다.

(3) 경청능력

① **경청의 중요성** … 다른 사람의 말을 주의 깊게 들으며 공감하는 능력으로 경청을 통해 상대방을 한 개인으로 존중하고 성실한 마음으로 대하게 되며, 상대방의 입장에 공감하고 이해하게 된다.

② **경청을 방해하는 습관** … 짐작하기, 대답할 말 준비하기, 걸러내기, 판단하기, 다른 생각하기, 조언하기, 언쟁하기, 옳아야만 하기, 슬쩍 넘어가기, 비위 맞추기 등

③ **효과적인 경청방법**

   ㉠ **준비하기** : 강연이나 프레젠테이션 이전에 나누어주는 자료를 읽어 미리 주제를 파악하고 등장하는 용어를 익혀둔다.

   ㉡ **주의 집중** : 말하는 사람의 모든 것에 집중해서 적극적으로 듣는다.

   ㉢ **예측하기** : 다음에 무엇을 말할 것인가를 추측하려고 노력한다.

   ㉣ **나와 관련짓기** : 상대방이 전달하고자 하는 메시지를 나의 경험과 관련지어 생각해 본다.

   ㉤ **질문하기** : 질문은 듣는 행위를 적극적으로 하게 만들고 집중력을 높인다.

   ㉥ **요약하기** : 주기적으로 상대방이 전달하려는 내용을 요약한다.

   ㉦ **반응하기** : 피드백을 통해 의사소통을 점검한다.

예제 4

다음은 면접스터디 중 일어난 대화이다. 민아의 고민을 해소하기 위한 조언으로 가장 적절한 것은?

> 지섭 : 민아씨, 어디 아파요? 표정이 안 좋아 보여요.
> 민아 : 제가 원서 넣은 공단이 내일 면접이어서요. 그동안 스터디를 통해서 면접 연습을 많이 했는데도 벌써부터 긴장이 되네요.
> 지섭 : 민아씨는 자기 의견도 명확히 피력할 줄 알고 조리 있게 설명을 잘 하시니 걱정 안하셔도 될 것 같아요. 아, 손에 꽉 쥐고 계신 건 뭔가요?
> 민아 : 아, 제가 예상 답변을 정리해서 모아둔거에요. 내용은 거의 외웠는데 이렇게 쥐고 있지 않으면 불안해서
> 지섭 : 그 정도로 준비를 철저히 하셨으면 걱정할 이유 없을 것 같아요.
> 민아 : 그래도 압박면접이거나 예상치 못한 질문이 들어오면 어떻게 하죠?
> 지섭 : _____

① 시선을 적절히 처리하면서 부드러운 어투로 말하는 연습을 해보는 건 어때요?
② 공식적인 자리인 만큼 옷차림을 신경 쓰는 게 좋을 것 같아요.
③ 당황하지 말고 질문자의 의도를 잘 파악해서 침착하게 대답하면 되지 않을까요?
④ 예상 질문에 대한 답변을 좀 더 정확하게 외워보는 건 어떨까요?

[출제의도]
상대방이 하는 말을 듣고 질문 의도에 따라 올바르게 답하는 능력을 측정하는 문항이다.
[해설]
민아는 압박질문이나 예상치 못한 질문에 대해 걱정을 하고 있으므로 침착하게 대응하라고 조언을 해주는 것이 좋다.

답 ③

(4) 의사표현능력

① 의사표현의 개념과 종류

　㉠ 개념 : 화자가 자신의 생각과 감정을 청자에게 음성언어나 신체언어로 표현하는 행위이다.

　㉡ 종류

　　• 공식적 말하기 : 사전에 준비된 내용을 대중을 대상으로 말하는 것으로 연설, 토의, 토론 등이 있다.

　　• 의례적 말하기 : 사회·문화적 행사에서와 같이 절차에 따라 하는 말하기로 식사, 주례, 회의 등이 있다.

　　• 친교적 말하기 : 친근한 사람들 사이에서 자연스럽게 주고받는 대화 등을 말한다.

② 의사표현의 방해요인

　㉠ 연단공포증 : 연단에 섰을 때 가슴이 두근거리거나 땀이 나고 얼굴이 달아오르는 등의 현상으로 충분한 분석과 준비, 더 많은 말하기 기회 등을 통해 극복할 수 있다.

ⓒ 말 : 말의 장단, 고저, 발음, 속도, 쉼 등을 포함한다.

ⓒ 음성 : 목소리와 관련된 것으로 음색, 고저, 명료도, 완급 등을 의미한다.

ⓔ 몸짓 : 비언어적 요소로 화자의 외모, 표정, 동작 등이다.

ⓜ 유머 : 말하기 상황에 따른 적절한 유머를 구사할 수 있어야 한다.

③ 상황과 대상에 따른 의사표현법

ⓐ 잘못을 지적할 때 : 모호한 표현을 삼가고 확실하게 지적하며, 당장 꾸짖고 있는 내용에만 한정한다.

ⓑ 칭찬할 때 : 자칫 아부로 여겨질 수 있으므로 센스 있는 칭찬이 필요하다.

ⓒ 부탁할 때 : 먼저 상대방의 사정을 듣고 응하기 쉽게 구체적으로 부탁하며 거절을 당해도 싫은 내색을 하지 않는다.

ⓓ 요구를 거절할 때 : 먼저 사과하고 응해줄 수 없는 이유를 설명한다.

ⓔ 명령할 때 : 강압적인 말투보다는 '○○을 이렇게 해주는 것이 어떻겠습니까?'와 같은 식으로 부드럽게 표현하는 것이 효과적이다.

ⓕ 설득할 때 : 일방적으로 강요하기보다는 먼저 양보해서 이익을 공유하겠다는 의지를 보여주는 것이 좋다.

ⓖ 충고할 때 : 충고는 가장 최후의 방법이다. 반드시 충고가 필요한 상황이라면 예화를 들어 비유적으로 깨우쳐주는 것이 바람직하다.

ⓗ 질책할 때 : 샌드위치 화법(칭찬의 말 + 질책의 말 + 격려의 말)을 사용하여 청자의 반발을 최소화 한다.

예제 5

당신은 팀장님께 업무 지시내용을 수행하고 결과물을 보고 드렸다. 하지만 팀장님께서는 "최대리 업무를 이렇게 처리하면 어떡하나? 누락된 부분이 있지 않은가."라고 말하였다. 이에 대해 당신이 행할 수 있는 가장 부적절한 대처 자세는?

① "죄송합니다. 제가 잘 모르는 부분이라 이수혁 과장님께 부탁을 했는데 과장님께서 실수를 하신 것 같습니다."

② "주의를 기울이지 못해 죄송합니다. 어느 부분을 수정보완하면 될까요?"

③ "지시하신 내용을 제가 충분히 이해하지 못하였습니다. 내용을 다시 한 번 여쭤보아도 되겠습니까?"

④ "부족한 내용을 보완하는 자료를 취합하기 위해서 하루정도가 더 소요될 것 같습니다. 언제까지 재작성하여 드리면 될까요?"

[출제의도]

상사가 잘못을 지적하는 상황에서 어떻게 대처해야 하는지를 묻는 문항이다.

[해설]

상사가 부탁한 지시사항을 다른 사람에게 부탁하는 것은 옳지 못하며 설사 그렇다고 해도 그 일의 과오에 대해 책임을 전가하는 것은 지양해야 할 자세이다.

달 ①

④ 원활한 의사표현을 위한 지침

　　㉠ 올바른 화법을 위해 독서를 하라.

　　㉡ 좋은 청중이 되라.

　　㉢ 칭찬을 아끼지 마라.

　　㉣ 공감하고, 긍정적으로 보이게 하라.

　　㉤ 겸손은 최고의 미덕임을 잊지 마라.

　　㉥ 과감하게 공개하라.

　　㉦ 뒷말을 숨기지 마라.

　　㉧ 첫마디 말을 준비하라.

　　㉨ 이성과 감성의 조화를 꾀하라.

　　㉩ 대화의 룰을 지켜라.

　　㉪ 문장을 완전하게 말하라.

⑤ 설득력 있는 의사표현을 위한 지침

　　㉠ 'Yes'를 유도하여 미리 설득 분위기를 조성하라.

　　㉡ 대비 효과로 분발심을 불러 일으켜라.

　　㉢ 침묵을 지키는 사람의 참여도를 높여라.

　　㉣ 여운을 남기는 말로 상대방의 감정을 누그러뜨려라.

　　㉤ 하던 말을 갑자기 멈춤으로써 상대방의 주의를 끌어라.

　　㉥ 호칭을 바꿔서 심리적 간격을 좁혀라.

　　㉦ 끄집어 말하여 자존심을 건드려라.

　　㉧ 정보전달 공식을 이용하여 설득하라.

　　㉨ 상대방의 불평이 가져올 결과를 강조하라.

　　㉩ 권위 있는 사람의 말이나 작품을 인용하라.

　　㉪ 약점을 보여 주어 심리적 거리를 좁혀라.

　　㉫ 이상과 현실의 구체적 차이를 확인시켜라.

　　㉬ 자신의 잘못도 솔직하게 인정하라.

　　㉭ 집단의 요구를 거절하려면 개개인의 의견을 물어라.

　　ⓐ 동조 심리를 이용하여 설득하라.

　　ⓑ 지금까지의 노고를 치하한 뒤 새로운 요구를 하라.

　　ⓒ 담당자가 대변자 역할을 하도록 하여 윗사람을 설득하게 하라.

　　ⓓ 겉치레 양보로 기선을 제압하라.

　　ⓔ 변명의 여지를 만들어 주고 설득하라.

　　ⓕ 혼자 말하는 척하면서 상대의 잘못을 지적하라.

(5) 기초외국어능력

① 기초외국어능력의 개념과 필요성

    ㉠ 개념 : 기초외국어능력은 외국어로 된 간단한 자료를 이해하거나, 외국인과의 전화응대와 간단한 대화 등 외국인의 의사표현을 이해하고, 자신의 의사를 기초외국어로 표현할 수 있는 능력이다.

    ㉡ 필요성 : 국제화·세계화 시대에 다른 나라와의 무역을 위해 우리의 언어가 아닌 국제적인 통용어를 사용하거나 그들의 언어로 의사소통을 해야 하는 경우가 생길 수 있다.

② 외국인과의 의사소통에서 피해야 할 행동

    ㉠ 상대를 볼 때 흘겨보거나, 노려보거나, 아예 보지 않는 행동

    ㉡ 팔이나 다리를 꼬는 행동

    ㉢ 표정이 없는 것

    ㉣ 다리를 흔들거나 펜을 돌리는 행동

    ㉤ 맞장구를 치지 않거나 고개를 끄덕이지 않는 행동

    ㉥ 생각 없이 메모하는 행동

    ㉦ 자료만 들여다보는 행동

    ㉧ 바르지 못한 자세로 앉는 행동

    ㉨ 한숨, 하품, 신음소리를 내는 행동

    ㉩ 다른 일을 하며 듣는 행동

    ㉪ 상대방에게 이름이나 호칭을 어떻게 부를지 묻지 않고 마음대로 부르는 행동

③ 기초외국어능력 향상을 위한 공부법

    ㉠ 외국어공부의 목적부터 정하라.

    ㉡ 매일 30분씩 눈과 손과 입에 밸 정도로 반복하라.

    ㉢ 실수를 두려워하지 말고 기회가 있을 때마다 외국어로 말하라.

    ㉣ 외국어 잡지나 원서와 친해져라.

    ㉤ 소홀해지지 않도록 라이벌을 정하고 공부하라.

    ㉥ 업무와 관련된 주요 용어의 외국어는 꼭 알아두자.

    ㉦ 출퇴근 시간에 외국어 방송을 보거나, 듣는 것만으로도 귀가 트인다.

    ㉧ 어린이가 단어를 배우듯 외국어 단어를 암기할 때 그림카드를 사용해 보라.

    ㉨ 가능하면 외국인 친구를 사귀고 대화를 자주 나눠 보라.

출제예상문제

1 한국가스공사는 건강한 산업 생태계를 조성하기 위하여 다음과 같은 활동을 수행하였다. 단락 ㈎ ~㈑의 활동 내용에 적합한 주제어를 〈보기〉에서 찾아 올바르게 연결한 것은 어느 것인가?

㈎ 천연가스분야 중소협력사와 KOGAS의 공동의 이익에 부합한 과제를 선정하고, 경제적 및 기술적 지원과 그 성과를 공유하는 성과공유제를 시행하고 있습니다. 이를 통해 공정한 성과배분 문화를 확산하고 제품개발에서 판로까지의 기회를 제공함으로써 KOGAS와 중소협력사 모두가 상생하려는 목표를 달성하고 있습니다. KOGAS는 기술개발 협력사업을 비롯한 중소기업 역량향상을 위한 사업들의 추진과정을 주기적으로 측정, 평가하여 성과공유제 실효성을 제고하고 있습니다.

㈏ KOGAS는 중소협력사의 열악한 경영환경과 제도 미흡 등으로 교육 참여 기회가 부족한 상황임을 인식하고 중소기업의 생산현장 실무역량 및 직무능력 배양을 위하여 다양한 교육 및 자문 프로그램을 제공하고 있습니다. KOGAS 직원을 대상으로 운영 중인 교육 프로그램을 중소협력사 직원에게도 개방하여 활용할 수 있도록 하였으며 천연가스산업의 생산 및 공급설비 현장방문을 통해 천연가스 이해도를 제고하고 실무능력을 배양할 수 있도록 지원하고 있습니다.

㈐ KOGAS는 중소기업과 함께 기술개발에 협력하여 LNG 벙커링 및 연료전지 사업 등 신성장 사업과 연계한 기술을 개발하고 가스시설의 주요 기자재를 국산화하고 있습니다. KOGAS는 중소협력사에 기술 개발비와 현장 운영 경험을 지원하고 중소협력사는 자체의 기술력으로 가스시설 주요 부품을 개발하여 기술 경쟁력을 확보합니다. 개발된 기술과 제품은 KOGAS가 구매하여 중소기업의 수익을 보장하며, 이를 통해 KOGAS는 외산 제품 구입비용을 절감하고 설비 성능을 개선하여 안정적인 천연가스 공급의 기반을 마련할 수 있습니다. 2016년에는 총 19건의 과제에 11억 원의 기술개발비를 지원하였고 이를 통해 27억 원의 비용절감 및 수입 대체효과를 이루었습니다.

㈑ KOGAS는 자사 브랜드와 인지도를 활용하여 중소기업의 해외마케팅을 지원하고 있습니다. 대규모 국제 가스산업 컨퍼런스 및 전시회에 KOGAS 브랜드를 내건 중소협력사 홍보관을 설치 및 홍보하고, 협력업체의 제품 및 회사를 소개하는 공동 브로셔를 제작하여 배포하였습니다. 이런 지원은 KOGAS 홍보관 내방객에 기술기준 및 요건이 까다로운 KOGAS의 거래업체이자 파트너로서 중소협력사의 신뢰감 조성 등의 효과를 얻었습니다.

<보기>

㉠ 기업 생산성 강화   ㉡ 판로개척 강화

㉢ 기술 경쟁력 강화   ㉣ 동반성장 문화 확산

① (개) - ㉢   ② (내) - ㉣

③ (대) - ㉠   ④ (래) - ㉡

 (개) 협력사와의 공동이익을 위한 성과공유제→동반성장 문화 확산

(내) 중소협력회사 임직원 역량강화 교육→기업 생산성 강화

(대) 기술개발 협력사업→기술 경쟁력 강화

(래) KOGAS 브랜드를 활용한 해외 판촉→판로개척 강화

Answer→ 1.④

2 다음은 업무 중 자주 작성하게 되는 '보고서'에 대한 작성요령을 설명한 글이다. 다음 작성요령을 참고하여 수정한 문구 중 적절하지 않은 것은 어느 것인가?

- 간단명료하게 작성할 것
  - 주로 쓰는 '～를 통해', '～하는 과정을 통해', '～에 관한', '～에 있어', '～지 여부', '～들', '～에 걸쳐' 등은 사족이 되는 경우가 많다.
- 중복을 피할 것
  - 단어 중복, 구절 중복, 의미 중복, 겹말 피하기
- 문장의 호응을 확인할 것
  - 주어와 서술어의 호응, 목적어와 서술어의 호응, 논리적 호응
- 피동형으로 만들지 말 것
  - 가급적 능동형으로 쓰기, 이중피동 피하기
- 단어의 위치에 신경 쓸 것
  - 수식어는 수식되는 말 가까이에, 주어와 서술어는 너무 멀지 않게, 의미파악이 쉽도록 위치 선정

---

① 시민들이 사고로 숨진 희생자들을 추모하기 위해 건물 앞 계단에 촛불을 늘어놓으며 애도를 표시하고 있다.
  → 사고로 숨진 희생자들을 추모하기 위해 시민들이 건물 앞 계단에 촛불을 늘어놓으며 애도를 표시하고 있다.

② 폭탄 테러를 막기 위해 건물 입구에 차량 진입 방지용 바리케이드를 이중 삼중으로 설치했다.
  → 폭탄 테러를 막기 위해 건물 입구에 차량 진입을 막기 위한 바리케이드를 이중 삼중으로 설치했다.

③ 투자자 보호에 관한 정책에 대해 신뢰하지 않는다.
  → 투자자를 보호하는 정책을 신뢰하지 않는다.

④ 인간에 의해 초래된 생태계의 인위적 변화
  → 인간이 초래한 생태계의 인위적 변화

(Tip) 수정을 한 문장은 '～막기 위해'와 '～막기 위한'이 중복되는 구절이 되어 자연스러운 의미의 흐름을 방해하고 있다. 따라서 고치지 않은 원래의 문장이 적절하다고 할 수 있다.
① 주어의 위치가 서술어와 너무 먼 경우에 해당된다.
③ '～에 관한', '～에 대해' 등은 불필요한 사족으로 볼 수 있다.
④ '～에 의해'와 '～된'이 합쳐져 의미상 이중피동에 해당된다.

3 다음에 제시된 문장 (개)~(배)의 빈칸 어디에도 사용될 수 없는 단어는 어느 것인가?

(개) 우리나라의 사회보장 체계는 사회적 위험을 보험의 방식으로 (   )함으로써 국민의 건강과 소득을 보장하는 사회보험이다.

(내) 노인장기요양보험은 고령이나 노인성질병 등으로 인하여 6개월 이상 동안 혼자서 일상생활을 (   )하기 어려운 노인 등에게 신체활동 또는 가사지원 등의 장기요양급여를 사회적 연대원리에 의해 제공하는 사회보험 제도이다.

(대) 사회보험 통합징수란 2011년 1월부터 국민건강보험공단, 국민연금공단, 근로복지공단에서 각각 (   )하였던 건강보험, 국민연금, 고용보험, 산재보험의 업무 중 유사·중복성이 높은 보험료 징수업무(고지, 수납, 체납)를 국민건강보험공단이 통합하여 운영하는 제도이다.

(래) 보장구 제조·판매업자가 장애인으로부터 서류일체를 위임받아 청구를 (   )하였을 경우 지급이 가능한가요?

(매) 우리나라 장기요양제도의 발전방안을 모색하고 급속한 고령화에 능동적으로 (   )할 수 있는 능력을 배양하며, 장기요양분야 전문가들로 구성된 인적네트워크 형성 지원을 목적으로 한 사례발표와 토론형식의 참여형 역량강화 프로그램이다.

---

① 완수

② 대비

③ 대행

④ 수행

 '완수'가 들어가서 의미를 해치지 않는 문장은 없다. 빈칸을 완성하는 가장 적절한 단어들은 다음과 같다.
(개), (매) 대비   (내), (대) 수행   (래) 대행

4 신재생 에너지의 보급과 관련된 다음 글을 참고할 때, 밑줄 친 '솔루션'이 갖추어야 할 특성으로 가장 거리가 먼 것은?

> 신재생 에너지란 태양, 바람, 해수와 같이 자연을 이용한 신에너지와 폐열, 열병합, 폐열 재활용과 같은 재생에너지가 합쳐진 말이다. 현재 신재생 에너지는 미래 인류의 에너지로서 다양한 연구가 이루어지고 있다. 특히 과거에는 이들의 발전 효율을 높이는 연구가 주로 이루어졌으나 현재는 이들을 관리하고 사용자가 쉽게 사용하도록 하는 연구와 개발이 많이 진행되고 있다. 신재생 에너지는 화석 연료의 에너지 생산 비용에 근접하고 있으며 향후에 유가가 상승되고 신재생 에너지 시스템의 효율이 높아짐에 따라 신재생 에너지의 생산 비용이 오히려 더 저렴해질 것으로 보인다.
>
> 따라서 미래의 신재생 에너지의 보급은 지금 보다 훨씬 광범위하게 다양한 곳에서 이루어 질 것이며 현재의 전력 공급 체계를 변화시킬 것이다. 현재 중앙 집중식으로 되어 있는 전력공급의 체계가 미래에는 다양한 곳에서 발전이 이루어지는 분산형으로 변할 것으로 보인다. 분산형 전원 시스템 체계에서 가장 중요한 기술인 스마트 그리드는 전력과 IT가 융합한 형태로서 많은 연구가 이루어지고 있다.
>
> 스마트 그리드 기반의 분산형 전원 보급이 활발해질 미래에는 곳곳에 중소규모의 신재생 에너지 시스템이 설치될 것으로 예상하며, 따라서 이들을 통합적으로 관리하고 정보 교환 기술을 갖춘 다양한 솔루션이 등장할 것으로 보인다.
>
> 신재생 에너지 시스템의 보급은 인류의 에너지 문제를 해결하는 유일한 방안이지만 화석 에너지와 달리 발전량을 쉽게 제어할 수 없는 문제점을 가지고 있다. 또한 같은 시스템일지라도 지역의 환경에 따라 발전량이 서로 다르게 될 것이기 때문에 스마트 그리드를 기반으로 한 마이크로 그리드 시스템이 구축될 때 정보 처리 기술은 신재생 에너지 시스템 관리 측면에서 중요한 인자가 될 것이다.
>
> 신재생 에너지 시스템을 관리하기 위해선 에너지 데이터 처리가 중요할 것으로 보인다. 특히 미래 신재생 에너지 관리 시스템은 관리가 체계적으로 되어 있을 발전단지보다는 비교적 관리 체계가 확립되기 힘든 주택, 빌딩 등에서 필요할 것으로 보인다. 다시 말해 주택, 빌딩에 신재생 에너지 시스템이 설치가 되면 이들을 관리할 수 있는 <u>솔루션</u>이 함께 설치해야 하며 이들을 운용하기 위한 애플리케이션도 함께 등장해야 한다.

① 소비자가 에너지의 생산과 소비를 모두 고려할 수 있는 지능형 에너지 서비스
② 잉여 에너지가 발생되지 않도록 수요와 공급에 맞는 발전량 자동 조절 기능
③ 다양한 OS로 기능을 구현할 수 있는 웹 서비스 기반의 범호환적인 플랫폼 기술
④ 생성된 에너지 데이터를 종합·분석하여 맞춤형 서비스를 제공

네 번째 문단에 따르면 신재생 에너지 시스템은 화석 에너지와 달리 발전량을 쉽게 제어할 수 없고, 지역의 환경에 따라 발전량이 서로 다르다는 특징이 있다. 따라서 ②에서 언급한 발전량 자동 조절보다는 잉여 에너지 저장 기술을 갖추어야 한다고 볼 수 있다.

① 중앙 집중식으로 이루어진 에너지 공급 상황에서 거주자는 에너지 생산을 고려할 필요가 없었으나, 분산형 전원 형태의 신재생 에너지 공급 상황에서는 거주자 스스로 생산과 소비를 통제하여 에너지 절감을 할 수 있어야 할 것이다.

③ 기존의 제한된 서비스를 넘어서는 다양한 에너지 서비스가 탄생될 수 있도록 하는 플랫폼 기술은 스마트 그리드를 기반으로 한 마이크로 그리드 시스템 구축에 필요한 요소라고 판단할 수 있다.

④ 과거의 경험으로 축적된 에너지 사용에 대한 데이터를 분석하여 필요한 상황에 적절한 맞춤형 에너지를 서비스하는 기능은 효과적인 관리 솔루션이 될 수 있다.

Answer → 4.②

5 다음 육아휴직에 관한 글을 올바르게 이해하지 못한 설명은 어느 것인가?

□ 육아휴직이란?

근로자가 만 8세 이하 또는 초등학교 2학년 이하의 자녀를 양육하기 위하여 신청, 사용하는 휴직을 말합니다.

□ 육아휴직기간

육아휴직의 기간은 1년 이내입니다.

– 자녀 1명당 1년 사용 가능하므로 자녀가 2명이면 각각 1년씩 2년 사용 가능

– 근로자의 권리이므로 부모가 모두 근로자면 한 자녀에 대하여 아빠도 1년, 엄마도 1년 사용가능

□ 육아휴직급여 지급대상

– 사업주로부터 30일 이상 육아휴직을 부여받아야 합니다.

  ※ ① 근로한 기간이 1년 미만인 근로자, ② 같은 자녀에 대하여 배우자가 육아휴직을 하고 있는 근로자에 대하여는 사업주가 육아휴직을 거부할 수 있으니 유의하세요.

– 육아휴직 개시일 이전에 피보험단위기간(재직하면서 임금 받은 기간)이 모두 합해서 180일 이상이 되어야 합니다.

  ※ 단, 과거에 실업급여를 받았을 경우 인정받았던 피보험기간은 제외

– 같은 자녀에 대해서 피보험자인 배우자가 동시에 육아휴직(30일 미만은 제외) 중인 경우에는 중복된 기간에 대하여는 1명만 지급합니다.

□ 육아휴직급여 지급액

– 육아휴직기간 동안 매월 통상임금의 100분의 40을 육아휴직급여로 지급하고(상한액 : 월 100만 원, 하한액 : 월 50만 원), 육아휴직급여액 중 100분의 25는 직장복귀 6개월 후에 일시불로 지급합니다.

– 또한, 육아휴직기간 중 사업주로부터 육아휴직을 이유로 금품을 지급받은 경우로서 매월 단위로 육아휴직기간 중 지급받은 금품과 육아휴직급여의 100분의 75에 해당하는 금액(그 금액이 50만 원 미만인 경우에는 하한액 50만 원)을 합한 금액이 육아휴직 시작일 기준으로 한 월 통상임금을 초과한 경우에는 그 초과한 금액을 육아휴직급여의 100분의 75에 해당하는 금액에서 빼고 지급합니다.

– 육아휴직 시작일이 2015년 7월 1일 이전은 육아휴직급여의 100분의 85에 해당하는 금액(그 금액이 50만 원 미만인 경우에는 하한액 50만 원)을 합한 금액이 육아휴직 시작일 기준으로 한 월 통상임금을 초과한 경우에는 그 초과한 금액을 육아휴직급여의 100분의 85에 해당하는 금액에서 빼고 지급합니다.

□ 신청 시기

육아휴직을 시작한 날 이후 1개월부터 매월 단위로 신청하되, 당월 중에 실시한 육아휴직에 대한 급여의 지급 신청은 다음 달 말일까지 해야 합니다. 매월 신청하지 않고 기간을 적치하여 신청 가능합니다(사전 신청한 경우). 단, 육아휴직이 끝난 날 이후 12개월 이내에 신청하지 않을 경우 동 급여를 지급하지 않습니다.

① 해당 연령대 자녀가 2명인 부모가 사용할 수 있는 총 육아휴직 합산 기간은 4년이다.

② 통상임금이 200만 원인 근로자의 경우, 직장복귀 6개월 후 50만 원을 지급받게 된다.

③ 육아휴직급여를 받기 위해서는 이전 재직기간이 최소한 180일 이상이어야 한다.

④ 통상임금이 200만 원인 근로자가 사업주로부터 육아휴직을 이유로 150만 원의 격려금을 지급받았을 경우, 해당 월의 육아휴직급여액은 50만 원이 된다.

 통상임금이 200만 원이면 육아휴직급여는 100분의 40인 80만 원이 되며, 이 금액의 100분의 25인 20만 원이 직장복귀 6개월 후 지급받는 금액이 된다.

　　① 자녀 1명당 1년 사용 가능하므로 자녀가 2명이면 각각 1년씩 2년 사용 가능하다고 명시되어 있다.

　　③ 육아휴직 개시일 이전에 피보험단위기간(재직하면서 임금 받은 기간)이 모두 합해서 180일 이상이 되어야 육아휴직급여 지급대상에 해당된다.

　　④ 통상임금이 200만 원이면 육아휴직급여액이 80만 원이며, 육아휴직기간 중 지급받는 월 육아휴직급여액은 100분의 75인 60만 원이 된다. 따라서 이 60만 원과 사업주로부터 지급받은 150만 원의 합계 금액이 210만 원으로 통상임금인 200만 원을 10만 원 초과하게 된다. 따라서 월 육아휴직급여액의 100분의 75인 60만 원에서 10만 원을 제외한 50만 원이 해당 월의 육아휴직급여액이 된다.

6 다음 글을 바탕으로 KOGAS에 대해 잘못 이해한 지원자를 고르면?

KOGAS는 천연가스를 국민에게 안전하고 안정적으로 공급하기 위해 "좋은 에너지 더 좋은 세상"을 기업이념으로 '83년에 설립된 대표적인 에너지 공기업입니다.

KOGAS의 주요업무는 LNG 인수기지와 천연가스 공급배관망을 건설하고 해외에서 LNG를 수입하여 인수기지에서 재기화한 후 도시가스사와 발전소에 안정적으로 공급하는 것입니다.

LNG는 주로 중동아시아(카타르, 오만, 예멘, 이집트), 동남아시아(인도네시아, 말레이시아, 브루나이), 러시아(사할린), 호주, 미국 등에서 도입하고 있습니다.

KOGAS는 국민생활의 편익증진 및 복리향상을 위해 "전국천연가스 공급사업"을 지속적으로 추진하여 1986년 평택화력발전에 최초로 천연가스를 공급한 이래, 1987년 수도권 지역, 1993년 중부권 지역, 1995년 영·호남 지역, 1999년 서해권 지역, 2002년 강원권 지역에 천연가스 공급을 시작하였습니다. 전국적인 주배관 건설공사가 완료됨에 따라 하나의 환상망을 구축하여 안정적으로 가스를 공급할 수 있게 되었습니다.

더 나아가 2009년부터는 미공급 지역에 가스를 공급함으로써 에너지 복지구현 및 지역균형 발전에 기여하고자 공급망 확대사업을 추진하여 현재 운영 중인 배관길이는 2017.12월 기준 총 4,790km이며 2017.10월 기준 207개 시군 17,491천 가구(2016.12기준 보급률 82.6%)에 천연가스를 공급하고 있습니다.

① 지원자 A : KOGAS는 설립된 지 30년이 넘은 공기업이였네.
② 지원자 B : KOGAS는 국내 LNG 공장에서 액화시킨 LNG를 도시가스사와 발전소에 공급하고 있군.
③ 지원자 C : KOGAS가 처음으로 천연가스를 공급한 곳은 평택화력발전이구나.
④ 지원자 D : KOGAS는 2016년 12월 기준 80% 이상의 천연가스 보급률을 달성하였네.

 ② KOGAS는 해외에서 LNG를 수입하여 인수기지에서 재기화한 후 도시가스사와 발전소에 공급한다.

7 〈보기 1〉을 보고 '전력 수급 위기 극복'을 주제로 보고서를 쓰기 위해 〈보기 2〉와 같이 개요를 작성하였다. 개요를 수정한 내용으로 적절하지 않은 것은?

〈보기 1〉

　　대한민국은 전기 부족 국가로 블랙아웃(Black Out)이 상존한다. 2000년대 들어 두 차례 에너지 세제 개편을 실시한 후 난방유 가격이 오르면서 저렴한 전기로 난방을 하는 가구가 늘어 2010년대 들어서는 겨울철 전기 수요가 여름철을 넘어섰으며 실제 2011년 9월 한국전력은 전기 부족으로 서울 일부 지역을 포함한 지방 중소도시에 순환 정전을 실시했다.

〈보기 2〉

Ⅰ. 블랙아웃 사태 ··· ㉠
Ⅱ. 전력 수급 위기의 원인
　1. 공급측면
　　가. 전력의 비효율적 관리
　　나. 한국전력의 혁신도시 이전 ································· ㉡
　2. 수요측면
　　가. 블랙아웃의 위험성 인식부족
　　나. 전력의 효율적 관리구축 ····································· ㉢
Ⅲ. 전력 수급 위기의 극복방안
　1. 공급측면
　　가. 전력 과소비문화 확대
　　나. 발전 시설의 정비 및 확충
　2. 수요측면
　　가. 에너지 사용량 강제 감축 할당량 부과
　　나. 송전선로 지중화 사업에 대해 홍보 활동 강화 ··············· ㉣
Ⅳ. 전력 수급 안정화를 위한 각계각층의 노력 촉구

① ㉠은 〈보기 1〉을 근거로 '블랙아웃의 급증'으로 구체화한다.
② ㉡은 주제와 관련 없는 내용이므로 삭제한다.
③ ㉢은 상위 항목과의 관계를 고려하여 'Ⅲ-1-가'와 위치를 바꾼다.
④ ㉣은 글의 일관성을 고려하여 '혁신도시 이전에 따른 홍보 강화'로 내용을 수정한다.

> (Tip) ㉣은 블랙아웃의 해결책이 제시되어야 하므로 '절전에 대한 국민 홍보 강화'로 내용을 수정한다.

Answer↪ 6.② 7.④

▎8~9 ▎ 다음은 가스안전사용요령이다. 물음에 답하시오.

사용 전 주의사항 : 환기

• 가스를 사용하기 전에는 연소기 주변을 비롯한 실내에서 특히 냄새를 맡아 가스가 새지 않았는가를 확인하고 창문을 열어 환기시키는 안전수칙을 생활화 합니다.

• 연소기 부근에는 가연성 물질을 두지 말아야 합니다.

• 콕, 호스 등 연결부에서 가스가 누출되는 경우가 많기 때문에 호스 밴드로 확실하게 조이고, 호스가 낡거나 손상되었을 때에는 즉시 새것으로 교체합니다.

• 연소 기구는 자주 청소하여 불꽃구멍 등에 음식찌꺼기 등이 끼어있지 않도록 유의합니다.

사용 중 주의사항 : 불꽃확인

• 사용 중 가스의 불꽃 색깔이 황색이나 적색인 경우는 불완전 연소되는 것으로, 연소 효율이 좋지 않을 뿐 아니라 일산화탄소가 발생되므로 공기조절장치를 움직여서 파란불꽃 상태가 되도록 조절해야 합니다.

• 바람이 불거나 국물이 넘쳐 불이 꺼지면 가스가 그대로 누출되므로 사용 중에는 불이 꺼지지 않았는지 자주 살펴봅니다.

• 불이 꺼질 경우 소화 안전장치가 없는 연소기는 가스가 계속 누출되고 있으므로 가스를 잠근 다음 샌 가스가 완전히 실외로 배출된 것을 확인한 후에 재점화 해야 합니다. 폭발범위 안의 농도로 공기와 혼합된 가스는 아주 작은 불꽃에 의해서도 인화 폭발되므로 배출시킬 때에는 환풍기나 선풍기 같은 전기제품을 절대로 사용하지 말고 방석이나 빗자루를 이용함으로써 전기스파크에 의한 폭발을 막아야 합니다.

• 사용 중에 가스가 떨어져 불이 꺼졌을 경우에도 반드시 연소기의 콕과 중간밸브를 잠그도록 해야 합니다.

사용 후 주의사항 : 밸브잠금

• 가스를 사용하고 난 후에는 연소기에 부착된 콕은 물론 중간밸브도 확실하게 잠그는 습관을 갖도록 해야 합니다.

• 장기간 외출시에는 중간밸브와 함께 용기밸브(LPG)도 잠그고, 도시가스를 사용하는 곳에서는 가스계량기 옆에 설치되어 있는 메인밸브까지 잠가 두어야 밀폐된 빈집에서 가스가 새어나와 냉장고 작동시 생기는 전기불꽃에 의해 폭발하는 등의 불의의 사고를 예방할 수 있습니다.

• 가스를 다 사용하고 난 빈 용기라도 용기 안에 약간의 가스가 남아 있는 경우가 많으므로 빈용기라고 해서 용기밸브를 열어놓은 채 방치하면 남아있는 가스가 새어나올 수 있으므로 용기밸브를 반드시 잠근 후에 화기가 없는 곳에 보관하여야 합니다.

---

8 가스안전사용요령을 읽은 甲의 행동으로 옳지 않은 것은?

① 甲은 호스가 낡아서 즉시 새것으로 교체를 하였다.

② 甲은 가스의 불꽃이 적색인 것을 보고 정상적인 것으로 생각해 그냥 내버려 두었다.

③ 甲은 장기간 집을 비우게 되어 중간밸브와 함께 용기밸브(LPG)도 잠그고 메인벨브까지 잠가두고 집을 나갔다.

④ 甲은 연소 기구를 자주 청소하여 음식물 등이 끼지 않도록 하였다.

② 사용 중 가스의 불꽃 색깔이 황색이나 적색인 경우는 불완전 연소되는 것으로, 연소 효율이 좋지 않을 뿐 아니라 일산화탄소가 발생되므로 공기조절장치를 움직여서 파란불꽃 상태가 되도록 조절해야 한다.

9 가스 사용 중에 가스가 떨어져 불이 꺼졌을 경우에는 어떻게 해야 하는가?

① 창문을 열어 환기시킨다.
② 연소기구를 청소한다.
③ 용기밸브를 열어 놓는다.
④ 연소기의 콕과 중간밸브를 잠그도록 해야 한다.

 ④ 사용 중에 가스가 떨어져 불이 꺼졌을 경우에도 반드시 연소기의 콕과 중간밸브를 잠그도록 해야 한다.

10 다음 글의 밑줄 친 ㉠~㉣의 한자 표기에 대한 설명으로 옳은 것은?

> 서울시는 신종 코로나바이러스 감염증 확산 방지를 위해 ㉠'다중이용시설 동선 추적 조사반'을 구성한다고 밝혔다. 의사 출신인 박○○ 서울시 보건의료정책과장은 이날 오후 서울시 유튜브 라이브 방송에 ㉡출연, 코로나바이러스 감염증 관련 대시민 브리핑을 갖고 "서울시는 2차, 3차 감염발생에 따라 ㉢역학조사를 강화해 조기에 발견하고 관련 정보를 빠르게 제공하려고 한다."라며 이같이 밝혔다. 박 과장은 "확진환자 이동경로 공개㉣지연에 따라 시민 불안감이 조성된다는 말이 많다."며 "더욱이 다중이용시설의 경우 확인이 어려운 접촉자가 존재할 가능성도 있다."라고 지적했다

① ㉠ '다중'의 '중'은 '삼중구조'의 '중'과 같은 한자를 쓴다.
② ㉡ '출연'의 '연'은 '연극'의 '연'과 다른 한자를 쓴다.
③ ㉢ '역학'의 '역'에 해당하는 한자는 '歷'과 '易' 모두 아니다.
④ ㉣ '지연'은 '止延'으로 쓴다.

 ③ '역학조사'는 '감염병 등의 질병이 발생했을 때, 통계적 검정을 통해 질병의 발생 원인과 특성 등을 찾아내는 것'을 일컫는 말로, 한자로는 '疫學調査'로 쓴다.
① '다중'은 '多衆'으로 쓰며, '삼중 구조'의 '중'은 '重'으로 쓴다.
② '출연'과 '연극'의 '연'은 모두 '演'으로 쓴다.
④ '일 따위가 더디게 진행되거나 늦어짐'의 뜻을 가진 '지연'은 '遲延'으로 쓴다.

Answer 8.② 9.④ 10.③

11 다음은 한국가스공사의 인권경영헌장이다. 이에 대한 해석으로 옳지 않은 것은?

> ⋗ 한국가스공사 인권경영헌장 ⋖

우리는 좋은 에너지 더 좋은 세상이라는 기업이념과 천연가스의 안정적 공급을 통한 국민생활의 편익증진 및 복리향상이라는 사명을 달성하기 위해 노력하며, '차별 없는 공정한 사회구현'과 '사람을 먼저 생각하는 인권경영'을 지향한다.

이를 위해 우리는 모든 경영활동 과정에서 인간의 존엄과 가치 향상을 위하여 임직원이 준수해야 할 올바른 행동과 가치판단의 기준으로서 「한국가스공사 인권경영헌장」을 다음과 같이 선언하고 그 실천을 다짐한다.

하나, 우리는 인권, 노동, 환경, 반부패 등의 가치를 지지하는 국제기준 및 규범을 존중하고 지지한다.

하나, 우리는 임직원을 포함한 모든 이해관계자에 대하여 인종, 종교, 장애, 성별, 출생지, 정치적 견해 등을 이유로 차별하지 않는다.

하나, 우리는 직원의 권익보호를 위해 결사 및 단체교섭의 자유를 보장한다.

하나, 우리는 어떠한 형태의 강제노동과 아동노동을 허용하지 않는다.

하나, 우리는 안전하고 위생적인 작업환경을 조성하여 산업안전 및 보건을 증진한다.

하나, 우리는 협력회사와의 상생발전을 위해 노력하며, 인권경영을 실천하도록 지원하고 협력한다.

하나, 우리는 사업 활동 영위 지역에서 현지주민의 인권을 존중하고 보호한다.

하나, 우리는 환경을 보호하고 환경재해 방지를 위해 노력한다.

하나, 우리는 사업 실행에 있어서 국민의 안전에 위해가 되지 않도록 노력하며, 업무상 수집한 개인정보를 보호한다.

우리는 임직원을 비롯한 모든 이해관계자의 인권을 보호하기 위해 노력하며, 인권경영의 정착과 확산을 위해 최선을 다할 것을 다짐한다.

– 한국가스공사 임직원 일동

① 인권경영헌장은 한국가스공사 임직원이 준수해야 하는 행동과 가치판단의 기준이다.

② 한국가스공사의 이해관계자는 성별, 출생지 등을 이유로 차별받지 않는다.

③ 한국가스공사는 전국에서 사업 활동 지역 주민의 권익을 보호한다.

④ 한국가스공사가 업무상 수집한 개인정보는 보호된다.

(Tip) ③ 한국가스공사는 사업 활동 영위 지역에서 현지주민의 인권을 존중하고 보호한다.

12 다음은 한국가스공사와 관련된 기사문이다. 밑줄 친 용어를 한자로 바꾸어 쓴 것으로 옳지 않은 것은?

– 한국가스공사, '일자리위원회' 구성… 일자리 창출 동참 –
비정규직 문제 해결에도 적극 나서

한국가스공사가 정부의 일자리 창출 정책에 ㉠<u>동참</u>한다. 더불어 비정규직 전환 로드 맵을 구체적으로 마련해 약 1,200여 명에 달하는 비정규직 문제도 해결해 나간다는 방침이다.

가스공사는 이번 정부의 최우선 과제인 일자리 문제 해결에 동참하기 위해 'KOGAS 일자리위원회'를 위원장, 부위원장, 경영위원, 총괄 본부장 ㉡<u>산하</u> 2개 추진단으로 구성하고 외부자문단과 사업소 일자리TF팀도 마련하였다.

■ 일자리위원회는 일자리 창출의 기본계획과 세부 실행계획, 중장기 로드맵을 마련해 양질의 일자리를 마련하기 위한 계획을 수립하며, 월 1회 추진 상황 상시 점검과 평가로 능률을 높일 예정이다. 또 연계된 인력과 예산 배분을 논의해 일자리 창출 방안을 구성하고 일자리 관련 대정부·국회 제출 보고서를 마련, 정부와 ㉢<u>추진</u> 동력의 보조를 맞춘다.

■ 핵심기관인 일자리창출단은 위원회의 운영·업무 총괄을 맡는다. 특히 에너지신산업과 관련해 새로운 일자리 창출 방안을 수립한다. 공사는 천연가스사업인 LNG벙커링 분야가 일자리 창출에 새로운 시장이 될 것으로 예측하고 있다.

■ 고용혁신단은 중기인력운영계획을 수립해 비정규직 전환 로드맵을 구성한다.

가스공사는 일자리위원회를 정기적으로 ㉣<u>개최</u>하고 '국가일자리위원회 100일 계획' 기간 동안 집중적으로 운영한다는 방침이다.

가스공사 전략기획처장은 "가스공사 노조도 위원회에 참여하기로 결정됐다"며 "노사합의를 통한 양질의 일자리 창출 방안에 전사적인 노력을 기울이겠다."라고 말했다.

○○○ 기자

---

① ㉠ 同參　　　　　　　　② ㉡ 山下
③ ㉢ 推進　　　　　　　　④ ㉣ 開催

 ② 傘下(우산 산, 아래 하) : 어떤 조직체나 세력의 관할 아래

13 다음은 은행을 사칭한 대출 주의 안내문이다. 이에 대한 설명으로 옳지 않은 것은?

항상 ○○은행을 이용해 주시는 고객님께 감사드립니다.

최근 ○○은행을 사칭하면서 대출 협조문이 Fax로 불특정 다수에게 발송되고 있어 각별한 주의가 요망됩니다. ○○은행은 절대로 Fax를 통해 대출 모집을 하지 않으니 아래의 Fax 발견시 즉시 폐기하시기 바랍니다.

> 아래 내용을 검토하시어 자금문제로 고민하는 대표이하 직원 여러분들에게 저희 은행의 금융정보를 공유할 수 있도록 업무협조 부탁드립니다.
>
> 수신 : 직장인 및 사업자
> 발신 : ○○은행 여신부
> 여신상담전화번호 : 070-xxxx-xxxx
>
> | 대상 | 직장인 및 개인/법인 사업자 |
> |---|---|
> | 금리 | 개인신용등급적용 (최저 4.8~) |
> | 연령 | 만 20세~만 60세 |
> | 상환 방식 | 1년만기일시상환, 원리금균등분할상환 |
> | 대출 한도 | 100만원~1억원 |
> | 대출 기간 | 12개월~최장 60개월까지 설정가능 |
> | 서류 안내 | 공통서류 – 신분증
직장인 – 재직, 소득서류
사업자 – 사업자 등록증, 소득서류 |

※ 기타사항
- 본 안내장의 내용은 법률 및 관련 규정 변경시 일부 변경될 수 있습니다.
- 용도에 맞지 않을 시, 연락 주시면 수신거부 처리 해드리겠습니다.

현재 ○○은행을 사칭하여 문자를 보내는 불법업체가 기승입니다. ○○은행에서는 본 안내장 외엔 문자를 발송치 않으니 이점 유의하시어 대처 바랍니다.

---

① Fax 수신문에 의하면 최대 대출한도는 1억원까지이다.

② Fax로 수신되는 대출 협조문은 ○○은행에서 보낸 것이 아니다.

③ Fax로 수신되는 대출 협조문은 즉시 폐기하여야 한다.

④ ○○은행에서는 대출 협조문을 문자로 발송한다.

(Tip) ④ ○○은행에서는 본 안내장 외엔 문자를 발송하지 않는다.

14 다음은 산업현장 안전규칙이다. 선임 J씨가 신입으로 들어온 K씨에게 전달할 사항으로 옳지 않은 것은?

산업현장 안전규칙

- 작업 전 안전점검, 작업 중 정리정돈은 사용하게 될 기계·기구 등에 대한 이상 유무 등 유해·위험요인을 사전에 확인하여 예방대책을 강구하는 것으로 현장 안전관리의 출발점이다.
- 작업장 안전통로 확보는 작업장 내 통행 시 위험기계·기구들로부터 근로자를 보호하며 원활한 작업진행에도 기여 한다.
- 개인보호구(헬멧 등) 지급착용은 근로자의 생명이나 신체를 보호하고 재해의 정도를 경감시키는 등 재해예방을 위한 최후 수단이다.
- 전기활선 작업 중 절연용 방호기구 사용으로 불가피한 활선작업에서 오는 단락·지락에 의한 아크화상 및 충전부 접촉에 의한 전격재해와 감전사고가 감소한다.
- 기계·설비 정비 시 잠금장치 및 표지판 부착으로 정비 작업 중에 다른 작업자가 정비 중인 기계·설비를 기동함으로써 발생하는 재해를 예방한다.
- 유해·위험 화학물질 경고표지 부착으로 위험성을 사전에 인식시킴으로써 사용 취급시의 재해를 예방한다.
- 프레스, 전단기, 압력용기, 둥근톱에 방호장치 설치는 신체부위가 기계·기구의 위험부분에 들어가는 것을 방지하고 오작동에 의한 위험을 사전 차단 해준다.
- 고소작업 시 안전 난간, 개구부 덮개 설치로 추락재해를 예방 할 수 있다.
- 추락방지용 안전방망 설치는 추락·낙하에 의한 재해를 감소 할 수 있다(성능검정에 합격한 안전방망 사용).
- 용접 시 인화성·폭발성 물질을 격리하여 용접작업 시 발생하는 불꽃, 용접불똥 등에 의한 대형화재 또는 폭발위험성을 사전에 예방한다.

---

① 작업장 안전통로에 통로의 진입을 막는 물건이 있으면 안 됩니다.

② 전기활선 작업 중에는 단락·지락이 절대 생겨서는 안 됩니다.

③ 어떤 상황에서도 작업장에서는 개인보호구를 착용하십시오.

④ 프레스, 전단기 등의 기계는 꼭 방호장치가 설치되어 있는지 확인하고 사용하십시오.

 ② 전기활선 작업 중에 단락·지락은 불가피하게 발생할 수 있다. 따라서 절연용 방호기구를 사용하여야 한다.

|15~16 | 다음은 환전 안내문이다. 이를 보고 물음에 답하시오.

일반 해외여행자(해외체재자 및 해외유학생이 아닌 분)의 해외여행경비
• 관광, 출장, 방문 등의 목적으로 해외여행시 아래와 같이 외화를 환전할 수 있다.

환전 한도	제출 서류
• 금액 제한 없음(다만, 외국인 거주자는 1만불 이내) ※ 동일인 기준 미화 1만불 초과 환전 시 국세청 및 관세청에 통보된다. ※ 미화 1만불 초과하여 휴대 출국시, 출국 전에 관할 세관의장에게 신고하여야 한다.	• 실명확인증표 • 여권(외국인 거주자의 경우)

해외체재자(해외유학생 포함)의 해외여행경비
• 상용, 문화, 공무, 기술훈련, 6개월 미만의 국외연수 등으로 외국에 체재하는 기간이 30일을 초과하는자(해외체재자) 및 외국의 교육기관 등에서 6개월 이상 수학, 연구, 연수목적 등으로 외국에 체재하는 자(해외유학생)에 대해 아래와 같이 외화를 환전할 수 있다.

환전 한도	제출 서류
• 금액 제한 없음 ※ 건당 미화 1만불 초과 환전시, 지정거래은행으로부터 "외국환신고(확인)필증"을 발급 받으시기 바랍니다. ※ 연간 미화 10만불 초과 환전 및 송금시, 국세청에 통보된다.	• 여권 • 입학허가서 등 유학사실 입증서류(해외유학생) • 소속 단체장 또는 국외연수기관장의 출장, 파견증명서(해외체재자)

소지 목적의 외화환전
• 국민인 거주자는 소지를 목적으로 외국환은행으로부터 금액 제한 없이 외국통화 및 여행자수표를 매입할 수 있다.

환전 한도	제출 서류
• 금액 제한 없음 ※ 동일인 기준 미화 1만불 초과 환전 시 국세청 및 관세청에 통보된다.	• 실명확인증표

북한지역 관광객 및 남북한 이산가족 방문여행자

환전 한도	제출 서류
• 미화 2천불	• 여권 • 북한지역관광경비 지급영수증

15 관광 목적으로 미국을 여행하려는 자가 미화 1만 5천불을 휴대하여 출국하려는 경우에는 누구에게 신고하여야 하는가?

① 한국은행 총재

② 국세청장

③ 관세청장

④ 관할 세관의장

> (Tip) ④ 미화 1만불 초과하여 휴대 출국시, 출국 전에 관할 세관의장에게 신고하여야 한다.

16 해외유학생이 미화 1만 5천불을 환전하는 경우에는 지정거래은행으로부터 어떤 서류를 발급 받아야 하는가?

① 소요 경비확인서

② 외국환신고(확인)필증

③ 취득경위 입증서류

④ 수수료 지급영수증

> (Tip) 건당 미화 1만불 초과 환전시, 지정거래은행으로부터 "외국환신고(확인)필증"을 발급 받아야 한다.

Answer 15.④ 16.②

17 다음 글의 밑줄 친 부분을 영문으로 바르게 표현한 것은?

> The amount of our import has increased on a yearly basis up to <u>27,346,100tons</u> last year since we started import from Europe for the first time in 2008.

① Twenty seven million three hundred forty six thousand one hundred tons

② Two hundred thirteen million forty six thousand one hundred tons

③ Twenty seven millions three hundreds forty six thousands one hundred tons

④ Twenty seven millions three hundreds fourty six thousands one hundred tons

 27,346,100은 'Twenty seven million three hundred forty six thousand one hundred' 가 올바른 표현이다. 숫자를 읽을 때에는 백만 단위(million), 천 단위(thousand) 표시에 맞게 끊어서 읽되, 단위는 단수로 읽어야 한다. 40은 'forty'가 바른 표현이다.

18 다음은 국민연금 가입자의 네 가지 형태를 설명하고 있는 글이다. (가)~(라)에 해당하는 형태의 가입자를 순서대로 올바르게 연결한 것은 어느 것인가?

> ㈎ 납부한 국민연금 보험료가 있는 가입자 또는 가입자였던 자로서 60세에 달한 자가 가입기간이 부족하여 연금을 받지 못하거나 가입기간을 연장하여 더 많은 연금을 받기를 원할 경우는 65세에 달할 때까지 신청에 의하여 가입자가 될 수 있다.
>
> ㈏ 60세 이전에 본인의 희망에 의해 가입신청을 하면 가입자가 될 수 있다. 즉, 다른 공적연금에서 퇴직연금(일시금), 장애연금을 받는 퇴직연금 등 수급권자, 국민기초생활보장법에 의한 수급자 중 생계급여 또는 의료급여 또는 보장시설 수급자, 소득활동에 종사하지 않는 사업장가입자 등의 배우자 및 보험료를 납부한 사실이 없고 소득활동에 종사하지 않는 27세 미만인 자는 가입을 희망하는 경우 이 가입자가 될 수 있다.
>
> ㈐ 국내에 거주하는 18세 이상 60세 미만의 국민으로서 사업장가입자가 아닌 사람은 당연히 가입자가 된다. 다만, 다른 공적연금에서 퇴직연금(일시금), 장애연금을 받는 퇴직연금 등 수급권자, 국민기초생활보장법에 의한 수급자 중 생계급여 또는 의료급여 또는 보장시설 수급자, 소득활동에 종사하지 않는 사업장가입자 등의 배우자 및 보험료를 납부한 사실이 없고 소득활동에 종사하지 않는 27세 미만인 자는 이 가입자가 될 수 없다.
>
> ㈑ 국민연금에 가입된 사업장의 18세 이상 60세 미만의 사용자 및 근로자로서 국민연금에 가입된 자를 말한다. 1인 이상의 근로자를 사용하는 사업장 또는 주한외국기관으로서 1인 이상의 대한민국 국민인 근로자를 사용하는 사업장에서 근무하는 18세 이상 60세 미만의 사용자와 근로자는 당연히 이 가입자가 된다.

① 임의계속가입자 – 지역가입자 – 임의가입자 – 사업장 가입자
② 사업장 가입자 – 임의가입자 – 지역가입자 – 임의계속가입자
③ 임의계속가입자 – 임의가입자 – 사업장 가입자 – 지역가입자
④ 임의계속가입자 – 임의가입자 – 지역가입자 – 사업장 가입자

 ㈎ **임의계속가입자**: 국민연금 가입자 또는 가입자였던 자가 기간연장 또는 추가 신청을 통하여 65세까지 가입을 희망하는 가입자를 말한다.
㈏ **임의가입자**: 사업장가입자 및 지역가입자 외의 자로서 국민연금에 가입된 자를 말한다.
㈐ **지역가입자**: 사업장가입자가 아닌 자로서 국민연금에 가입된 자를 말한다.
㈑ **사업장 가입자**: 사업장에 고용된 근로자 및 사용자로서 국민연금에 가입된 자를 말한다.

19 다음 중 글의 내용과 일치하지 않는 것은?

> 언어가 정보 교환이나 기록 수단에 그치는 것이 아니라 반성적 사고를 가능케 하는 표상의 역할도 해 왔을 것이 쉽게 추측된다. 사실상 학자에 따라서는 최초의 언어가 통신을 위해서가 아니라 사고를 위한 표상으로 발생하였으리라 주장하기도 한다. 그러므로 반성적 사고를 통하여 정신세계가 구현되었다고 하는 것은 두뇌의 정보 지각 역량이 충분히 성숙하여 언어를 개발하게 된 것과 때를 같이 한다고 볼 수 있다. 일단 언어가 출현하여 정보의 체외 기록이 가능해지면 정보의 비축 용량은 거의 무제한으로 확대된다. 이렇게 되면 두뇌의 기능은 정보의 보관 기구로서 보다 정보의 처리 기구로서 더 중요한 의미를 가진다. 기록된 정보를 해독하고 현실에 옮기며 새로운 정보를 기록하는 작업이 모두 두뇌를 통해서 이뤄져야 하기 때문이다. 이러한 상황을 핵산~단백질 기구와 비교해 보자면, 정보가 기록된 DNA에 해당하는 것이 언어로 상황을 표시된 모든 기록 장치, 좀 넓게는 모든 유형 문화가 되겠고, 정보를 해독하여 행동으로 옮기는 단백질에 해당하는 것이 두뇌의 역할이라 할 수 있다. 그리고 DNA 정보가 진화되어 나가는 것과 대단히 흡사한 방법으로 인간의 문화 정보도 진화되어 나간다. 이와 병행하여 언어의 출현은 인간의 사회화를 촉진시키는 기능을 가진다. 특히 세대에서 세대로 전승해 가는 유형 및 무형 문화는 이미 사회 공유물이라고 할 수 있다.

① DNA 정보는 기계적 수단으로 그것을 정확히 다룰 수 있기 때문이다.
② 두뇌의 기능은 정보의 처리 기구로서의 역할이 보관 기구로서의 역할보다 더 중요하다.
③ 언어의 출현은 인간의 사회화를 촉진시키는 기능을 가진다.
④ 어떤 학자들은 최초의 언어가 사고를 위한 표상으로 발생하였을 것이라고 주장한다.

(Tip) ① 주어진 글에서 언급되지 않은 내용이다.

20 다음 글에서 밑줄 친 부분 중에서 나머지와 다른 하나는?

> 모든 역사는 '현대의 역사'라고 크로체는 언명했다. 역사란 본질적으로 현재의 관점에서 과거를 본다는 데에서 성립되며, 역사가의 주임무는 기록에 있는 것이 아니라 가치의 재평가에 있다는 것이다. 역사가가 가치의 재평가를 하지 않는다면 기록될 만한 가치 있는 것이 무엇인지를 알 수 없기 때문이다. 1916년 미국의 역사가 칼 벡커도 "⊙역사적 사실이란 역사가가 이를 창조하기까지는 존재하지 않는다."라고 주장하면서 "모든 역사적 판단의 기초를 이루는 것은 실천적 요구이기 때문에 역사에는 현대의 역사라는 성격이 부여된다. 서술되는 사건이 아무리 먼 시대의 것이라고 할지라도 역사가 실제로 반영하는 것은 현재의 요구 및 현재의 상황이며 사건은 다만 그 속에서 메아리칠 따름이다."라고 하였다.
>
> 크로체의 이런 생각은 옥스퍼드의 철학자이며 역사가인 콜링우드에게 큰 영향을 끼쳤다. 콜링우드는 역사 철학이 취급하는 것은 'ⓒ사실 그 자체'나 '사실 그 자체에 대한 역사가의 이상' 중 어느 하나가 아니고 '상호관계 하에 있는 양자(兩者)'라고 하였다. 역사가가 연구하는 과거는 죽어버린 과거가 아니라 어떤 의미에서는 아직도 ⓒ현재 속에 살아있는 과거이다. 현재의 상황 속에서 역사가의 이상에 따라 해석된 과거이기 때문이다. 따라서 과거는 그 배후에 놓은 사상을 역사가가 이해할 수 없는 한 그에게 있어서는 죽은 것, 즉 무의미한 것이다. 이와 같은 의미에서 '모든 역사는 사상의 역사'라는 것이며 또한 '역사는 역사가가 자신이 연구하고 있는 사람들의 이상을 자신의 마음속에 재현한 것'이라는 것이다. 역사가의 마음속에서 이루어지는 ②과거의 재구성은 경험적인 증거에 의거하여 행해지지만, 재구성 그 자체는 경험적 과정이 아니며 또한 사실의 단순한 암송만으로 될 수 있는 것도 아니다. 오히려 이와는 반대로 재구성의 과정은 사실의 선택 및 해석을 지배하는 것이며 바로 이것이야말로 사실을 역사적 사실로 만들어 놓는 과정이다.

① ⊙ 역사적 사실
② ⓒ 사실 그 자체
③ ⓒ 현재 속에 살아있는 과거
④ ② 과거의 재구성

 ⊙ⓒ②은 역사가의 이상에 따라 재평가된 과거를 의미하는 반면, ⓒ은 역사가에 의해 해석되기 전의 객관적 사실을 의미한다.

Answer → 19.① 20.②

21 다음은 어느 법의 규정 중 일부이다. 잘못 쓰여진 글자가 모두 몇 개인지 찾으면?

> 제OO조 (도시가스충전사업자의 안전전검의무 등)
> ① 도시가스충전사업자는 도시가스를 소요자에게 공급할 때에는 그 수요자의 시설에 대하여 안전점검을 하여야 하며, 산업통상자원부령으로 정하는 바에 따라 수요자에게 위해예방에 필요한 사항을 계도하여야 한다.
> ② 도시가스충전사업자는 제1항에 따른 안전점검을 한 결과, 수요자의 시설이 시설기준과 기술기준에 맞지 아니하다고 판단되면 그 수요자에게 해당 시설을 개성하도록 권고하여야 한다.
> ③ 도시가스충전사업자는 제1항에 따른 안전점검을 한 경우에는 산업통상자원부령으로 정하는 바에 따라 안전점검기록을 작성하여 2년간 보존하여야 한다.
> ④ 제1항에 따른 안전점검에 필요한 점검자의 자격, 점검 인원, 점검 장비, 점검 기준 등은 산업통상자원부령으로 정한다.

① 1개　　　　　　　　　　　② 2개
③ 3개　　　　　　　　　　　④ 4개

 안전전검의무 → 안전점검의무
소요자에게 공급 → 수요자에게 공급
개성하도록 권고 → 개선하도록 권고

|22~23| 다음 제시된 문장들을 논리적으로 가장 바르게 배열한 것을 고르시오.

22

> ㉠ 제3세계에 사는 많은 환자들이 신약 가격을 개발국인 선진국의 수준으로 유지하는 거대 제약회사의 정책 때문에 고통 속에서 죽어가고 있다.
> ㉡ 하지만 그 이익이 다른 사람의 고통을 무시하고 얻어진 경우에는 정당하지 않을 수 있다.
> ㉢ 그 약값을 감당할 수 있는 우리 영국인이 보기에도 이는 이익이란 명분 아래 발생하는 끔찍한 사례다.
> ㉣ 상품을 만들어 파는 사람이 그 수고의 대가를 받고 이익을 누리는 것은 당연하다.

① ㉣㉠㉡㉢　　　　　　　　　② ㉣㉡㉠㉢
③ ㉠㉡㉢㉣　　　　　　　　　④ ㉠㉣㉡㉢

 ㉣ 일반 명제 → ㉡ 반대 내용 → ㉠ 구체적 사례 → ㉢ 사례 평가

23

⊙ 더욱이 우리가 자동차를 소유하고 활용할 때 직장으로의 통근용으로만 사용하지는 않는다. 때론 교외로 때론 지방으로 이동할 때 자유롭게 활용 가능해야 하며, 이때 기존 내연기관차보다 불편함이 있다면 전기차의 시장침투는 그만큼 제약될 수밖에 없다.

© 그러나 서울 및 대도시를 포함하여, 전국적으로 주로 아파트 등 공동주택에 거주하는 가구비중이 높은 국내 현실을 감안한다면 주택용 충전방식의 제약은 단기적으로 해결하기는 어려운 것이 또한 현실이다.

© 기본적으로 전기차의 충전수요는 주택용 및 직장용 충전방식을 통해 상당부분 충족될 수 있다. 집과 직장은 우리가 하루 중 대부분의 시간을 보내는 장소이며, 그만큼 우리의 자동차가 가장 많은 시간을 보내는 장소이다.

② 직접 충전을 하지 않더라도 적어도 언제 어디서나 충전이 가능하다는 인식이 자동차 운전자들에게 보편화되지 않는다면, 배터리에 충전된 전력이 다 소진되어, 도로 한가운데서 꼼짝달싹할 수 없게 될 수도 있다는 두려움, 즉 주행가능거리에 대한 우려로 인해 기존 내연기관차에서 전기차로의 전환은 기피대상이 될 수밖에 없다.

① ©→©→②→⊙　　　　② ©→©→⊙→②

③ ©→⊙→©→②　　　　④ ©→©→②→⊙

 © 전기차 충전수요 언급→© 전기차 충전의 제약→⊙ 전기차 시장침투의 제약→② 전기차의 한계

24 다음 한 쌍의 단어와 같은 의미관계를 나타내는 단어의 조합이 아닌 것은 어느 것인가?

소박 : 질박

① 서두 : 허두

② 질책 : 문책

③ 구획 : 경계

④ 조악 : 정밀

 소박과 질박은 유의어 관계에 있다. '조악'은 '거칠고 나쁘다'의 어근이며 '정밀'과는 반의어 관계가 된다.

┃25~26┃ 다음은 어느 쇼핑몰 업체의 자주 묻는 질문을 모아놓은 것이다. 다음을 보고 물음에 답하시오.

Q1. 주문한 상품은 언제 배송되나요?
Q2. 본인인증에 자꾸 오류가 나는데 어떻게 해야 하나요?
Q3. 비회원으로는 주문을 할 수가 없나요?
Q4. 교환하려는 상품은 어디로 보내면 되나요?
Q5. 배송 날짜와 시간을 지정할 수 있나요?
Q6. 반품 기준을 알고 싶어요.
Q7. 탈퇴하면 개인정보는 모두 삭제되나요?
Q8. 메일을 수신거부 했는데 광고 메일이 오고 있어요.
Q9. 휴대폰 결제시 인증번호가 발송되지 않습니다.
Q10. 취소했는데 언제 환불되나요?
Q11. 택배사에서 상품을 분실했다고 하는데 어떻게 해야 하나요?
Q12. 휴대폰 소액결제시 현금영수증을 발급 받을 수 있나요?
Q13. 교환을 신청하면 언제쯤 새 상품을 받아볼 수 있나요?
Q14. 배송비는 얼마인가요?

25 쇼핑몰 사원 L씨는 고객들이 보기 쉽게 질문들을 분류하여 정리하려고 한다. ㉠~㉣에 들어갈 질문으로 연결된 것 중에 적절하지 않은 것은?

자주 묻는 질문			
배송 문의	회원 서비스	주문 및 결제	환불/반품/교환
㉠	㉡	㉢	㉣

① ㉠ : Q1, Q5, Q11

② ㉡ : Q2, Q7, Q8

③ ㉢ : Q3, Q9, Q12

④ ㉣ : Q4, Q6, Q10, Q13, Q14

 Q14는 ㉠에 들어갈 내용이다.

26 쇼핑몰 사원 L씨는 상사의 조언에 따라 메뉴를 변경하려고 한다. [메뉴]-[키워드]-질문의 연결로 옳지 않은 것은?

〈상사의 조언〉
고객들이 보다 손쉽게 정보를 찾을 수 있도록 질문을 키워드 중심으로 정리해 놓으세요.

① [배송 문의]-[배송비용]-Q14
② [주문 및 결제]-[휴대폰 결제]-Q9
③ [환불/반품/교환]-[환불시기]-Q10
④ [환불/반품/교환]-[교환시기]-Q4

(Tip) Q4는 [환불/반품/교환]-[교환장소]에 들어갈 내용이다.

27 다음 대화 중 비즈니스 현장에서의 바람직한 의사소통 자세를 보여주지 못하는 것은?

① "내가 말을 어떻게 하느냐 하는 것도 중요하겠지만, 상대방의 말을 얼마나 잘 경청하느냐 하는 것이 올바른 의사소통을 위해 매우 중요하다고 봅니다."
② "서로를 잘 알고 호흡도 척척 맞는 사이에서는 말하지 않아도 미리 알아서 행동하고 생각하는 자세가 필요해요."
③ "나의 표현방법도 중요하지만, 상대방이 어떻게 받아들이게 될지에 대한 고려가 바탕이 되는 대화여야 하는 거죠."
④ "충분하고 우호적인 대화가 되었어도 사후에 확인하는 과정과 적절한 피드백이 있어야 완전한 의사소통이 되었다고 볼 수 있어요."

(Tip) ② 말하지 않아도 마음이 통하는 관계는 '최고의 관계'이지만, 비즈니스 현장에서 필요한 것은 정확한 확인과 그에 따른 업무처리이다.

Answer 25.④ 26.④ 27.②

| 28~29 | 다음 제시된 개요의 결론으로 알맞은 것을 고르시오.

28

제목 : 생태 관광
Ⅰ. 서론 : 생태 관광의 의의와 현황

Ⅱ. 본론
㉠ 문제점 분석
• 생태자원 훼손
• 지역 주민들의 참여도 부족
• 수익 위주의 운영
• 안내 해설 미흡
㉡ 개선 방안 제시
• 인지도 및 관심 증대
• 지역 주민들의 참여 유도
• 관련 법규의 재정비
• 생태관광가이드 육성

Ⅲ. 결론 : (   )

① 자연생태계 훼손 최소화
② 생태 관광의 지속적인 발전
③ 생물자원의 가치 증대
④ 바람직한 생태 관광을 위한 노력 촉구

 ④ 본론에서 생태 관광에 대한 문제점을 지적하고 그에 대한 개선 방안을 제시하였으므로 결론에서는 주장을 정리하는 '바람직한 생태 관광을 위한 노력 촉구'가 적절하다.

29

제목 : 우리말 사랑하고 가꾸기
Ⅰ. 서론 : 우리말의 오용 실태

Ⅱ. 본론
㉠ 우리말 오용의 원인
 • 우리말에 대한 사랑과 긍지 부족
 • 외국어의 무분별한 사용
 • 우리말 연구 기관에 대한 정책적 지원 부족
 • 외국어 순화 작업의 중요성 간과
㉡ 우리말을 가꾸는 방법
 • 우리말에 대한 이해와 적극적인 관심
 • 외국어의 무분별한 사용 지양
 • 바른 우리말 사용 캠페인
 • 대중 매체에 사용되는 우리말의 순화

Ⅲ. 결론 : (   )

① 우리말을 사랑하고 가꾸기 위한 노력 제고
② 언어순화 작업의 중요성 강조
③ 잘못된 언어습관 지적의 필요성
④ 우리말 연구 기관에 대한 예산지원의 효과

 서론에서 우리말의 오용 실태를 지적했으며, 본론에서는 우리말 오용의 원인과 함께 그에 대한 우리말 가꾸는 방법을 제시하고 있으므로 이를 정리하여 결론에서는 '우리말을 사랑하고 가꾸기 위한 노력 제고'가 적절하다.

30 다음 글의 밑줄 친 부분을 고쳐 쓰기 위한 방안으로 적절하지 않은 것은?

봉사는 자발적으로 이루어지는 것이므로 원칙적으로 아무런 보상이 주어지지 않는다. ㉠그리고 적절한 칭찬이 주어지면 자발적 봉사자들의 경우에도 더욱 적극적으로 활동하게 된다고 한다. ㉡그러나 이러한 칭찬 대신 일정액의 보상을 제공하면 어떻게 될까? 오히려 봉사자들의 동기는 약화된다고 한다. ㉢나는 여름방학 동안에 봉사활동을 많이 해 왔다. 왜냐하면 봉사에 대해 주어지는 금전적 보상은 봉사자들에게 그릇된 메시지를 전달하기 때문이다. 봉사에 보수가 주어지면 봉사자들은 다른 봉사자들도 무보수로는 일하지 않는다고 생각할 것이고 언제나 보수를 기대하게 된다. 보수를 기대하게 되면 그것은 봉사라고 하기 어렵다. ㉣즉, 자발적 봉사가 사라진 자리를 이익이 남는 거래가 차지하고 만다.

① ㉠은 앞의 문장과는 상반된 내용이므로 '하지만'으로 고쳐 쓴다.
② ㉡에서 만일의 상황을 가정하므로 '그러나'는 '만일'로 고쳐 쓴다.
③ ㉢은 글의 내용과는 관련 없는 부분이므로 삭제한다.
④ ㉣의 '즉'은 '예를 들면'으로 고쳐 쓴다.

> **(Tip)** ④ '즉'은 옳게 쓰여진 것으로 고쳐 쓰면 안 된다.

31 다음 글의 밑줄 친 부분을 고쳐 쓰기 위한 방안으로 적절하지 않은 것은?

세계기상기구(WMO)에서 발표한 자료에 따르면 지난 100년간 지구 온도가 뚜렷하게 상승하고 있다고 한다. ㉠그러나 지구가 점점 더워지고 있다는 말이다. 산업 혁명 이후 석탄과 석유 등의 화석연료를 지속적으로 사용한 결과로 다량의 온실 가스가 대기로 배출되었기 때문에 지구 온난화 현상이 심화된 것이다. ㉡비록 작은 것일지라도 실천할 수 있는 방법들을 찾아보아야 한다. 자전거를 타거나 걸어다니는 것을 실천해야겠다. ㉢나는 이번 여름에는 꼭 수영을 배울 것이다. 또, 과대 포장된 물건의 구입을 ㉣지향해야겠다.

① ㉠은 부적절하므로 '다시 말하면'으로 바꾼다.
② ㉡은 '일지라도'와 호응하지 않으므로 '만약'으로 바꾼다.
③ ㉢은 글의 통일성을 깨뜨리므로 삭제한다.
④ ㉣은 의미상 어울리지 않으므로 '지양'으로 바꾼다.

> **(Tip)** ② '만약'은 '혹시 있을지도 모르는 뜻밖의 경우'를 뜻하므로 '~라면'과 호응한다.

32 다음의 글에서 '일러스트레이션'이 겪은 변화와 유사한 것은?

> 그림책의 그림은 순수 회화와 구별해서 일러스트레이션이라고 한다. 일러스트레이션(illustration)은 'illustrate'라는 동사에서 나온 말로, '예를 들어 쉽게 설명한다'라는 뜻이다. 그림책에서 일러스트레이션은 그림책이 전하는 이야기를 설명해 준다. 오랫동안 그림책은 글자를 터득하지 못한 아이들에게 어른이 읽어 주는 책이었고, 일러스트레이션은 책을 장식하는 요소로 사용되어 왔다. 도구였던 일러스트레이션이 오늘날처럼 주도적인 역할을 하면서 그림책이 독자적인 장르로 크게 발전하기 시작한 것은 2차 세계 대전 이후이다. 오늘날 그림책 속에 담긴 일러스트레이션은 점점 회화적인 요소가 강해질 뿐만 아니라, 이야기를 설명한다는 목적 때문에 예술적 의의를 인정받지 못했던 한계를 넘어서고 있다. 좋은 일러스트레이션일수록 이야기가 풍부하다. 한 권의 그림책 속에 어우러지는 일러스트레이션은 작품을 입체적으로 만든다.

① 최근까지도 사람들의 주목을 받지 못했던 독립영화는 현재 영화예술의 중요한 부분을 차지하고 있다.

② 처음에는 일상 용품으로 제작되었던 도자기는 점차 독자적인 미적 가치를 인정받게 되었다.

③ 클래식 음악은 원래 소수의 특권층이 독점하던 예술이었지만 지금은 누구나 즐길 수 있는 음악이 되었다.

④ 뮤지컬은 오페라에 비해 격이 떨어진다고 여겨졌으나 이제는 오페라와 대등한 예술성을 지닌 것으로 인식되고 있다.

 ② '일러스트레이션'은 처음에는 책을 장식하는 '도구'로 사용되었던 요소였지만 점점 예술적 의의를 인정받지 못했던 한계를 넘어서고 있다고 제시되어 있다. 이는 '일상 용품'이었던 도자기가 미적 가치를 인정받은 변화와 유사하다.

Answer→ 30.④ 31.② 32.②

33 다음 글의 밑줄 친 '보다'와 같은 의미의 '보다'가 쓰인 문장은 어느 것인가?

> 스스로를 '말 잘 듣는 착한 아이였다'고 말한 그녀는 ○○여대 ○○학과를 나와 K사에 입사했다. 의대에 가고 싶었지만 집안이 어려워 장학금을 받기 위해 성적보다 낮춰 대학에 지원했다. 맞선을 <u>본</u> 남편과 몇 달 만에 결혼했고 임신과 함께 직장을 그만두었다. 모교 약대에 입학한 건 아이가 세 살이 지나서였다.

① H 부부는 아이를 <u>봐</u> 줄 사람을 구하였다.
② 지금 나 좀 잠깐 <u>볼</u> 수 있는지 한 번 물어봐 줄래?
③ 그 노인의 사정을 <u>보니</u> 딱하게 되었다.
④ 수상한 사람을 <u>보면</u> 신고하시오.

 주어진 글에 쓰인 '맞선을 보다'는 선택지 ②의 '잠깐 좀 보다'의 경우와 함께 '일정한 목적 아래 만나다'의 의미를 갖는 어휘이다.
① '맡아서 보살피거나 지키다'의 의미를 갖는다.
③ '상대편의 형편 따위를 헤아리다'의 의미를 갖는다.
④ '눈으로 대상의 존재나 형태적 특징을 알다'의 의미를 갖는다.

34 다음 글의 문맥상 빈 칸에 들어갈 진술로 가장 적절한 것은?

> 오늘날 영토의 윤곽은 9세기 샤를마뉴 황제가 유럽 전역을 평정한 후, 그의 후손들 사이에 벌어진 영토 분쟁의 결과로 만들어졌다. 제국 분할을 둘러싸고 그의 후손들 사이에 빚어진 갈등은 제국을 독차지하려던 로타르의 군대와 루이와 샤를의 동맹군 사이의 전쟁으로 확대되었다. 결국 동맹군의 승리로 전쟁이 끝나면서 왕자들 사이에 제국의 영토를 분할하는 원칙을 명시한 베르됭 조약을 체결하였다. 영토 분할을 위임받은 로마 교회는 _____. 그래서 게르만어를 사용하는 지역과 로망어를 사용하는 지역을 각각 루이와 샤를에게 할당했다. 그리고 힘없는 로타르에게는 이들 두 국가를 가르는 완충지대로서, 이탈리아 북부 롬바르디아 지역으로부터 프랑스의 프로방스 지방, 스위스, 스트라스부르, 북해로 이어지는 긴 복도 모양의 영토가 주어졌다.
>
> 루이와 샤를은 베르됭 조약 체결에 앞서 스트라스부르에서 서로의 동맹을 다지는 서약 문서를 상대방이 분할 받은 영토의 세속어로 작성하여 교환하고, 곧이어 각자 자신의 군사들로부터 자신이 분할 받은 영토의 세속어로 충성 맹세를 받았다. 학자들은 두 사람이 서로의 동맹에 충실할 것을 상대측 영토의 세속어로 서약했다는 점에 주목한다. 또한 역사적 자료에 의해 루이와 샤를 모두 게르만어를 모어로 사용하였다는 사실이 알려져 있다. 그러므로 루이와 샤를 중 적어도 한 명은 서약 문서를 자신의 모어로 작성한 것이 아니다. 게다가 그들의 군대는 필요에 따라 여기저기서 수시로 징집된 다양한 언어권의 병사들로 구성되어 있었으므로 세속어의 사용이 군사들의 이해를 목적으로 한다는 설명도 설득력이 없다. 결국 학자들은 상대측 영토의 세속어 사용이 상대 국민의 정체성과 그에 따른 권력의 합법성을 상호 인정하기 위한 상징행위로서 의미를 갖는다고 결론을 내렸다.

① 영토 모양을 기준으로 삼는 것이 현명하다는 결론을 내렸다.

② 조세 수입이나 영토 면적보다는 '세속어'를 그 경계의 기준으로 삼는 것이 더 공정하다는 결론을 내렸다.

③ 영토 면적의 크기를 기준으로 영토를 분할하는 것이 적당하다고 생각했다.

④ 군대의 특성에 따라 영토를 분할하자는 결론에 다다랐다.

> (Tip) 빈 칸 뒤에 게르만어를 사용하는 지역과 로망어를 사용하는 지역을 나눴다는 것으로 보아 빈 칸에 들어갈 적절한 진술은 ②이다.

Answer 33.② 34.②

35 다음과 같은 상황에서 김 과장이 취할 행동으로 가장 바람직한 것은?

> 무역회사에 근무하는 김 과장은 아침부터 밀려드는 일에 정신이 없다. 오늘 독일의 고객사에서 보내온 주방용품 컨테이너 수취확인서를 보내야하고, 운송장을 작성해야 하는 일이 꼬여버려 국제전화로 걸려오는 수취확인 문의전화와 다른 고객사의 클레임을 받느라 전화도 불이 난다. 어제 오후 퇴근하기 전에 자리를 비운 박 대리에게 운송장을 영문으로 작성해서 오전 중에 메일로 보내줄 것을 지시한 메모를 잘 보이도록 책상 모니터에 붙여두고 갔는데 점심시간이 다 되도록 박 대리에게 메일을 받지 못했다.

① 박 대리가 점심 먹으러 나간 사이 다시 메모를 남겨놓는다.
② 바쁜 사람 여러 번 이야기하게 한다고 박 대리를 다그친다.
③ 바쁜 시간을 쪼개어 스스로 영문 운송장을 작성한다.
④ 메모를 못 본 것일 수 있으니 다시 한 번 업무를 지시한다.

 의사소통은 내가 상대방에게 메시지를 전달하는 과정이 아니라 상대방과의 상호작용을 통해 메시지를 다루는 과정이다. 우리가 남들에게 일방적으로 언어 혹은 문서를 통해 의사를 전달하는 것은 엄격한 의미에서 말하는 것이지 의사소통이라고 할 수 없다. 의사소통이란 다른 이해와 의미를 가지고 있는 사람들이 공통적으로 공유할 수 있는 의미와 이해를 만들어 내기 위해 서로 언어 또는 문서, 그리고 비언어적인 수단을 통해 상호 노력하는 과정이기 때문에 일방적인 말하기가 아니라 의사소통이 되기 위해서는 의사소통의 정확한 목적을 알고, 의견을 나누는 자세가 필요하다.

36 다음 중 공문서의 작성법으로 옳은 것은?

① 날짜 다음에 괄호를 사용할 때에는 마침표를 찍지 않는다.

② 복잡한 내용일 때에는 도표나 그림을 활용한다.

③ 업무상 상사에게 제출하는 문서이므로, 궁금한 점을 질문 받을 것에 대비한다.

④ 분량이 많으므로 글의 내용이 한눈에 파악되도록 목차구성에 신경 쓴다.

 ② 설명서, 기획서, 보고서 등과 같은 서류를 작성할 때의 작성법이다.
　　③ 보고서 등과 같은 서류의 작성법이다.
　　④ 기획서 등과 같은 서류의 작성법이다.
　※ 공문서 … 정부 행정기관에서 대내적, 혹은 대외적 공무를 집행하기 위해 작성하는 문서를 의미하며, 정부기관이 일반회사, 또는 단체로부터 접수하는 문서 및 일반회사에서 정부기관을 상대로 사업을 진행하려고 할 때 작성하는 문서도 포함된다. 엄격한 규격과 양식에 따라 정당한 권리를 가진 사람이 작성해야 하며 최종 결재권자의 결재가 있어야 문서로서의 기능이 성립된다.
　※ 공문서 작성법
　　㉠ 공문서는 주로 회사 외부로 전달되는 글인 만큼 누가, 언제, 어디서, 무엇을, 어떻게 (또는 왜)가 드러나도록 써야한다.
　　㉡ 날짜는 연도와 월일을 반드시 함께 언급해야 한다.
　　㉢ 날짜 다음에 괄호를 사용할 때에는 마침표를 찍지 않는다.
　　㉣ 공문서는 대외문서이고, 장기간 보관되는 문서이기 때문에 정확하게 기술한다.
　　㉤ 내용이 복잡한 경우 '-다음-' 또는 '-아래-'와 같은 항목을 만들어 구분한다.
　　㉥ 공문서는 한 장에 담아내는 것이 원칙이다.
　　㉦ 마지막엔 반드시 '끝'자로 마무리 한다.

Answer ↪ 35.④ 36.①

37 중의적 표현에 대한 다음 설명을 참고할 때, 구조적 중의성의 사례가 아닌 것은?

> 중의적 표현(중의성)이란 하나의 표현이 두 가지 이상의 의미로 해석되는 표현을 일컫는다. 그 특징은 해학이나 풍자 등에 활용되며, 의미의 다양성으로 문학 작품의 예술성을 높이는 데 기여한다. 하지만 의미 해석의 혼동으로 인해 원활한 의사소통에 방해를 줄 수도 있다.
>
> 이러한 중의성은 어휘적 중의성과 구조적 중의성으로 크게 구분할 수 있다. 어휘적 중의성은 다시 세 가지 부류로 나누는데 첫째, 다의어에 의한 중의성이다. 다의어는 의미를 복합적으로 가지고 있는데, 기본 의미를 가지고 있는 동시에 파생적 의미도 가지고 있어서 그 어휘의 기본적 의미가 내포되어 있는 상태에서 다른 의미로도 쓸 수 있다. 둘째, 어휘적 중의성으로 동음어에 의한 중의적 표현이 있다. 동음어에 의한 중의적 표현은 순수한 동음어에 의한 중의적 표현과 연음으로 인한 동음이의어 현상이 있다. 셋째, 동사의 상적 속성에 의한 중의성이 있다.
>
> 구조적 중의성은 문장의 구조 특성으로 인해 중의성이 일어나는 것을 말하는데, 이러한 중의성은 수식 관계, 주어의 범위, 서술어와 호응하는 논항의 범위, 수량사의 지배범위, 부정문의 지배범주 등에 의해 일어난다.

① 나이 많은 길동이와 을순이가 결혼을 한다.

② 그 녀석은 나와 아버지를 만났다.

③ 영희는 친구들을 기다리며 장갑을 끼고 있었다.

④ 그녀가 보고 싶은 친구들이 참 많다.

 ③ 영희가 장갑을 이미 낀 상태인지, 장갑을 끼는 동작을 진행 중인지 의미가 확실치 않은 동사의 상적 속성에 의한 중의성의 사례가 된다.
   ① 수식어에 의한 중의성의 사례로, 길동이가 나이가 많은 것인지, 길동이와 을순이 모두가 나이가 많은 것인지가 확실치 않은 중의성을 포함하고 있다.
   ② 접속어에 의한 중의성의 사례로, '그 녀석'이 나와 함께 가서 아버지를 만난건지, 나와 아버지를 각각 만난건지, 나와 아버지 둘을 같이 만난건지가 확실치 않은 중의성을 포함하고 있다.
   ④ 명사구 사이 동사에 의한 중의성의 사례로, 그녀가 친구들을 보고 싶어 하는 것인지 친구들이 그녀를 보고 싶어 하는 것인지가 확실치 않은 중의성을 포함하고 있다.

38 다음 중 각 국의 비언어적 표현의 의미로 바르지 않은 것은?

① 러시아 : 상대방에게 화가 났을 때 손을 펴서 자기 이마를 친다.

② 아랍권 : 머리를 뒤로 젖히고 눈썹을 치켜 올리는 것은 'No'를 의미한다.

③ 일본 : 팔짱을 끼고 서 있으면 깊이 생각하고 있다는 의미이다.

④ 네팔 : 고개를 옆으로 흔드는 것은 'Yes'를 의미한다.

> Tip ① 러시아에서는 자기 스스로에게 화가 났을 때 손을 펴서 자기 이마를 친다.

Answer ┌→ 37.③ 38.①

┃39~40┃ 다음은 어느 발전회사의 공급자 행동강령이다. 이를 보고 물음에 답하시오.

〈일반 요건〉

발전의 국내외 모든 공급자들은 국내법과 국제법 그리고 인권, 노동, 환경, 반부패와 관련하여 제정된 UN 글로벌 컴팩트 10대 원칙을 준수하여야 한다.

〈세부 요건〉

윤리적 기준

1. 공급자는 투명하고 깨끗한 경영을 위하여 최선의 노력을 다하여야 하며, 부당취득, 뇌물수수 등 비도덕적 행위를 하여서는 안 된다. 특히 당사 직원에게 금품, 향응 등의 뇌물을 어떠한 형태로든 제공해서는 안 된다.
2. 공급자는 공정거래를 저해하는 담합 행위를 하여서는 안 되며, 또한 제3자와 불법하도급 거래를 하여서도 안 된다.
3. 공급자는 본인 또는 타인의 이익을 위하여 당사 직원에게 공정한 직무수행이나 의사결정에 영향을 미칠 수 있는 부당한 청탁을 하여서는 안 된다.
4. 공급자는 뇌물 공여 및 요구를 거절하는 깨끗한 기업문화를 조성하기 위해 소속 직원을 교육하여야 하며, 계약 이행시 부패 관련 사항을 발견할 경우 발전 신문고에 신고하여야 한다.

사회적 기준

1. 공급자는 사업권내의 조세 및 노동 관련 법규를 준수하며, 그러한 법규의 규정 및 정신에 따라 행동하기 위해 최선의 노력을 기울여야 한다.
2. 공급자는 국내법 및 국제법을 위반하여 근로를 제공받아서는 안 된다.
3. 공급자는 어떠한 경우에도 아동노동을 활용해서는 안 되고 이를 통한 이익을 취해서도 안 된다.
4. 공급자는 인종, 종교, 성별, 신체능력 등을 이유로 근로자의 고용 또는 채용시 차별하여서는 안 되며, 법률에 의하여 금지되어 있지 않는 이상 근로자에게 집회결사의 자유와 단체교섭권을 부여하여야 한다.

환경적 기준

1. 공급자는 사업권내의 환경과 안전 관련 법규를 준수하며, 그러한 법규의 규정 및 정신에 따라 행동하기 위해 최선의 노력을 기울여야 한다.
2. 공급자는 기업의 환경보호 성과를 지속적으로 향상시키기 위하여 환경 관련 절차를 준수하고 환경 친화적 기술의 확산을 위하여 노력을 기울여야 한다.
3. 공급자는 근로자들에게 필수 안전 장비를 제공하는 등 안전하고 건강한 작업 및 근무여건을 제공해야 한다.
4. 공급자는 사업권내의 관련 국가 및 지역의 환경에 대한 피해를 최소화하기 위하여 노력하는 등 환경을 중시하는 경영활동을 하여야 한다.

---

39 다음 사례에서 甲의 행동은 행동강령의 어느 기준을 위반한 것인가?

> 인사를 담당하고 있는 甲은 인턴 지원자인 乙이 키가 작고 못생겼다는 이유로 면접에서 탈락시켰다.

① 일반 요건
② 윤리적 기준
③ 사회적 기준
④ 환경적 기준

(Tip) 사회적 기준의 4번째인 '공급자는 인종, 종교, 성별, 신체능력 등을 이유로 근로자의 고용 또는 채용시 차별하여서는 안 된다'를 위반한 것이다.

40 행동강령에 따를 경우 계약 이행시 부패가 발견된다면 어떻게 해야 하는가?

① 경찰에 신고한다.
② 신문고에 신고한다.
③ 국민권익위원회에 신고한다.
④ 사장님께 바로 보고한다.

(Tip) 계약 이행시 부패 관련 사항을 발견할 경우 발전 신문고에 신고하여야 한다.

Answer → 39.③ 40.②

02 수리능력

1 직장생활과 수리능력

(1) 기초직업능력으로서의 수리능력

① 개념 … 직장생활에서 요구되는 사칙연산과 기초적인 통계를 이해하고 도표의 의미를 파악하거나 도표를 이용해서 결과를 효과적으로 제시하는 능력을 말한다.

② 수리능력은 크게 기초연산능력, 기초통계능력, 도표분석능력, 도표작성능력으로 구성된다.
  ㉠ 기초연산능력 : 직장생활에서 필요한 기초적인 사칙연산과 계산방법을 이해하고 활용할 수 있는 능력
  ㉡ 기초통계능력 : 평균, 합계, 빈도 등 직장생활에서 자주 사용되는 기초적인 통계기법을 활용하여 자료의 특성과 경향성을 파악하는 능력
  ㉢ 도표분석능력 : 그래프, 그림 등 도표의 의미를 파악하고 필요한 정보를 해석하는 능력
  ㉣ 도표작성능력 : 도표를 이용하여 결과를 효과적으로 제시하는 능력

(2) 업무수행에서 수리능력이 활용되는 경우

① 업무상 계산을 수행하고 결과를 정리하는 경우

② 업무비용을 측정하는 경우

③ 고객과 소비자의 정보를 조사하고 결과를 종합하는 경우

④ 조직의 예산안을 작성하는 경우

⑤ 업무수행 경비를 제시해야 하는 경우

⑥ 다른 상품과 가격비교를 하는 경우

⑦ 연간 상품 판매실적을 제시하는 경우

⑧ 업무비용을 다른 조직과 비교해야 하는 경우

⑨ 상품판매를 위한 지역조사를 실시해야 하는 경우

⑩ 업무수행과정에서 도표로 주어진 자료를 해석하는 경우

⑪ 도표로 제시된 업무비용을 측정하는 경우

예제 1

다음 자료를 보고 주어진 상황에 대한 물음에 답하시오.

〈근로소득에 대한 간이 세액표〉

월 급여액(천 원) [비과세 및 학자금 제외]		공제대상 가족 수				
이상	미만	1	2	3	4	5
2,500	2,520	38,960	29,280	16,940	13,570	10,190
2,520	2,540	40,670	29,960	17,360	13,990	10,610
2,540	2,560	42,380	30,640	17,790	14,410	11,040
2,560	2,580	44,090	31,330	18,210	14,840	11,460
2,580	2,600	45,800	32,680	18,640	15,260	11,890
2,600	2,620	47,520	34,390	19,240	15,680	12,310
2,620	2,640	49,230	36,100	19,900	16,110	12,730
2,640	2,660	50,940	37,810	20,560	16,530	13,160
2,660	2,680	52,650	39,530	21,220	16,960	13,580
2,680	2,700	54,360	41,240	21,880	17,380	14,010
2,700	2,720	56,070	42,950	22,540	17,800	14,430
2,720	2,740	57,780	44,660	23,200	18,230	14,850
2,740	2,760	59,500	46,370	23,860	18,650	15,280

※ 갑근세는 제시되어 있는 간이 세액표에 따름
※ 주민세＝갑근세의 10%
※ 국민연금＝급여액의 4.50%
※ 고용보험＝국민연금의 10%
※ 건강보험＝급여액의 2.90%
※ 교육지원금＝분기별 100,000원(매 분기별 첫 달에 지급)

박○○ 사원의 5월 급여내역이 다음과 같고 전월과 동일하게 근무하였으나 특별수당은 없고 차량지원금으로 100,000원을 받게 된다면, 6월에 받게 되는 급여는 얼마인가? (단, 원 단위 절삭)

(주) 서원플랜테크 5월 급여내역			
성명	박○○	지급일	5월 12일
기본급여	2,240,000	갑근세	39,530
직무수당	400,000	주민세	3,950
명절 상여금		고용보험	11,970
특별수당	20,000	국민연금	119,700
차량지원금		건강보험	77,140
교육지원		기타	
급여계	2,660,000	공제합계	252,290
		지급총액	2,407,710

① 2,443,910
② 2,453,910
③ 2,463,910
④ 2,473,910

[출제의도]
업무상 계산을 수행하거나 결과를 정리하고 업무비용을 측정하는 능력을 평가하기 위한 문제로서, 주어진 자료에서 문제를 해결하는 데에 필요한 부분을 빠르고 정확하게 찾아내는 것이 중요하다.

[해설]

기본 급여	2,240,000	갑근세	46,370
직무 수당	400,000	주민세	4,630
명절 상여금		고용 보험	12,330
특별 수당		국민 연금	123,300
차량 지원금	100,000	건강 보험	79,460
교육 지원		기타	
급여계	2,740,000	공제 합계	266,090
		지급 총액	2,473,910

답 ④

(3) 수리능력의 중요성

① 수학적 사고를 통한 문제해결

② 직업세계의 변화에의 적응

③ 실용적 가치의 구현

(4) 단위환산표

구분	단위환산
길이	$1cm = 10mm$, $1m = 100cm$, $1km = 1,000m$
넓이	$1cm^2 = 100mm^2$, $1m^2 = 10,000cm^2$, $1km^2 = 1,000,000m^2$
부피	$1cm^3 = 1,000mm^3$, $1m^3 = 1,000,000cm^3$, $1km^3 = 1,000,000,000m^3$
들이	$1m\ell = 1cm^3$, $1d\ell = 100cm^3$, $1L = 1,000cm^3 = 10d\ell$
무게	$1kg = 1,000g$, $1t = 1,000kg = 1,000,000g$
시간	1분 = 60초, 1시간 = 60분 = 3,600초
할푼리	1푼 = 0.1할, 1리 = 0.01할, 1모 = 0.001할

■ 예제 2

둘레의 길이가 4.4km인 정사각형 모양의 공원이 있다. 이 공원의 넓이는 몇 a인가?

① 12,100a

② 1,210a

③ 121a

④ 12.1a

[출제의도]
길이, 넓이, 부피, 들이, 무게, 시간, 속도 등 단위에 대한 기본적인 환산 능력을 평가하는 문제로서, 소수점 계산이 필요하며, 자릿수를 읽고 구분할 줄 알아야 한다.

[해설]
공원의 한 변의 길이는
$4.4 \div 4 = 1.1(km)$이고
$1km^2 = 10000a$이므로
공원의 넓이는
$1.1km \times 1.1km = 1.21km^2$
$= 12100a$

답 ①

2 수리능력을 구성하는 하위능력

(1) 기초연산능력

① **사칙연산**…수에 관한 덧셈, 뺄셈, 곱셈, 나눗셈의 네 종류의 계산법으로 업무를 원활하게 수행하기 위해서는 기본적인 사칙연산뿐만 아니라 다단계의 복잡한 사칙연산까지도 수행할 수 있어야 한다.

② **검산**…연산의 결과를 확인하는 과정으로 대표적인 검산방법으로 역연산과 구거법이 있다.

    ㉠ **역연산** : 덧셈은 뺄셈으로, 뺄셈은 덧셈으로, 곱셈은 나눗셈으로, 나눗셈은 곱셈으로 확인하는 방법이다.

    ㉡ **구거법** : 원래의 수와 각 자리 수의 합이 9로 나눈 나머지가 같다는 원리를 이용한 것으로 9를 버리고 남은 수로 계산하는 것이다.

예제 3

다음 식을 바르게 계산한 것은?

$$1 + \frac{2}{3} + \frac{1}{2} - \frac{3}{4}$$

① $\dfrac{13}{12}$ ② $\dfrac{15}{12}$

③ $\dfrac{17}{12}$ ④ $\dfrac{19}{12}$

[출제의도]
직장생활에서 필요한 기초적인 사칙연산과 계산방법을 이해하고 활용할 수 있는 능력을 평가하는 문제로서, 분수의 계산과 통분에 대한 기본적인 이해가 필요하다.

[해설]
$$\frac{12}{12} + \frac{8}{12} + \frac{6}{12} - \frac{9}{12} = \frac{17}{12}$$

답 ③

---

(2) 기초통계능력

① 업무수행과 통계

    ㉠ **통계의 의미** : 통계란 집단현상에 대한 구체적인 양적 기술을 반영하는 숫자이다.

    ㉡ 업무수행에 통계를 활용함으로써 얻을 수 있는 이점

      • 많은 수량적 자료를 처리가능하고 쉽게 이해할 수 있는 형태로 축소

      • 표본을 통해 연구대상 집단의 특성을 유추

      • 의사결정의 보조수단

      • 관찰 가능한 자료를 통해 논리적으로 결론을 추출·검증

© 기본적인 통계치
- 빈도와 빈도분포 : 빈도란 어떤 사건이 일어나거나 증상이 나타나는 정도를 의미하며, 빈도분포란 빈도를 표나 그래프로 종합적으로 표시하는 것이다.
- 평균 : 모든 사례의 수치를 합한 후 총 사례 수로 나눈 값이다.
- 백분율 : 전체의 수량을 100으로 하여 생각하는 수량이 그중 몇이 되는가를 퍼센트로 나타낸 것이다.

② 통계기법
⊙ 범위와 평균
- 범위 : 분포의 흩어진 정도를 가장 간단히 알아보는 방법으로 최곳값에서 최젓값을 뺀 값을 의미한다.
- 평균 : 집단의 특성을 요약하기 위해 가장 자주 활용하는 값으로 모든 사례의 수치를 합한 후 총 사례 수로 나눈 값이다.
- 관찰값이 1, 3, 5, 7, 9일 경우 범위는 $9-1=8$, 평균은 $\dfrac{1+3+5+7+9}{5}=5$가 된다.

⊙ 분산과 표준편차
- 분산 : 관찰값의 흩어진 정도, 각 관찰값과 평균값의 차의 제곱의 평균이다.
- 표준편차 : 평균으로부터 얼마나 떨어져 있는가를 나타내는 개념, 분산값의 제곱근 값이다.
- 관찰값이 1, 2, 3이고 평균이 2인 집단의 분산은 $\dfrac{(1-2)^2+(2-2)^2+(3-2)^2}{3}=\dfrac{2}{3}$

이고 표준편차는 분산값의 제곱근 값인 $\sqrt{\dfrac{2}{3}}$ 이다.

③ 통계자료의 해석
⊙ 다섯숫자요약
- 최솟값 : 원자료 중 값의 크기가 가장 작은 값
- 최댓값 : 원자료 중 값의 크기가 가장 큰 값
- 중앙값 : 최솟값부터 최댓값까지 크기에 의하여 배열했을 때 중앙에 위치하는 사례의 값
- 하위 25%값 · 상위 25%값 : 원자료를 크기 순으로 배열하여 4등분한 값
⊙ 평균값과 중앙값 : 평균값과 중앙값은 그 개념이 다르기 때문에 명확하게 제시해야 한다.

인터넷 쇼핑몰에서 회원가입을 하고 디지털캠코더를 구매하려고 한다. 다음은 구입하고자 하는 모델에 대하여 인터넷 쇼핑몰 세 곳의 가격과 조건을 제시한 표이다. 표에 있는 모든 혜택을 적용하였을 때 디지털캠코더의 배송비를 포함한 실제 구매가격을 바르게 비교한 것은?

구분	A 쇼핑몰	B 쇼핑몰	C 쇼핑몰
정상가격	129,000원	131,000원	130,000원
회원혜택	7,000원 할인	3,500원 할인	7% 할인
할인쿠폰	5% 쿠폰	3% 쿠폰	5,000원
중복할인여부	불가	가능	불가
배송비	2,000원	무료	2,500원

① A<B<C   ② B<C<A
③ C<A<B   ④ C<B<A

[출제의도]
직장생활에서 자주 사용되는 기초적인 통계기법을 활용하여 자료의 특성과 경향성을 파악하는 능력이 요구되는 문제이다.

[해설]
㉠ A 쇼핑몰
• 회원혜택을 선택한 경우 :
  $129,000-7,000+2,000=124,000$(원)
• 5% 할인쿠폰을 선택한 경우 :
  $129,000×0.95+2,000$
  $=124,550$
㉡ B 쇼핑몰 :
  $131,000×0.97-3,500$
  $=123,570$
㉢ C 쇼핑몰
• 회원혜택을 선택한 경우 :
  $130,000×0.93+2,500$
  $=123,400$
• 5,000원 할인쿠폰을 선택한 경우 : $130,000-5,000+2,500=127,500$
∴ C<B<A

답 ④

(3) 도표분석능력

① 도표의 종류

㉠ 목적별 : 관리(계획 및 통제), 해설(분석), 보고

㉡ 용도별 : 경과 / 내역 / 비교 / 분포 / 상관 / 계산 그래프

㉢ 형상별 : 선 / 막대 / 원 / 점 / 층별 그래프, 레이더 차트

② 도표의 활용

㉠ 선 그래프

• 주로 시간의 경과에 따라 수량에 의한 변화 상황(시계열 변화)을 절선의 기울기로 나타내는 그래프이다.

• 경과, 비교, 분포를 비롯하여 상관관계 등을 나타낼 때 쓰인다.

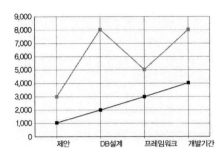

ⓛ 막대 그래프

• 비교하고자 하는 수량을 막대 길이로 표시하고 그 길이를 통해 수량 간의 대소관계를 나타내는 그래프이다.

• 내역, 비교, 경과, 도수 등을 표시하는 용도로 쓰인다.

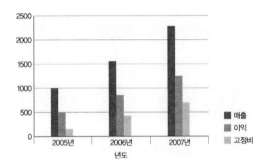

ⓒ 원 그래프

• 내역이나 내용의 구성비를 원을 분할하여 나타낸 그래프이다.

• 전체에 대해 부분이 차지하는 비율을 표시하는 용도로 쓰인다.

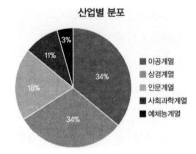

ⓐ 점 그래프

- 종축과 횡축에 2요소를 두고 보고자 하는 것이 어떤 위치에 있는가를 나타내는 그래프이다.
- 지역분포를 비롯하여 도시, 기방, 기업, 상품 등의 평가나 위치·성격을 표시하는데 쓰인다.

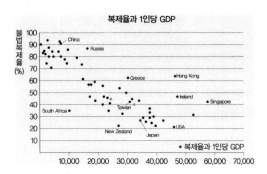

ⓜ 층별 그래프

- 선 그래프의 변형으로 연속내역 봉 그래프라고 할 수 있다. 선과 선 사이의 크기로 데이터 변화를 나타낸다.
- 합계와 부분의 크기를 백분율로 나타내고 시간적 변화를 보고자 할 때나 합계와 각 부분의 크기를 실수로 나타내고 시간적 변화를 보고자 할 때 쓰인다.

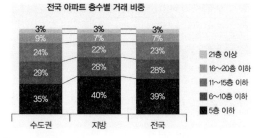

ⓑ 레이더 차트(거미줄 그래프)

- 원 그래프의 일종으로 비교하는 수량을 직경, 또는 반경으로 나누어 원의 중심에서의 거리에 따라 각 수량의 관계를 나타내는 그래프이다.
- 비교하거나 경과를 나타내는 용도로 쓰인다.

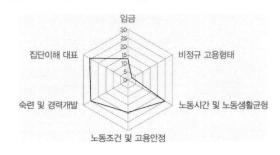

③ 도표 해석상의 유의사항

  ㉠ 요구되는 지식의 수준을 넓힌다.

  ㉡ 도표에 제시된 자료의 의미를 정확히 숙지한다.

  ㉢ 도표로부터 알 수 있는 것과 없는 것을 구별한다.

  ㉣ 총량의 증가와 비율의 증가를 구분한다.

  ㉤ 백분위수와 사분위수를 정확히 이해하고 있어야 한다.

예제 5

다음 표는 2009 ~ 2010년 지역별 직장인들의 자기개발에 관해 조사한 내용을 정리한 것이다. 이에 대한 분석으로 옳은 것은?

(단위 : %)

연도 / 지역 \ 구분	2009				2010			
	자기개발하고 있음	자기개발 비용 부담 주체			자기개발하고 있음	자기개발 비용 부담 주체		
		직장100%	본인100%	직장50%+본인50%		직장100%	본인100%	직장50%+본인50%
충청도	36.8	8.5	88.5	3.1	45.9	9.0	65.5	24.5
제주도	57.4	8.3	89.1	2.9	68.5	7.9	68.3	23.8
경기도	58.2	12	86.3	2.6	71.0	7.5	74.0	18.5
서울시	60.6	13.4	84.2	2.4	72.7	11.0	73.7	15.3
경상도	40.5	10.7	86.1	3.2	51.0	13.6	74.9	11.6

① 2009년과 2010년 모두 자기개발 비용을 본인이 100% 부담하는 사람의 수는 응답자의 절반 이상이다.

② 자기개발을 하고 있다고 응답한 사람의 수는 2009년과 2010년 모두 서울시가 가장 많다.

③ 자기개발 비용을 직장과 본인이 각각 절반씩 부담하는 사람의 비율은 2009년과 2010년 모두 서울시가 가장 높다.

④ 2009년과 2010년 모두 자기개발을 하고 있다고 응답한 비율이 가장 높은 지역에서 자기개발비용을 직장이 100% 부담한다고 응답한 사람의 비율이 가장 높다.

[출제의도]
그래프, 그림, 도표 등 주어진 자료를 이해하고 의미를 파악하여 필요한 정보를 해석하는 능력을 평가하는 문제이다.
[해설]
② 지역별 인원수가 제시되어 있지 않으므로, 각 지역별 응답자 수는 알 수 없다.
③ 2009년에는 경상도에서, 2010년에는 충청도에서 가장 높은 비율을 보인다.
④ 2009년과 2010년 모두 '자기개발을 하고 있다'고 응답한 비율이 가장 높은 지역은 서울시이며, 2010년의 경우 자기개발비용을 직장이 100% 부담한다고 응답한 사람의 비율이 가장 높은 지역은 경상도이다.

답 ①

(4) 도표작성능력

① 도표작성 절차

　　㉠ 어떠한 도표로 작성할 것인지를 결정

　　㉡ 가로축과 세로축에 나타낼 것을 결정

　　㉢ 한 눈금의 크기를 결정

　　㉣ 자료의 내용을 가로축과 세로축이 만나는 곳에 표현

　　㉤ 표현한 점들을 선분으로 연결

　　㉥ 도표의 제목을 표기

② 도표작성 시 유의사항

　　㉠ 선 그래프 작성 시 유의점

　　　• 세로축에 수량, 가로축에 명칭구분을 제시한다.

　　　• 선의 높이에 따라 수치를 파악하는 경우가 많으므로 세로축의 눈금을 가로축보다 크게 하는 것이 효과적이다.

　　　• 선이 두 종류 이상일 경우 반드시 그 명칭을 기입한다.

　　㉡ 막대 그래프 작성 시 유의점

　　　• 막대 수가 많을 경우에는 눈금선을 기입하는 것이 알아보기 쉽다.

　　　• 막대의 폭은 모두 같게 하여야 한다.

　　㉢ 원 그래프 작성 시 유의점

　　　• 정각 12시의 선을 기점으로 오른쪽으로 그리는 것이 보통이다.

　　　• 분할선은 구성비율이 큰 순서로 그린다.

　　㉣ 층별 그래프 작성 시 유의점

　　　• 눈금은 선 그래프나 막대 그래프보다 적게 하고 눈금선은 넣지 않는다.

　　　• 층별로 색이나 모양이 완전히 다른 것이어야 한다.

　　　• 같은 항목은 옆에 있는 층과 선으로 연결하여 보기 쉽도록 한다.

출제예상문제

┃1~5┃ 다음 숫자들의 배열 규칙을 찾아 괄호 안에 들어갈 알맞은 숫자를 고르시오.

1

> 6 7 10 15 22 31 (   )

① 40　　　　　　　　　　　　② 41
③ 42　　　　　　　　　　　　④ 43

> (Tip)　+1, +3, +5, +7, +9, +11… 홀수를 계속 더해가고 있다. 따라서 31+11=42이다.

2

> 12 24 96 (   ) 4608 46080 552960

① 576　　　　　　　　　　　② 577
③ 578　　　　　　　　　　　④ 579

> (Tip)　×2, ×4, ×6, ×8, ×10, ×12… 짝수를 계속 곱하고 있다. 따라서 96×6=576이다.

3

$$1 \quad 1 \quad 5 \quad 9 \quad 9 \quad 5 \quad 9 \quad (\quad)$$

① 3   ② 5

③ 7   ④ 9

 앞의 두 수를 뺀 절대값에 5를 더하면 다음 수가 된다. 따라서 |5-9|+5=9이다.

4

$$1 \quad \frac{2}{6} \quad \frac{3}{16} \quad \frac{4}{31} \quad \frac{5}{51} \quad (\quad) \quad \frac{7}{106}$$

① $\frac{6}{75}$ ② $\frac{6}{76}$

③ $\frac{6}{77}$ ④ $\frac{6}{78}$

 분자에는 1이 계속 더해지고 있으며, 분모에는 5의 배수가 더해지고 있다. 따라서 분자는 6이 되며, 분모는 51+25=76이 된다.

5

<u>21 22 43</u>   <u>23 24 47</u>   <u>25 26 51</u>   <u>27 28 (   )</u>

① 52   ② 53

③ 54   ④ 55

 21+22=43
23+24=47
25+26=51
27+28=55

Answer → 1.③   2.①   3.④   4.②   5.④

│6~8│ 다음 숫자들의 배열 규칙을 찾아 ?에 들어갈 알맞은 숫자를 고르시오.

6

3	6
9	12

⇨

6	12
18	?

① 24
② 25
③ 26
④ 27

 왼쪽 상자의 수에 ×2를 하면 오른쪽 상자 수가 나온다.

7

7	14
24	?

⇨

28	21
11	5

① 20
② 25
③ 30
④ 35

 왼쪽 상자와 오른쪽 상자의 같은 칸에 있는 수를 더하면 35가 나온다.
7+28=35, 14+21=35, 24+11=35, ?+5=35, 따라서 빈칸에 들어갈 수는 30이다.

8

31	34
36	43

⇨

42	54
62	?

① 89
② 90
③ 91
④ 92

각 자리의 수의 차가 4배가 된다. 따라서 빈칸에 들어갈 수는 90이다.

	+3				+12	
+5	31	34	+9 $\Rightarrow$ +20	42	54	+36
	36	43		62	90	
	+7				+28	

▌9~10 ▌ 제시된 조건에 따라 A와 B의 크기를 비교하시오.

9

> $A : x^2 + 5 = (x+1)^2 - 2(x+1) + k$가 x에 대한 항등식일 때 상수 k의 값
> $B :$ 이차방정식 $(x+1)(x-3) = 0$의 두 근을 m, n이라 할 때, $m^2 + n^2$의 값

① $A > B$ ② $A < B$

③ $A = B$ ④ 비교할 수 없다.

 A에서 상수 k값은 6이고, B에서 $m^2 + n^2$의 값은 10이므로 $A < B$

10

> $A :$ 정사각형의 넓이가 $8cm^2$일 때 정사각형의 한 변의 길이
> $B : 2\sqrt{2}$

① $A > B$ ② $A < B$

③ $A = B$ ④ 비교할 수 없다.

$A = B = 2\sqrt{2}$

Answer┌→ 6.① 7.③ 8.② 9.② 10.③

11 35명 이상 50명 미만인 직원들이 지방에 연수를 떠났다. 참가비는 1인당 50만원이고, 단체 입장 시 35명 이상은 1할 2푼을 할인해 주고, 50명 이상은 2할을 할인해 준다고 한다. 몇 명 이상일 때, 50명의 단체로 입장하는 것이 유리한가?

① 37명   ② 42명

③ 45명   ④ 46명

 그룹의 직원 수를 x명이라고 할 때,

$x \times 500,000 \times (1-0.12) > 50 \times 500,000 \times (1-0.2)$

$x > \dfrac{40}{0.88} = 45.4545\cdots$

따라서 46명 이상일 때 50명의 단체로 입장하는 것이 유리하다.

12 둘레가 2,000m인 트랙의 출발점에서 A, B 두 사람이 반대 방향으로 달리고 있다. A는 분속 200m로, B는 분속 300m로 달리고 B는 A가 출발한지 2분 후에 출발하였다. 두 사람이 두 번째로 만날 때까지 걸린 시간은 B가 출발한지 몇 분이 지났을 때인가?

① $\dfrac{34}{7}$ 분   ② $\dfrac{36}{5}$ 분

③ 8분   ④ $\dfrac{46}{5}$ 분

 B가 달린 시간을 x분이라고 하면, A가 달린 시간은 $(x+2)$분이다.

(거리) = (속력) × (시간)이므로

$4,000 = 200(x+2) + 300x$

$3,600 = 500x$, $x = \dfrac{36}{5}$

따라서 두 사람이 두 번째로 만날 때까지 걸린 시간은 B가 출발한지 $\dfrac{36}{5}$ 분이 지났을 때이다.

13 회사에서 최근 실시한 1차 폐휴대폰 수거 캠페인에 참여한 1~3년차 직원 중 23%가 1년 차 직원이었다. 2차 캠페인에서는 1차 캠페인에 참여한 직원들이 모두 참여하고 1년차 직원 20명이 새롭게 더 참여하여 1년차 직원들의 비중이 전체 인원의 30%가 되었다. 1차 캠페인에 참여한 1~3년차 직원 수를 구하면?

① 180명   ② 200명

③ 220명   ④ 240명

 1차 캠페인에 참여한 1~3년차 직원 수를 x라고 할 때, 1년차 직원 수를 기준으로 식을 세우면

$$\frac{23}{100} \times x + 20 = (x+20) \times \frac{30}{100}$$

$$23x + 2,000 = 30x + 600$$

$$7x = 1,400, \quad x = 200$$

따라서 1차 캠페인에 참여한 1~3년차 직원은 200명이다.

14 다음 빈 칸 (개)~(래)에 들어갈 숫자가 순서대로 올바르게 나열된 것은?

> • K는 2접시의 인절미를 먹을 때 반드시 1잔의 수정과를 마시는데, 수정과나 인절미만을 따로 먹지는 않는다.
> • 인절미는 1접시에 500원이고, 수정과는 1잔에 800원이다.
> • 떡집에 간 K는 지갑에 2,800원이 있다는 것을 알고 인절미 (개)접시와 수정과 (내)잔을 사 먹었다.
> • 일주일 후 이 떡집은 인절미 가격을 1접시에 250원으로 내렸다.
> • 그 날 3,100원을 가지고 떡집에 간 K는 인절미 (대)접시와 수정과 (래)잔을 사 먹었다.
> • K는 지갑에 있는 돈으로 최대한 사 먹는다고 가정한다.

① 4 - 1 - 6 - 2   ② 2 - 1 - 4 - 2

③ 4 - 2 - 4 - 2   ④ 2 - 1 - 6 - 3

 K는 항상 인절미와 수정과를 함께 소비하므로, 2접시의 인절미와 1잔의 수정과는 한 묶음으로 소비된다고 볼 수 있다. 인절미와 수정과의 가격이 각각 500원, 800원일 때 이 묶음의 가격은 1,800원이고, 2,800원의 소득이 있으면 한 묶음만을 소비할 수 있어 2접시의 인절미와 1잔의 수정과를 사 먹는다. 인절미 가격이 250원이 되면 이 묶음의 가격은 1,300원이고, 3,100원의 소득으로 2묶음까지 소비할 수 있어 4접시의 인절미와 2잔의 수정과를 사 먹는다.

Answer → 11.④ 12.② 13.② 14.②

15 2시와 3시 사이에서 분침과 시침이 일직선을 이룰 때의 시각을 구하면?

① 2시 $42\dfrac{7}{11}$ 분

② 2시 $42\dfrac{7}{12}$ 분

③ 2시 $43\dfrac{7}{11}$ 분

④ 2시 $43\dfrac{7}{12}$ 분

 분침과 시침이 일직선을 이룰 때 두 바늘의 각도 차이는 180이다. 2시와 3시 사이에서 분침과 시침이 일직선을 이룰 때의 시각을 2시 x분이라고 하면 12시를 기준으로 분침의 각도는 $6x$이고 시침의 각도는 $60+0.5x$이다.

$6x-(60+0.5x)=180$

$5.5x=240$

$\therefore x=\dfrac{2400}{55}=\dfrac{480}{11}=43\dfrac{7}{11}\,(분)$

16 정아와 민주가 계단에서 가위바위보를 하는데, 이긴 사람은 2계단을 올라가고, 진 사람은 1계단을 내려간다고 한다. 두 사람이 가위바위보를 하여 처음보다 정아는 14계단, 민주는 5계단을 올라갔을 때, 민주는 몇 번 이겼는가? (단, 비기는 경우는 없다.)

① 7회   ② 8회

③ 10회   ④ 11회

 정아가 이긴 횟수를 x, 민주가 이긴 횟수를 y라 하면

$\begin{cases} 2x-y=14 & \cdots\ \unicode{x1F150} \\ 2y-x=5 & \cdots\ \unicode{x1F151} \end{cases} \Rightarrow \unicode{x1F150}+\unicode{x1F151}\times2$를 계산하면 $3y=24 \Rightarrow y=8$

따라서 민주가 이긴 횟수는 8회이다.

17 다음은 A, B, C의원에서 1차 진료를 받은 후 P, Q, R대학병원에서 2차 진료를 받은 환자 수를 나타낸 표이다. 의원에서 진료 받은 전체 환자들 중 P, Q, R대학병원에서 진료 받은 환자들의 비율은 각각 얼마인가? (반올림하여 소수 첫째 자리까지만 표시함)

2차 진료 1차 진료	P대학병원	Q대학병원	R대학병원
A의원	23	16	20
B의원	15	20	26
C의원	18	28	22

	P대학병원	Q대학병원	R대학병원
①	32.2%	33.6%	35.2%
②	29.8%	34.0%	36.2%
③	28.6%	33.5%	37.9%
④	27.5%	35.4%	37.1%

 의원에서 진료 받은 전체 환자의 수는 주어진 표의 환자 수 총계이므로 188명이 된다. 이 중 P, Q, R대학병원에서 진료 받은 환자의 수는 각각 23+15+18=56명, 16+20+28=64명, 20+26+22=68명이 되므로 각 대학병원에서 진료 받은 환자들의 비율은 P대학병원이 56÷188×100=약 29.8%, Q대학병원에서 진료 받은 환자들의 비율은 64÷188×100=약 34.0%, R대학병원에서 진료 받은 환자들의 비율은 68÷188×100=약 36.2%가 된다.

Answer ➔ 15.③ 16.② 17.②

18 제품 한 개당 무게의 비가 5 : 4인 A, B 두 종류의 제품이 각각 창고에 적재되어 있다. 처음 두 창고에 적재된 총 A, B제품들의 무게는 서로 동일하였으나, A, B제품을 각각 20개씩 출고하였더니 나머지 적재된 두 제품의 총 무게 비율은 4 : 5가 되었다. 이때 처음에 창고에 넣은 A, B제품 개수의 합은 얼마인가?

① 80개

② 81개

③ 82개

④ 83개

 A, B 두 제품의 처음 개수를 각각 x개와 y개라고 하면,

제품 무게의 비는 5 : 4이고 처음 적재된 총 무게는 동일하므로 $5x = 4y$이다. 또한 각 창고에서 20개씩 출고하였으므로 남은 제품의 개수는 A가 $(x - 20)$개, B가 $(y - 20)$개이고, 남은 제품의 무게 비가 4 : 5이므로 $5(x - 20) : 4(y - 20) = 4 : 5$가 성립한다.

따라서 두 연립방정식을 풀면 $x = 36$, $y = 45$가 됨을 알 수 있다.

정답은 $36 + 45 = 81$개가 된다.

19 야산 한 쪽에 태양광 설비 설치를 위해 필요한 부품을 트럭에서 내려 설치 장소까지 리어카를 이용하여 시속 4km로 이동한 K씨는 설치 후 트럭이 있는 곳까지 시속 8km의 속도로 다시 돌아왔다. 처음 트럭을 출발하여 작업을 마치고 다시 트럭의 위치로 돌아오니 총 4시간이 걸렸다. 작업에 소요된 시간이 1시간 30분이라면, 트럭에서 태양광 설치 장소까지의 거리는 얼마인가? (거리는 반올림하여 소수 둘째 자리까지 표시함)

① 약 4.37km

② 약 4.95km

③ 약 5.33km

④ 약 6.67km

 '거리=시간×속력'을 이용하여 계산할 수 있다.

총 4시간의 소요시간 중 작업시간 1시간 30분을 빼면, 왕복 이동한 시간은 2시간 30분이 된다. 트럭에서 태양광 설치 장소까지의 거리를 $x$km라고 하면, 시속 4km로 이동한 거리와 시속 8km로 되돌아 온 거리 모두 $x$km가 된다. 따라서 거리=시간×속력→시간=거리÷속력 공식을 이용하여, 2시간 30분은 2.5시간이므로 $2.5=(x \div 4)+(x \div 8)$이 성립하게 된다. 이것을 풀면, $2.5=x/4+x/8 \to 2.5=3/8x \to x=2.5 \times 8/3=6.666... \to$ 약 6.67km가 된다.

20 다음은 A사의 직원들을 대상으로 대중교통을 이용하는 횟수에 대한 설문 조사를 한 결과를 나타낸 자료이다. 설문에 참여한 총 인원의 월 평균 대중교통을 이용하는 횟수가 65회라면, 빈 칸에 들어갈 알맞은 인원수는 몇 명인가?

월 평균 대중교통 이용 횟수(회)	인원 수(명)
0~20	10
20~40	20
40~60	30
60~80	( )
80~100	25
100~120	20

① 30 ② 32

③ 35 ④ 38

 각 계급에 속하는 정확한 변량을 알 수 없는 경우에는 중간값인 계급값을 사용하여 평균을 구할 수 있다. 따라서 빈칸의 인원수를 x로 두고 다음과 같이 계산한다.
$\{(10 \times 10) + (30 \times 20) + (50 \times 30) + (70 \times x) + (90 \times 25) + (110 \times 20)\} \div (10 + 20 + 30 + x + 25 + 20) = 65 \rightarrow (6,650 + 70x) \div (105 + x) = 65 \rightarrow 5x = 175$, 따라서 $x = 35$명이 된다.

21 다음과 같은 표를 통하여 알 수 있는 사항을 설명한 것으로 올바른 것을 〈보기〉에서 모두 고른 것은? (단, 제시된 가격 조건 외의 사항은 고려하지 않는다)

구분	1995년	2005
원/달러 환율	800	1,000
한국 TV 가격(만 원)	50	100
미국 TV 가격(달러)	800	1,000

〈보기〉
㈎ 1995년에 비해 2005년에 미 달러화 대비 한국 원화의 가치는 올랐다.
㈏ 1995~2005년 기간 동안 한국의 TV 가격 상승률이 미국보다 높았다.
㈐ 1995년에 비해 2005년에 한국에서 TV 한 대를 팔아서 미국에서 살 수 있는 TV 대수가 증가했다.
㈑ 1995년에 비해 2005년에 한국의 대미 TV 순수출량은 증가했을 것이다.

① ㈎, ㈏
② ㈎, ㈐
③ ㈏, ㈐
④ ㈏, ㈑

㈎ 달러화 1단위를 얻는데 필요한 한국 원화의 양이 증가하였으므로(즉, 원화 가치가 하락하였으므로) 옳지 않은 설명이다.
㈏ 한국 TV 가격이 2배가 되는 동안 미국 TV는 25% 상승하였으므로 올바른 설명이다.
㈐ 한국 TV 1대가 1995년에는 미국 TV 1/1.28대[= 500,000원/(800원/달러 × 800달러)]와 교환 가능하였으나, 2005년에는 미국 TV 1.00대[= 1,000,000원/[1,000원/달러 × 1,000달러)]와 교환되므로 올바른 설명이 된다.
㈑ 명목환율이 상승했더라도 실질환율이 하락함(한국 TV가 상대적으로 비싸짐)에 따라 순수출은 감소할 것으로 예상할 수 있다.

| 22~23 | 다음 표는 1885~1892년 동안 조선의 대청·대일 무역규모를 나타낸 자료이다. 다음 표를 보고 물음에 답하시오.

(단위 : 달러)

연도	조선의 수출액		조선의 수입액	
	대청	대일	대청	대일
1885	9,479	377,775	313,342	1,377,392
1886	15,977	488,041	455,015	2,064,353
1887	18,873	783,752	742,661	2,080,787
1888	71,946	758,238	860,328	2,196,115
1889	109,789	1,122,276	1,101,585	2,299,118
1890	70,922	3,475,098	1,660,075	3,086,897
1891	136,464	3,219,887	2,148,294	3,226,468
1892	149,861	2,271,628	2,055,555	2,555,675

※ 무역수지=수출액−수입액

22 위의 표에 대한 설명으로 옳지 않은 것은?

① 1889년 조선의 대청 수출액은 수입액보다 적었다.

② 1887년 조선의 대일 수출액은 1885년의 대일 수출액의 2배 이상이다.

③ 1885~1892년 동안 조선의 대일 수입액은 매년 증가하고 있다.

④ 1885~1892년 동안 매년 조선의 대일 수출액은 대청 수출액의 10배 이상이다.

 ③ 1892년 조선의 대일 수입액은 전년에 비해 감소하였다.

23 1890년 조선의 대일 무역수지를 구하면?

① 378,201

② 388,201

③ 398,210

④ 387,201

 3,475,098−3,086,897=388,201

Answer ⟶ 21.③ 22.③ 23.②

24 다음에 제시된 도시철도운영기관별 교통약자 편의시설에 대한 도표를 참고할 때, 이에 대한 보기와 같은 설명 중 도표의 내용을 올바르게 이해한 것은 어느 것인가? (단, 한 역에는 한 종류의 편의시설만 설치된다)

구분	A도시철도운영기관		B도시철도운영기관		C도시철도운영기관	
	설치역수	설치대수	설치역수	설치대수	설치역수	설치대수
엘리베이터	116	334	153	460	95	265
에스컬레이터	96	508	143	742	92	455
휠체어리프트	28	53	53	127	50	135

① 휠체어리프트의 설치역당 설치대수는 C도시철도운영기관이 가장 많다.
② 세 도시철도운영기관의 평균 휠체어리프트 설치대수는 100개 미만이다.
③ 총 교통약자 편의시설의 설치역당 설치대수는 A도시철도운영기관이 가장 많다.
④ C도시철도운영기관의 교통약자 편의시설 중, 설치역당 설치대수는 엘리베이터가 가장 많다.

 A : 53÷28＝약 1.9대, B : 127÷53＝약 2.4대, C : 135÷50＝2.7대
② (53＋127＋135)÷3＝105
③ A : 895÷240＝약 3.7대, B : 1,329÷349＝약 3.8대, C : 855÷237＝약 3.6대
④ 265÷95＝약 2.8대, 455÷92＝약 4.9대, 135÷50＝2.7대, 따라서 에스컬레이터가 가장 많다.

| 25~26 | 다음 〈표〉는 이용부문별 프린터 판매 및 매출 현황이다. 다음을 보고 물음에 답하시오.

(단위 : 대, 백만달러)

이용부문	판매대수	매출액
정부	317,593	122.7
교육	190,301	41.0
일반 가정	1,092,452	121.2
자영업	704,415	165.5
소규모 기업	759,294	270.6
중규모 기업	457,886	207.9
대규모 기업	415,620	231.4
계	3,937,561	1,160.3

※ 시장가격 $= \dfrac{\text{매출액}}{\text{판매대수}}$

25 위의 표에 대한 설명으로 옳지 않은 것은?

① 판매대수가 가장 많은 부문은 일반 가정 부문이다.

② 판매대수 총계에서 정부의 판매대수가 차지하는 비중은 10% 이하이다.

③ 판매대수가 많은 부문일수록 매출액도 크다.

④ 판매대수가 가장 적은 부문은 교육 부문이다.

 ③ 일반 가정 부문은 정부 부문보다 판매대수가 많지만 매출액은 더 적다.

26 위의 표에서 교육 부문의 시장가격은 약 얼마인가?

① 200달러   ② 215달러

③ 230달러   ④ 245달러

 $\dfrac{41,000,000}{190,301} = 215.44$

Answer ⟶ 24.① 25.③ 26.②

27~29 다음 〈표〉는 2014년 시간대별 자전거 교통사고 현황에 관한 자료이다. 다음 〈표〉를 보고 물음에 답하시오.

(단위 : 건, %, 명)

구분 시간대	발생건수	구성비	사망자 수	구성비	부상자 수	구성비
00시~02시	1,290	2.1	21	1.4	1,345	2.1
02시~04시	604	1.0	20	1.4	624	1.0
04시~06시	1,415	2.3	91	6.1	1,394	2.2
06시~08시	4,872	7.8	134	9.1	4,866	7.7
08시~10시	7,450	12.0	176	11.9	7,483	11.8
10시~12시	5,626	9.1	161	10.9	5,706	(㉡)
12시~14시	5,727	9.2	151	10.2	5,803	9.2
14시~16시	7,406	11.9	170	11.5	7,527	11.9
16시~18시	9,220	14.8	174	11.8	9,488	15.0
18시~20시	9,026	14.5	203	13.7	9,240	14.6
20시~22시	5,956	9.6	120	8.1	6,157	9.7
22시~24시	3,544	(㉠)	59	4.0	3,681	5.8
총계	62,136	100.0	1,480	100.0	63,314	100.0

※ 치사율 = $\dfrac{\text{사망자 수}}{\text{발생건수}}$

27 위의 표에 대한 설명으로 옳지 않은 것은?

① 자전거 교통사고 발생이 가장 많은 시간대는 16시~18시이다.

② 자전거 교통사고 발생이 가장 적은 시간대가 부상자 수도 가장 적다.

③ 02시~04시의 치사율은 00시~02시의 치사율보다 크다.

④ 부상자 수가 가장 많은 시간대는 16시~18시, 18시~20시, 20시~22시 순이다.

 ④ 부상자 수가 가장 많은 시간대는 16~18시, 18~20시, 14시~16시 순이다.

28 위의 표에서 ㉠과 ㉡에 알맞은 수치는?

         ㉠   ㉡   ㉠   ㉡

① 5.0   9.0   ② 5.0   9.7

③ 5.7   9.0   ④ 5.7   9.7

㉠ $\dfrac{3,544}{62,136} \times 100 = 5.70$

㉡ $\dfrac{5,706}{63,314} \times 100 = 9.01$

29 위의 표에서 12~14시의 치사율은 얼마인가?

① 0.020   ② 0.026

③ 0.030   ④ 0.036

$\dfrac{151}{5,727} = 0.026$

|30~31| 다음 〈표〉는 2008~2010년 동안 어느 지역의 용도별 물 사용량 현황을 나타낸 자료이다. 다음 자료를 보고 물음에 답하시오.

(단위 : m^3, %, 명)

연도 용도 구분	2008		2009		2010	
	사용량	비율	사용량	비율	사용량	비율
생활용수	136,762	56.2	162,790	56.2	182,490	56.1
가정용수	65,100	26.8	72,400	25.0	84,400	26.0
영업용수	11,000	4.5	19,930	6.9	23,100	7.1
업무용수	39,662	16.3	45,220	15.6	47,250	14.5
욕탕용수	21,000	8.6	25,240	8.7	27,740	8.5
농업용수	45,000	18.5	49,050	16.9	52,230	16.1
공업용수	61,500	25.3	77,900	26.9	90,300	27.8
총 사용량	243,262	100.0	289,740	100.0	325,020	100.0
사용인구	379,300		430,400		531,250	

※ 1명당 생활용수 사용량$(m^3/$명$) = \dfrac{\text{생활용수 총 사용량}}{\text{사용인구}}$

30 위의 표에 대한 설명으로 옳지 않은 것은?

① 생활용수의 사용량은 계속 증가하고 있다.

② 2009년에는 생활용수의 사용량은 증가했지만 비율은 2008년과 같다.

③ 매년 생활용수 중 가장 비중이 높은 것은 가정용수이다.

④ 욕탕용수의 비율은 매년 증가하고 있다.

 ④ 욕탕용수의 비율은 2010년에 하락했다.

31 2010년 1명당 생활용수 사용량을 구하면? $(m^3/$명$)$

① 0.21　　　　　　　② 0.34

③ 0.40　　　　　　　④ 0.45

 $\dfrac{182,490}{531,250} = 0.34$

32 논벼의 수익성을 다음 표와 같이 나타낼 때, 빈칸 ㈎, ㈏에 들어갈 수치는 차례대로 각각 얼마인가?

(단위 : 원, %, %p)

구분	2019년	2020년	전년대비	
			증감	증감률
총수입(a)	856,165	974,553	118,388	13.8
생산비(b)	674,340	691,374	17,033	2.5
경영비(c)	426,619	㈎	6,484	1.5
순수익(a)-(b)	181,825	283,179	101,355	55.7
순수익률	21.2	29.1	7.8	
소득(a)-(c)	429,546	541,450	111,904	26.1
소득률	㈏	55.6	5.4	

※ 순수익률=(순수익÷총수입)×100, 소득률=(소득÷총수입)×100

① 433,103 / 45.2

② 433,103 / 50.2

③ 423,605 / 45.2

④ 423,605 / 50.2

 '소득=총수입-경영비'이므로 2020년의 경영비는 974,553-541,450=433,103원이 된다. 또한, '소득률=(소득÷총수입)×100'이므로 2019년의 소득률은 429,546÷856,165×100= 약 50.2%가 된다.

▎33~34 ▎ 다음 〈표〉는 지역별 등급별 사회복지사 자격증 교부자수에 관한 자료이다. 다음 〈표〉를 보고 물음에 답하시오.

(단위 : 명)

지역 \ 등급	1급 교부자	2급 교부자	3급 교부자
서울특별시	41,411	95,158	11,184
부산광역시	7,251	33,718	391
대구광역시	5,461	30,299	204
인천광역시	3,364	15,451	38
광주광역시	4,671	35,518	139
대전광역시	4,596	22,520	97
울산광역시	941	7,383	18
경기도	11,902	70,028	142
강원도	2,548	16,492	43
충청북도	3,692	21,790	97
충청남도	3,890	18,434	104
전라북도	5,648	29,121	125
전라남도	3,858	38,528	33
경상북도	6,018	41,805	65
경상남도	4,300	29,333	63
제주도	967	8,866	12
전체	110,518	514,344	12,755

33 위의 표에 관한 설명으로 옳은 것은?

① 2급 교부자 수는 1급 교부자 수의 5배 이상이다.

② 1급 교부자 중에서 경기도 지역의 교부자는 약 10%를 차지한다.

③ 3급 교부자 중에서 대전광역시 교부자는 충청북도 교부자 수보다 많다.

④ 2급 교부자 수가 3번째로 많은 지역은 전라남도이다.

 ① 2급 교부자 수는 1급 교부자 수의 5배 미만이다.
③ 대전광역시와 충청북도 지역에서의 3급 교부자 수는 97명으로 같다.
④ 2급 교부자가 수가 3번째로 많은 지역은 경상북도이다.

34 3급 교부자 수 중에서 부산광역시 교부자가 차지하는 비중은 약 얼마인가?

① 3%

② 4%

③ 5%

④ 6%

 $\frac{391}{12,755} \times 100 = 3.06\%$

Answer⤷ 33.② 34.①

35 다음은 2010년 기초노령연금 수급 현황에 관한 조사결과과 보고서이다. 보고서의 내용과 부합하지 않는 자료는?

보건복지부의 자료에 의하면 2010년 12월 말 현재 65세 이상 노인 중 약 373만 명에게 기초노령연금이 지급된 것으로 나타났다.

시도별 기초노령연금 수급률은 전남이 85.5%로 가장 높았고 그 다음이 경북(80.4%), 전북(79.3%), 경남(77.8%) 순이며, 서울(51.3%)이 가장 낮았다. 시군구별 기초노령연금 수급률은 전남 완도군이 94.1%로 가장 높았고 서울 서초구는 26.5%로 가장 낮았다. 특히 농어촌의 57개 지역과 대도시의 14개 지역은 기초노령연금 수급률이 80%를 넘었다.

여성(65.1%)이 남성(34.9%)보다 기초노령연금 혜택을 더 많이 받는 것으로 나타났는데, 이는 여성의 평균수명이 남성보다 더 길기 때문인 것으로 보인다. 기초노령연금을 받는 노인 중 70대가 수급자의 49.7%를 차지해 가장 비중이 높았다. 연령대별 수급자 비율을 큰 것부터 나열하면 80대, 90대, 70대 순이고, 80대의 경우 82.3%가 기초노령연금을 수령하였다.

① 2010년 시도별 기초노령연금 수급률

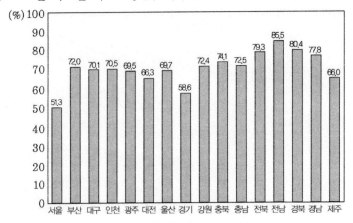

② 2010년 기초노령연금 수급자의 연령대별 구성비율

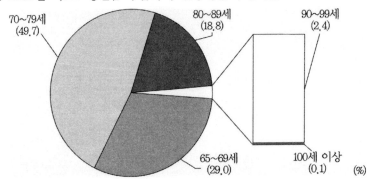

③ 2010년 시군구별 기초노령연금 수급률(상위 5개 및 하위 5개)

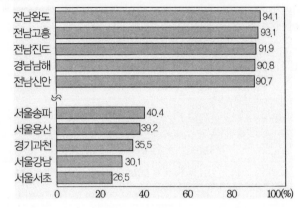

④ 2010년 기초노령연금 수급률별·도시규모별 지역 수

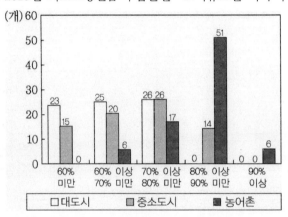

④ 보고서에 따르면 농어촌의 57개 지역과 대도시의 14개 지역은 기초노령연금 수급률이 80%를 넘었다고 하였다. 그러나 그래프 상에서 기초노령연금 수급률이 80%를 넘는 대도시는 없는 것으로 나타났다.

Answer ⤷ 35.④

36 다음 〈표〉는 주식매매 수수료율과 증권거래세율에 대한 자료이다. 주식매매 수수료는 주식 매도 시 매도자에게, 매수 시 매수자에게 부과되며 증권거래세는 주식 매도 시에만 매도자에게 부과된다고 할 때, 이에 대한 〈보기〉의 설명 중 옳은 것을 모두 고르면?

〈표 1〉 주식매매 수수료율과 증권거래세율

(단위 : %)

구분 \ 연도	2001	2003	2005	2008	2011
주식매매 수수료율	0.1949	0.1805	0.1655	0.1206	0.0993
유관기관 수수료율	0.0109	0.0109	0.0093	0.0075	0.0054
증권사 수수료율	0.1840	0.1696	0.1562	0.1131	0.0939
증권거래세율	0.3	0.3	0.3	0.3	0.3

〈표 2〉 유관기관별 주식매매 수수료율

(단위 : %)

유관기관 \ 연도	2001	2003	2005	2008	2011
한국거래소	0.0065	0.0065	0.0058	0.0045	0.0032
예탁결제원	0.0032	0.0032	0.0024	0.0022	0.0014
금융투자협회	0.0012	0.0012	0.0011	0.0008	0.0008
합계	0.0109	0.0109	0.0093	0.0075	0.0054

※ 주식거래 비용 = 주식매매 수수료 + 증권거래세
※ 주식매매 수수료 = 주식매매 대금 × 주식매매 수수료율
※ 증권거래세 = 주식매매 대금 × 증권거래세율

㉠ 2001년에 '갑'이 주식을 매수한 뒤 같은 해에 동일한 가격으로 전량 매도했을 경우, 매수 시 주식거래 비용과 매도 시 주식거래 비용의 합에서 증권사 수수료가 차지하는 비중은 50%를 넘지 않는다.

㉡ 2005년에 '갑'이 1,000만원 어치의 주식을 매수할 때 '갑'에게 부과되는 주식매매 수수료는 16,550원이다.

㉢ 모든 유관기관은 2011년 수수료율을 2008년보다 10% 이상 인하하였다.

㉣ 2011년에 '갑'이 주식을 매도할 때 '갑'에게 부과되는 주식거래 비용에서 유관기관 수수료가 차지하는 비중은 2% 이하이다.

① ㉠, ㉡   ② ㉠, ㉢

③ ㉡, ㉢   ④ ㉡, ㉣

㉠ 2001년에 '갑'이 x원어치의 주식을 매수한 뒤 같은 해에 동일한 가격으로 전량 매도했다고 하면, 주식을 매수할 때의 주식거래 비용은 0.1949x원이고 주식을 매도할 때의 주식거래 비용은 $0.1949x + 0.3x = 0.4949x$원으로 총 주식거래 비용의 합은 0.6898x원이다. 이 중 증권사 수수료는 0.3680x원으로 총 주식거래 비용의 50%를 넘는다.
㉡ 금융투자협회의 2011년 수수료율은 0.0008%로 2008년과 동일하다.

37 S마을에서는 마을 공동 태양광 설비를 마련하기로 하였다. 각 가구의 경제적 상황과 여건들을 감안하여 A, B, C, D 네 가구가 다음과 같은 조건으로 공동 투자를 하였다. 다음 중 A가구가 투자한 금액은 얼마인가?

> • A의 투자금은 C와 D의 투자금을 합한 금액의 40%이다.
> • A, B, D의 투자금을 합한 금액은 C의 투자금의 4배 금액이다.
> • B는 C보다 100만 원을 더 냈다.
> • A와 B의 투자금을 합한 금액은 C의 투자금의 2배와 D의 투자금을 합한 금액과 같다.

① 약 64만 원　　　　　　　　② 약 67만 원
③ 약 70만 원　　　　　　　　④ 약 72만 원

 각 가구의 투자금을 각각 a, b, c, d라고 할 때, 위의 조건을 식으로 나타내면 다음과 같다.
㉠ a = (c+d)×0.4
㉡ 4c = a+b+d
㉢ b = c+100
㉣ a+b = 2c+d
㉣을 ㉡에 대입하면 2c+2d=4c가 되고 이것으로 c=d가 된다. 다시 이를 ㉠에 대입하면 a=2c×0.4가 되어 $c = \frac{5}{4}a$가 된다. 따라서 ㉡의 식을 a에 대하여 다시 정리해 보면, $4c = a + b + d \rightarrow 4 \times \frac{5}{4}a = a + (\frac{5}{4}a + 100) + \frac{5}{4}a$ 가 된다. 이것을 풀면, 6a=400이므로 a는 약 67만 원을 투자한 것이 된다.

38 다음 〈표〉는 2002년부터 2006년까지 우리나라가 미국, 호주와 유럽에 투자한 금융자산과 환율을 나타낸 자료이다. 〈표〉를 정리한 것 중 옳지 않은 것은?

〈표1〉 지역별 금융자산 투자규모

연도 \ 지역	미국(억 US$)	호주(억 AU$)	유럽(억 €)
2002	80	70	70
2003	100	65	75
2004	105	60	85
2005	120	80	90
2006	110	85	100

〈표2〉 외국 통화에 대한 환율

연도 \ 환율	₩/US$	₩/AU$	₩/€
2002	1,000	900	800
2003	950	950	850
2004	900	1,000	900
2005	850	950	1,100
2006	900	1,000	1,000

※ ₩/US$는 1미국달러당 원화, ₩/AU$는 1호주달러당 원화, ₩/€는 1유로당 원화

① €/AU$의 변화 추이

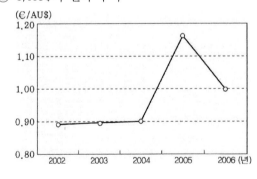

(€/AU$)

② 원화로 환산한 대호주 금융자산 투자규모 추이

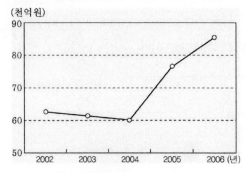

③ 원화로 환산한 2006년 각 지역별 금융자산 투자비중

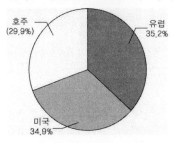

④ 원화로 환산한 대미 금융자산 투자규모 추이

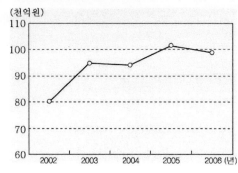

 〈표2〉에 따르면 2002년부터 2004년까지는 1호주달러당 원화가 1유로당 원화보다 금액이
컸다. 즉, 호주달러의 가치가 유로의 가치보다 큰 것이다. 그런데 2005년에는 호주달러보
다 유로의 가치가 커졌다가 2006년에 동일해졌다.

Answer ↪ 38.①

39 다음 〈그림〉은 A주식에 대한 1~5거래일 동안의 주가자료이다. 이에 대한 〈보기〉의 설명 중 옳은 것을 모두 고르면?

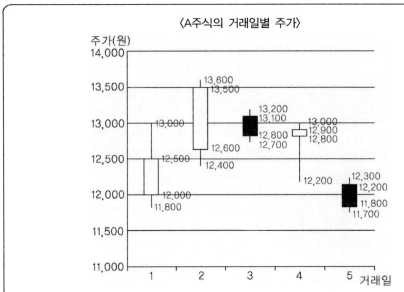

1) 시가, 고가, 저가, 종가의 표기 방법

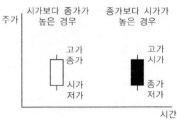

2) 시가 : 주식 거래일의 시작 시점 주가

3) 종가 : 주식 거래일의 마지막 시점 주가

4) 고가 : 주식 거래일의 최고 주가

5) 저가 : 주식 거래일의 최저 주가

6) 주식 거래 수수료 및 세금 등의 제반 비용은 없는 것으로 가정함.

7) $수익률(\%) = \dfrac{매도\ 시점의\ 주가 - 매입\ 시점의\ 주가}{매입\ 시점의\ 주가} \times 100$

ⓐ 1거래일 시가로 매입한 주식을 5거래일 종가로 매도하는 경우 2% 이상 손해를 본다.

ⓑ 1~5거래일 동안 1회의 매매를 통해 올릴 수 있는 최대수익률은 15% 이상이다.

ⓒ 3거래일 종가로 매입한 주식을 4거래일 종가로 매도하는 경우 수익률은 1% 이상이다.

ⓓ 1~5거래일 동안 시가의 최댓값과 최솟값의 차이는 1,100원이다.

① ㉠, ㉡   ② ㉠, ㉢
③ ㉡, ㉢   ④ ㉡, ㉣

㉠ 1거래일 시가는 12,000원이고 5거래일 종가는 11,800원이다. 따라서 1거래일 시가로 매입한 주식을 5거래일 종가로 매도하는 경우 수익률은 $\frac{11,800-12,000}{12,000} \times 100 =$ 약 -1.6 이다.

㉢ 3거래일 종가는 12,800원이고 4거래일 종가는 12,900원이다. 따라서 3거래일 종가로 매입한 주식을 4거래일 종가로 매도하는 경우 수익률은 $\frac{12,900-12,800}{12,800} \times 100 =$ 약 0.8이다.

Answer➔ 39.④

40 다음은 ○○손해보험에서 화재손해 발생 시 지급 보험금 산정방법과 피보험물건(A~E)의 보험금액 및 보험가액을 나타낸 자료이다. 화재로 입은 손해액이 A~E 모두 6천만 원으로 동일할 때, 지급 보험금이 많은 것부터 순서대로 나열하면?

〈표1〉 지급 보험금 산정방법

피보험물건 유형	조건	지급 보험금
일반물건, 창고물건, 주택	보험금액 ≥ 보험가액의 80%	손해액 전액
	보험금액 < 보험가액의 80%	손해액 × $\dfrac{\text{보험금액}}{\text{보험가액의 } 80\%}$
공장물건, 동산	보험금액 ≥ 보험가액	손해액 전액
	보험금액 < 보험가액	손해액 × $\dfrac{\text{보험금액}}{\text{보험가액}}$

1) 보험금액 : 보험사고가 발생한 때에 보험회사가 피보험자에게 지급해야 하는 금액의 최고한도
2) 보험가액 : 보험사고가 발생한 때에 피보험자에게 발생 가능한 손해액의 최고한도

〈표2〉 피보험물건의 보험금액 및 보험가액

피보험물건	피보험물건 유형	보험금액	보험가액
A	주택	9천만 원	1억 원
B	일반물건	6천만 원	8천만 원
C	창고물건	7천만 원	1억 원
D	공장물건	9천만 원	1억 원
E	동산	6천만 원	7천만 원

① A - B - D - C - E

② A - D - B - E - C

③ B - A - C - D - E

④ B - D - A - C - E

A~E의 지급 보험금을 산정하면 다음과 같다.

피보험물건	지급 보험금
A	주택, 보험금액 ≥ 보험가액의 80%이므로 손해액 전액 지급→6천만 원
B	일반물건, 보험금액 < 보험가액의 80%이므로 손해액 × $\dfrac{보험금액}{보험가액의\ 80\%}$ 지급 →$6,000 \times \dfrac{6,000}{6,400} = 5,625$만 원
C	창고물건, 보험금액 < 보험가액의 80%이므로 손해액 × $\dfrac{보험금액}{보험가액의\ 80\%}$ 지급 →$6,000 \times \dfrac{7,000}{8,000} = 5,250$만 원
D	공장물건, 보험금액 < 보험가액이므로 손해액 × $\dfrac{보험금액}{보험가액}$ 지급 →$6,000 \times \dfrac{9,000}{10,000} = 5,400$만 원
E	동산, 보험금액 < 보험가액이므로 손해액 × $\dfrac{보험금액}{보험가액}$ 지급 →$6,000 \times \dfrac{6,000}{7,000} =$ 약 $5,143$만 원

따라서 지급 보험금이 많은 것부터 순서대로 나열하면 A − B − D − C − E이다.

Answer ↪ 40.①

03 문제해결능력

1 문제와 문제해결

(1) 문제의 정의와 분류

① 정의 : 문제란 업무를 수행함에 있어서 답을 요구하는 질문이나 의논하여 해결해야 되는 사항이다.

② 문제의 분류

구분	창의적 문제	분석적 문제
문제제시 방법	현재 문제가 없더라도 보다 나은 방법을 찾기 위한 문제 탐구→문제 자체가 명확하지 않음	현재의 문제점이나 미래의 문제로 예견될 것에 대한 문제 탐구→문제 자체가 명확함
해결방법	창의력에 의한 많은 아이디어의 작성을 통해 해결	분석, 논리, 귀납과 같은 논리적 방법을 통해 해결
해답 수	해답의 수가 많으며, 많은 답 가운데 보다 나은 것을 선택	답의 수가 적으며 한정되어 있음
주요특징	주관적, 직관적, 감각적, 정성적, 개별적, 특수성	객관적, 논리적, 정량적, 이성적, 일반적, 공통성

(2) 업무수행과정에서 발생하는 문제 유형

① 발생형 문제(보이는 문제) : 현재 직면하여 해결하기 위해 고민하는 문제이다. 원인이 내재되어 있기 때문에 원인지향적인 문제라고도 한다.

    ㉠ 일탈문제 : 어떤 기준을 일탈함으로써 생기는 문제

    ㉡ 미달문제 : 어떤 기준에 미달하여 생기는 문제

② 탐색형 문제(찾는 문제) : 현재의 상황을 개선하거나 효율을 높이기 위한 문제이다. 방치할 경우 큰 손실이 따르거나 해결할 수 없는 문제로 나타나게 된다.

    ㉠ 잠재문제 : 문제가 잠재되어 있어 인식하지 못하다가 확대되어 해결이 어려운 문제

ⓛ 예측문제 : 현재로는 문제가 없으나 현 상태의 진행 상황을 예측하여 찾아야 앞으로 일
　어날 수 있는 문제가 보이는 문제

ⓒ 발견문제 : 현재로서는 담당 업무에 문제가 없으나 선진기업의 업무 방법 등 보다 좋은
　제도나 기법을 발견하여 개선시킬 수 있는 문제

③ 설정형 문제(미래 문제) : 장래의 경영전략을 생각하는 것으로 앞으로 어떻게 할 것인가 하
　는 문제이다. 문제해결에 창조적인 노력이 요구되어 창조적 문제라고도 한다.

예제 1

D회사 신입사원으로 입사한 귀하는 신입사원 교육에서 업무수행과정에서 발생하는 문제 유형 중 설정형 문제를 하나씩 찾아오라는 지시를 받았다. 이에 대해 귀하는 교육받은 내용을 다시 복습하려고 한다. 설정형 문제에 해당하는 것은?

① 현재 직면하여 해결하기 위해 고민하는 문제
② 현재의 상황을 개선하거나 효율을 높이기 위한 문제
③ 앞으로 어떻게 할 것인가 하는 문제
④ 원인이 내재되어 있는 원인지향적인 문제

[출제의도]
업무수행 중 문제가 발생하였을 때 문제 유형을 구분하는 능력을 측정하는 문항이다.
[해설]
업무수행과정에서 발생하는 문제 유형으로는 발생형 문제, 탐색형 문제, 설정형 문제가 있으며 ①④는 발생형 문제이며 ②는 탐색형 문제, ③이 설정형 문제이다.

답 ③

---

(3) 문제해결

① 정의 : 목표와 현상을 분석하고 이 결과를 토대로 과제를 도출하여 최적의 해결책을 찾아
　실행 · 평가해 가는 활동이다.

② 문제해결에 필요한 기본적 사고
　ⓐ 전략적 사고 : 문제와 해결방안이 상위 시스템과 어떻게 연결되어 있는지를 생각한다.
　ⓑ 분석적 사고 : 전체를 각각의 요소로 나누어 그 의미를 도출하고 우선순위를 부여하여
　　구체적인 문제해결방법을 실행한다.
　ⓒ 발상의 전환 : 인식의 틀을 전환하여 새로운 관점으로 바라보는 사고를 지향한다.
　ⓓ 내 · 외부자원의 활용 : 기술, 재료, 사람 등 필요한 자원을 효과적으로 활용한다.

③ 문제해결의 장애요소
　ⓐ 문제를 철저하게 분석하지 않는 경우
　ⓑ 고정관념에 얽매이는 경우
　ⓒ 쉽게 떠오르는 단순한 정보에 의지하는 경우
　ⓓ 너무 많은 자료를 수집하려고 노력하는 경우

④ 문제해결방법

　　㉠ **소프트 어프로치** : 문제해결을 위해서 직접적인 표현보다는 무언가를 시사하거나 암시를 통하여 의사를 전달하여 문제해결을 도모하고자 한다.

　　㉡ **하드 어프로치** : 상이한 문화적 토양을 가지고 있는 구성원을 가정하고, 서로의 생각을 직설적으로 주장하고 논쟁이나 협상을 통해 서로의 의견을 조정해 가는 방법이다.

　　㉢ **퍼실리테이션(facilitation)** : 촉진을 의미하며 어떤 그룹이나 집단이 의사결정을 잘 하도록 도와주는 일을 의미한다.

2 문제해결능력을 구성하는 하위능력

(1) 사고력

① **창의적 사고** : 개인이 가지고 있는 경험과 지식을 통해 새로운 가치 있는 아이디어를 산출하는 사고능력이다.

　　㉠ **창의적 사고의 특징**
　　　• 정보와 정보의 조합
　　　• 사회나 개인에게 새로운 가치 창출
　　　• 창조적인 가능성

| 예제 2

M사 홍보팀에서 근무하고 있는 귀하는 입사 5년차로 창의적인 기획안을 제출하기로 유명하다. S부장은 이번 신입사원 교육 때 귀하에게 창의적인 사고란 무엇인지 교육을 맡아달라고 부탁하였다. 창의적인 사고에 대한 귀하의 설명으로 옳지 않은 것은?

① 창의적인 사고는 새롭고 유용한 아이디어를 생산해 내는 정신적인 과정이다.
② 창의적인 사고는 특별한 사람들만이 할 수 있는 대단한 능력이다.
③ 창의적인 사고는 기존의 정보들을 특정한 요구조건에 맞거나 유용하도록 새롭게 조합시킨 것이다.
④ 창의적인 사고는 통상적인 것이 아니라 기발하거나, 신기하며 독창적인 것이다.

[출제의도]
창의적 사고에 대한 개념을 정확히 파악하고 있는지를 묻는 문항이다.
[해설]
흔히 사람들은 창의적인 사고에 대해 특별한 사람들만이 할 수 있는 대단한 능력이라고 생각하지만 그리 대단한 능력이 아니며 이미 알고 있는 경험과 지식을 해체하여 다시 새로운 정보로 결합하여 가치 있는 아이디어를 산출하는 사고라고 할 수 있다.

 ②

ⓒ 발산적 사고 : 창의적 사고를 위해 필요한 것으로 자유연상법, 강제연상법, 비교발상법 등을 통해 개발할 수 있다.

구분	내용
자유연상법	생각나는 대로 자유롭게 발상 ex) 브레인스토밍
강제연상법	각종 힌트에 강제적으로 연결 지어 발상 ex) 체크리스트
비교발상법	주제의 본질과 닮은 것을 힌트로 발상 ex) NM법, Synectics

Point 》 브레인스토밍

  ⓐ 진행방법
- 주제를 구체적이고 명확하게 정한다.
- 구성원의 얼굴을 볼 수 있는 좌석 배치와 큰 용지를 준비한다.
- 구성원들의 다양한 의견을 도출할 수 있는 사람을 리더로 선출한다.
- 구성원은 다양한 분야의 사람들로 5~8명 정도로 구성한다.
- 발언은 누구나 자유롭게 할 수 있도록 하며, 모든 발언 내용을 기록한다.
- 아이디어에 대한 평가는 비판해서는 안 된다.

  ⓑ 4대 원칙
- 비판엄금(Support) : 평가 단계 이전에 결코 비판이나 판단을 해서는 안 되며 평가는 나중까지 유보한다.
- 자유분방(Silly) : 무엇이든 자유롭게 말하고 이런 바보 같은 소리를 해서는 안 된다는 등의 생각은 하지 않아야 한다.
- 질보다 양(Speed) : 질에는 관계없이 가능한 많은 아이디어들을 생성해내도록 격려한다.
- 결합과 개선(Synergy) : 다른 사람의 아이디어에 자극되어 보다 좋은 생각이 떠오르고, 서로 조합하면 재미있는 아이디어가 될 것 같은 생각이 들면 즉시 조합시킨다.

② 논리적 사고 : 사고의 전개에 있어 전후의 관계가 일치하고 있는가를 살피고 아이디어를 평가하는 사고능력이다.

  ⓒ 논리적 사고를 위한 5가지 요소 : 생각하는 습관, 상대 논리의 구조화, 구체적인 생각, 타인에 대한 이해, 설득

  ⓛ 논리적 사고 개발 방법
- 피라미드 구조 : 하위의 사실이나 현상부터 사고하여 상위의 주장을 만들어가는 방법
- so what기법 : '그래서 무엇이지?'하고 자문자답하여 주어진 정보로부터 가치 있는 정보를 이끌어 내는 사고 기법

③ 비판적 사고 : 어떤 주제나 주장에 대해서 적극적으로 분석하고 종합하며 평가하는 능동적인 사고이다.

  ⓒ 비판적 사고 개발 태도 : 비판적 사고를 개발하기 위해서는 지적 호기심, 객관성, 개방성, 융통성, 지적 회의성, 지적 정직성, 체계성, 지속성, 결단성, 다른 관점에 대한 존중과 같은 태도가 요구된다.

ⓛ 비판적 사고를 위한 태도

- 문제의식 : 비판적인 사고를 위해서 가장 먼저 필요한 것은 바로 문제의식이다. 자신이 지니고 있는 문제와 목적을 확실하고 정확하게 파악하는 것이 비판적인 사고의 시작이다.
- 고정관념 타파 : 지각의 폭을 넓히는 일은 정보에 대한 개방성을 가지고 편견을 갖지 않는 것으로 고정관념을 타파하는 일이 중요하다.

(2) 문제처리능력과 문제해결절차

① 문제처리능력 : 목표와 현상을 분석하고 이를 토대로 문제를 도출하여 최적의 해결책을 찾아 실행·평가하는 능력이다.

② 문제해결절차 : 문제 인식 → 문제 도출 → 원인 분석 → 해결안 개발 → 실행 및 평가

ⓖ 문제 인식 : 문제해결과정 중 'waht'을 결정하는 단계로 환경 분석 → 주요 과제 도출 → 과제 선정의 절차를 통해 수행된다.

- 3C 분석 : 환경 분석 방법의 하나로 사업환경을 구성하고 있는 요소인 자사(Company), 경쟁사(Competitor), 고객(Customer)을 분석하는 것이다.

예제 3

L사에서 주력 상품으로 밀고 있는 TV의 판매 이익이 감소하고 있는 상황에서 귀하는 B부장으로부터 3C분석을 통해 해결방안을 강구해 오라는 지시를 받았다. 다음 중 3C에 해당하지 않는 것은?

① Customer   ② Company
③ Competitor   ④ Content

[출제의도]
3C의 개념과 구성요소를 정확히 숙지하고 있는지를 측정하는 문항이다.

[해설]
3C 분석에서 사업 환경을 구성하고 있는 요소인 자사(Company), 경쟁사(Competitor), 고객을 3C(Customer)라고 한다. 3C 분석에서 고객 분석에서는 '고객은 자사의 상품·서비스에 만족하고 있는지를, 자사 분석에서는 '자사가 세운 달성목표와 현상 간에 차이가 없는지를 경쟁사 분석에서는 '경쟁기업의 우수한 점과 자사의 현상과 차이가 없는지에 대한 질문을 통해서 환경을 분석하게 된다.

답 ④

• SWOT 분석 : 기업내부의 강점과 약점, 외부환경의 기회와 위협요인을 분석·평가하여 문제해결 방안을 개발하는 방법이다.

		내부환경요인	
		강점(Strengths)	약점(Weaknesses)
외부환경요인	기회 (Opportunities)	SO 내부강점과 외부기회 요인을 극대화	WO 외부기회를 이용하여 내부약점을 강점으로 전환
	위협 (Threat)	ST 외부위협을 최소화하기 위해 내부강점을 극대화	WT 내부약점과 외부위협을 최소화

ⓛ 문제 도출 : 선정된 문제를 분석하여 해결해야 할 것이 무엇인지를 명확히 하는 단계로, 문제 구조 파악→핵심 문제 선정 단계를 거쳐 수행된다.

• Logic Tree : 문제의 원인을 파고들거나 해결책을 구체화할 때 제한된 시간 안에서 넓이와 깊이를 추구하는데 도움이 되는 기술로 주요 과제를 나무모양으로 분해·정리하는 기술이다.

ⓒ 원인 분석 : 문제 도출 후 파악된 핵심 문제에 대한 분석을 통해 근본 원인을 찾는 단계로 Issue 분석→Data 분석→원인 파악의 절차로 진행된다.

ⓔ 해결안 개발 : 원인이 밝혀지면 이를 효과적으로 해결할 수 있는 다양한 해결안을 개발하고 최선의 해결안을 선택하는 것이 필요하다.

ⓜ 실행 및 평가 : 해결안 개발을 통해 만들어진 실행계획을 실제 상황에 적용하는 활동으로 실행계획 수립→실행→Follow-up의 절차로 진행된다.

예제 4

C사는 최근 국내 매출이 지속적으로 하락하고 있어 사내 분위기가 심상치 않다. 이에 대해 Y부장은 이 문제를 극복하고자 문제처리 팀을 구성하여 해결방안을 모색하도록 지시하였다. 문제처리 팀의 문제해결 절차를 올바른 순서로 나열한 것은?

① 문제 인식→원인 분석→해결안 개발→문제 도출→실행 및 평가
② 문제 도출→문제 인식→해결안 개발→원인 분석→실행 및 평가
③ 문제 인식→원인 분석→문제 도출→해결안 개발→실행 및 평가
④ 문제 인식→문제 도출→원인 분석→해결안 개발→실행 및 평가

[출제의도]
실제 업무 상황에서 문제가 일어났을 때 해결 절차를 알고 있는지를 측정하는 문항이다.
[해설]
일반적인 문제해결절차는 '문제 인식→문제 도출→원인 분석→해결안 개발→실행 및 평가'로 이루어진다.

답 ④

출제예상문제

1   M사의 총무부 직원 6명(갑, 을, 병, 정, 무, 기)과 인사부 직원 4명(A, B, C, D)은 부서 당 1명 씩 2인 1조를 이루어 다음 달부터 매일 당직 근무를 서야 한다. 다음 달 1일 갑과 A가 함께 근무를 서고 위에 적은 명단 순서로 돌아가며 조를 이루어 당직 근무를 설 경우, 함께 근무를 설 수 없는 직원의 조합은 어느 것인가?

① 을 – D   ② 무 – C

③ 병 – A   ④ 정 – C

 다음 표에서 알 수 있듯이 4명과 6명의 최소공배수인 12일까지 아래와 같은 조를 이루어 당직 근무를 서고 13일째부터는 다시 처음부터 같은 조가 반복되게 된다. 따라서 '정 – C' 는 함께 근무를 설 수 없는 직원의 조합이 된다.

	A	B	C	D
갑	1		7	
을		2		8
병	9		3	
정		10	✕	4
무	5		11	
기		6		12

2 영업부 직원 8명의 자리는 그림과 같다. 제시된 조건에 따라 자리를 이동하였을 경우에 대한 설명으로 올바른 것은 어느 것인가?

> • 자리는 8명이 모두 이동하였다.
> • 같은 라인에서 이동한 직원은 각 라인 당 2명이다.('라인'은 그림 상의 좌우 한 줄을 의미한다. 예를 들어 위의 그림에서 김 사원~박 사원은 한 라인에 위치한다.)
> • 이동 후 양 사원의 자리와 나 대리의 자리, 오 대리의 자리와 김 사원의 자리는 각각 가장 멀리 떨어진 곳에 위치하게 되었다.
>
>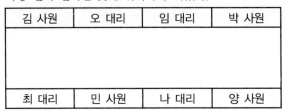
>
> | 김 사원 | 오 대리 | 임 대리 | 박 사원 |
> |---|---|---|---|
> | | | | |
> | 최 대리 | 민 사원 | 나 대리 | 양 사원 |
>
> • 박 사원의 좌우측에는 각각 최 대리와 나 대리가 앉게 되었다.

① 양 사원의 옆 자리에는 민 사원이 앉게 된다.

② 김 사원의 옆 자리에는 어떤 경우에도 최 대리가 앉게 된다.

③ 임 대리는 최 대리와 마주보고 앉게 된다.

④ 민 사원은 오 대리와 마주보고 앉게 된다.

 주어진 조건에 의해 가장 먼 거리에 있는 네 군데 끝자리에는 양 사원, 나 대리, 오 대리, 김 사원이 앉게 되며, 최 대리 – 박 사원 – 나 대리 세 명의 자리가 확정된 조건임을 알 수 있다. 따라서 다음의 두 가지 경우의 수가 생길 수 있다.

김 사원 (오 대리)	최 대리	박 사원	나 대리		양 사원	A	B	오 대리 (김 사원)
양 사원	A	B	오 대리 (김 사원)		김 사원 (오 대리)	최 대리	박 사원	나 대리

두 가지 경우 모두 A, B에 임 대리와 민 사원이 앉게 되므로 각 라인 당 2명이 같은 라인으로 이동한 것이 된다. 또한 8명 모두 자리를 이동하였다고 했으므로 두 가지 경우 모두 A, B 자리는 각각 임 대리와 민 사원의 자리가 되어야 한다.

따라서 '임 대리는 최 대리와 마주보고 앉게 된다.'가 올바른 설명이 된다.

① 양 사원의 옆 자리에는 임 대리가 앉게 된다.

② 김 사원의 옆 자리에는 민 사원 또는 최 대리가 앉게 된다.

④ 민 사원은 어떤 경우에도 박 사원과 마주보고 앉게 된다.

Answer ↪ 1.④ 2.③

3 다음 중 문제 해결을 위한 기본적인 사고방식으로 가장 적절하지 않은 것은?

① 어려운 해결책을 찾으려 하지 말고 우리가 알고 있는 단순한 정보라도 이용해서 실마리를 풀어가야 한다.

② 문제 전체에 매달리기보다 문제를 각각의 요소로 나누어 그 요소의 의미를 도출하고 우선순위를 부여하는 방법이 바람직하다.

③ 나에게 필요한 자원을 확보할 계획을 짜서 그것들을 효과적으로 활용할 수 있어야 한다.

④ 문제 자체보다 그 문제가 다른 문제나 연관 시스템과 어떻게 연결되어 있는 지를 파악하는 것이 중요하다.

 문제에 봉착했을 경우, 차분하고 계획적인 접근이 필요하다. 자칫 우리가 흔히 알고 있는 단순한 정보들에 의존하게 되면 문제를 해결하지 못하거나 오류를 범할 수 있다.

※ 문제 해결을 위해 필요한 4가지 기본적 사고는 다음과 같다.
    ㉠ 전략적 사고를 해야 한다. → 보기 ④
    ㉡ 분석적 사고를 해야 한다. → 보기 ②
    ㉢ 발상의 전환을 하라.
    ㉣ 내·외부 자원을 효과적으로 활용하라. → 보기 ③

4 T사에서는 새롭게 출시한 제품의 판매율 제고를 위한 프로모션 아이디어 회의를 진행 중이다. 브레인스토밍을 통하여 다양한 아이디어를 수집하려는 회의 운영 방식에 적절하지 않은 의견은 어느 것인가?

① "팀장인 나는 그냥 참관인 자격으로 지켜볼 테니 거침없는 의견들을 마음껏 제시해 보세요."

② "많은 의견이 나올수록 좋으며, 중요하다 싶은 의견은 그때그때 집중 논의하여 적용 여부를 결정하고 넘어가야 해요."

③ "엊그제 입사한 신입사원들도 적극적으로 의견을 개진해 주세요. 아직 회사 사정을 잘 몰라도 상관없어요."

④ "우선 책상 배열을 좀 바꿔보면 어떨까요? 서로를 쳐다볼 수 있도록 원형 배치가 좋을 것 같습니다."

 우수한 의견을 즉석에서 판단하려는 것은 다듬어지지 않은 많은 양의 아이디어를 도출해내고자 하는 브레인스토밍에 해로운 방식이다.
① 직원들에게 부담 없이 자유롭게 의견을 개진할 수 있는 분위기를 만들어주는 바람직한 방법으로 볼 수 있다.
③ 신선하고 참신한 아이디어를 얻을 수 있고 모든 구성원을 참여시킬 수 있는 방법으로 브레인스토밍에 적절하다.
④ 브레인스토밍은 서로를 쳐다보며 동등한 위치에서 회의를 진행할 수 있는 원형 좌석배치가 적절한 방법이다.

5 F사는 사내 식사 제공을 위한 외식 업체를 선정하기 위해 다음과 같이 5개 업체에 대한 평가를 실시하였다. 다음 평가 방식과 평가 결과에 의해 외식 업체로 선정될 업체는 어느 곳인가?

〈최종결과표〉

(단위 : 점)

	A업체	B업체	C업체	D업체
제안가격	84	82	93	93
위생도	92	90	91	92
업계평판	92	89	91	90
투입인원	90	92	94	93

※ 각 평가항목별 다음과 같은 가중치를 부여하여 최종 점수 고득점 업체를 선정한다.
• 투입인원 점수 15%
• 업계평판 점수 15%
• 위생도 점수 30%
• 제안가격 점수 40%
※ 어느 항목이라도 5개 업체 중 최하위 득점이 있을 경우(최하위 점수가 90점 이상일 경우 제외), 최종 업체로 선정될 수 없다.
※ 동점 시, 가중치가 높은 항목 순으로 고득점 업체가 선정

① A업체   ② B업체
③ C업체   ④ D업체

 평가 점수를 계산하기 전에, 제안가격과 업계평판에서 90점 미만으로 최하위를 기록한 B업체는 선정될 수 없다. 따라서 나머지 A, C, D업체의 가중치를 적용한 점수를 계산해 보면 다음과 같다.
• A업체 : 84 × 0.4 + 92 × 0.3 + 92 × 0.15 + 90 × 0.15 = 88.5점
• C업체 : 93 × 0.4 + 91 × 0.3 + 91 × 0.15 + 94 × 0.15 = 92.25점
• D업체 : 93 × 0.4 + 92 × 0.3 + 90 × 0.15 + 93 × 0.15 = 92.25점
C와 D업체가 동점이나, 가중치가 높은 순으로 제안가격의 점수가 같으며, 다음 항목인 위생도 점수에서 D업체가 더 높은 점수를 얻었으므로 최종 선정될 업체는 D업체가 된다.

6 다음 글의 내용이 참일 때, 반드시 참인 것은?

> 전 세계적으로 금융위기로 인해 그 위기의 근원지였던 미국의 경제가 상당히 피해를 입었다. 미국에서는 경제 회복을 위해 통화량을 확대하는 양적완화 정책을 실시할 것인지를 두고 논란이 있었다. 미국의 양적완화는 미국 경제회복에 효과가 있겠지만, 국제 경제에 적지 않은 영향을 줄 수 있기 때문이다.
>
> 미국이 양적완화를 실시하면, 달러화의 가치가 하락하고 우리나라의 달러 환율도 하락한다. 우리나라의 달러 환율이 하락하면 우리나라의 수출이 감소한다. 우리나라 경제는 대외 의존도가 높기 때문에 경제의 주요 지표들이 개선되기 위해서는 수출이 감소하면 안 된다.
>
> 또 미국이 양적완화를 중단하면 미국 금리가 상승한다. 미국 금리가 상승하면 우리나라 금리가 상승하고, 우리나라 금리가 상승하면 우리나라에 대한 외국인 투자가 증가한다. 또한 우리나라 금리가 상승하면 우리나라의 가계부채 문제가 심화된다. 가계부채 문제가 심화되는 나라의 국내소비는 감소한다. 국내 소비가 감소하면, 경제의 전망이 어두워진다.

① 우리나라의 수출이 증가했다면 달러화 가치가 하락했을 것이다.

② 우리나라의 가계부채 문제가 심화되었다면 미국이 양적완화를 중단했을 것이다.

③ 우리나라에 대한 외국인 투자가 감소하면 우리나라 경제의 전망이 어두워질 것이다.

④ 우리나라 경제의 주요 지표들이 개선되었다면 우리나라의 달러 환율이 하락하지 않았을 것이다.

 양적완화를 실시하면 달러화 가치가 하락하고 달러 환율이 하락하면 우리나라의 수출이 감소하고 경제지표가 악화된다.
양적완화를 중단하면 미국의 금리가 상승하고 우리나라의 금리도 상승하며 외국인의 투자가 증가한다. 또한 우리나라의 금리가 상승하면 가계부채 문제가 심화되고 이는 국내소비를 감소시키며 경제 침체를 유발한다.
① 수출이 증가하면 달러화 가치는 상승한다.
② 우리나라의 가계부채가 미국의 양적완화에 영향을 미치지는 않는다.
③ 외국인 투자가 우리나라 경제에 미치는 영향은 알 수 없다.

Answer → 5.④ 6.④

7 다음은 항공위험물 중 일부 위험성이 적은 위험물에 대해서 소량에 한하여 여행객이 휴대 또는 위탁수하물로 운반할 수 있도록 예외적으로 허용하고 있는 사항에 대한 안내문이다. 다음 중 위탁수하물로 운반할 수 없는 것은?

■ 소비재

물품 또는 물건	위탁수하물	기내휴대	몸에 소지
• 리튬배터리가 장착된 전자장비(카메라, 휴대전화, 노트북 등) －리튬메탈배터리 : 리튬 함량 2그램 이하 －리튬이온배터리 : 100와트시(Wh) 이하	○	○	○
• 전자담배 －리튬메탈배터리 : 리튬 함량 2그램 이하 －리튬이온배터리 : 100와트시(Wh) 이하	×	○	○
• 드라이아이스 －1인당 2.5kg까지 －상하기 쉬운 물품을 포장·운송하기 위해서 사용되는 것에 한함	○	○	×
• 스포츠용 또는 가정용 에어로졸 －개당 0.5리터 이하(총 4캔까지 허용)	○	×	×
• 소형라이터 －1인당 1개	×	×	○

■ 의료용품

물품 또는 물건	위탁수하물	기내휴대	몸에 소지
• 의료용 산소 실린더 또는 공기 실린더 －실린더 당 총 질량이 5kg 이하 ※ 항공사 승인 필요	○	○	○
액체산소가 들어있는 장치	×	×	×
• 리튬배터리가 장착된 휴대용 의료 전자장비 －리튬메탈배터리 : 리튬 함량 2그램 이하 －리튬이온배터리 : 100와트시(Wh) 이하	○	○	○
• 전동 휠체어 등 이동보조장비(습식 배터리) ※ 항공사 승인 필요	○	×	×
• 휴대용 의료전자장비용 여분(보조) 배터리 －리튬메탈배터리 : 리튬 함량 2그램 이하 －리튬이온배터리 : 100와트시(Wh) 이하	×	○	○

① 100와트시(Wh) 이하 리튬이온배터리 전자담배

② 개당 0.5리터 이하의 스포츠용 에어로졸 2캔

③ 냉동식품을 포장·운송하기 위해 사용된 드라이아이스 2kg

④ 항공사 승인을 받은 실린더 당 총 질량이 5kg 이하인 의료인 공기 실린더

> **Tip** 배터리가 규정에 맞는 전자담배는 기내휴대 또는 몸에 소지할 수 있으나 위탁수하물로는 운반할 수 없다.

8 〈보기〉는 문제를 지혜롭게 처리하기 위한 단계별 방법을 나열한 것이다. 올바른 문제처리 절차에 따라 ㈎~㈐의 순서를 재배열한 것은 어느 것인가?

〈보기〉

㈎ 당초 장애가 되었던 문제의 원인들을 해결안을 사용하여 제거한다.

㈏ 문제로부터 도출된 근본 원인을 효과적으로 해결할 수 있는 최적의 해결방안을 수립한다.

㈐ 파악된 핵심문제에 대한 분석을 통해 근본 원인을 도출해 본다.

㈑ 선정된 문제를 분석하여 해결해야 할 것이 무엇인지를 명확히 결정한다.

㈒ 해결해야 할 전체 문제를 파악하여 우선순위를 정하고, 선정문제에 대한 목표를 명확히 한다.

---

① ㈒ - ㈑ - ㈐ - ㈏ - ㈎

② ㈑ - ㈒ - ㈐ - ㈎ - ㈏

③ ㈑ - ㈐ - ㈏ - ㈎ - ㈒

④ ㈒ - ㈐ - ㈑ - ㈎ - ㈏

> **Tip** 문제처리능력이란 목표와 현상을 분석하고 이 분석결과를 토대로 문제를 도출하여 최적의 해결책을 찾아 실행, 평가 처리해 나가는 일련의 활동을 수행하는 능력이라 할 수 있다. 이러한 문제처리능력은 문제해결절차를 의미하는 것으로, 일반적인 문제해결절차는 문제 인식, 문제 도출, 원인 분석, 해결안 개발, 실행 및 평가의 5단계를 따른다.
> ① 주어진 〈보기〉의 ㈎~㈒의 내용은 문제해결절차 5단계를 역순으로 제시해 놓았다.

Answer 7.① 8.①

9 100명의 근로자를 고용하고 있는 ○○기관 인사팀에 근무하는 S는 고용노동법에 따라 기간제 근로자를 채용하였다. 제시된 법령의 내용을 참고할 때, 기간제 근로자로 볼 수 없는 경우는?

> **제10조**
> ① 이 법은 상시 5인 이상의 근로자를 사용하는 모든 사업 또는 사업장에 적용한다. 다만 동거의 친족만을 사용하는 사업 또는 사업장과 가사사용인에 대하여는 적용하지 아니한다.
> ② 국가 및 지방자치단체의 기관에 대하여는 상시 사용하는 근로자의 수에 관계없이 이 법을 적용한다.
>
> **제11조**
> ① 사용자는 2년을 초과하지 아니하는 범위 안에서(기간제 근로계약의 반복갱신 등의 경우에는 계속 근로한 총 기간이 2년을 초과하지 아니하는 범위 안에서) 기간제 근로자※를 사용할 수 있다. 다만 다음 각 호의 어느 하나에 해당하는 경우에는 2년을 초과하여 기간제 근로자로 사용할 수 있다.
> 1. 사업의 완료 또는 특정한 업무의 완성에 필요한 기간을 정한 경우
> 2. 휴직·파견 등으로 결원이 발생하여 당해 근로자가 복귀할 때까지 그 업무를 대신할 필요가 있는 경우
> 3. 전문적 지식·기술의 활용이 필요한 경우와 박사 학위를 소지하고 해당 분야에 종사하는 경우
> ② 사용자가 제1항 단서의 사유가 없거나 소멸되었음에도 불구하고 2년을 초과하여 기간제 근로자로 사용하는 경우에는 그 기간제 근로자는 기간의 정함이 없는 근로계약을 체결한 근로자로 본다.
>
> ※ 기간제 근로자라 함은 기간의 정함이 있는 근로계약을 체결한 근로자를 말한다

① 수습기간 3개월을 포함하여 1년 6개월간 A를 고용하기로 근로계약을 체결한 경우

② 근로자 E의 휴직으로 결원이 발생하여 2년간 B를 계약직으로 고용하였는데, E의 복직 후에도 B가 계속해서 현재 3년 이상 근무하고 있는 경우

③ 사업 관련 분야 박사학위를 취득한 C를 계약직(기간제) 연구원으로 고용하여 C가 현재 3년간 근무하고 있는 경우

④ 국가로부터 도급받은 3년간의 건설공사를 완성하기 위해 D를 그 기간 동안 고용하기로 근로계약을 체결한 경우

 제11조 제2항에 따르면 사용자가 제1항 단서의 사유가 없거나 소멸되었음에도 불구하고 2년을 초과하여 기간제 근로자로 사용하는 경우에는 그 기간제 근로자는 기간의 정함이 없는 근로계약을 체결한 근로자로 본다. 따라서 ②의 경우 기간제 근로자로 볼 수 없다.
① 2년을 초과하지 않는 범위이므로 기간제 근로자로 볼 수 있다.
③ 제11조 제1항 제3호에 따른 기간제 근로자로 볼 수 있다.
④ 제11조 제1항 제1호에 따른 기간제 근로자로 볼 수 있다.

10 귀하는 정기간행물을 발간하는 중소기업에서 편집디자이너로 일하고 있다. 걸핏하면 "이건 당신의 책임 아니냐."라고 질책하는 팀장으로 인해 스트레스가 쌓인 귀하는 어느 날 편집디자이너의 작업 명세서라는 것을 뒤져 보았더니 다음과 같은 책임이 있는 것으로 나왔다. 용기를 얻은 귀하는 자료를 근거로 팀장에게 소명하려고 하는데, 다음 중 귀하가 할 주장으로 가장 적절한 것은?

직무 수행에 있어서의 책임과 한계

1. 컴퓨터 및 주변기기를 항상 최적의 상태로 유지관리하고, 소프트웨어의 오류에 의한 간단한 기기 고장은 보수하여야 한다.
2. 자재 및 소모품에 관한 관리를 철저히 하여 원가절감을 기하고, 제품의 불량이 발생할 경우 불량 원인을 분석하여 재발방지를 위한 대책을 세워야 한다.
3. 인쇄 공정별 책임자의 작업 지시에 따라 수행하는 작업내용과 진행상황을 서류나 구두로 보고하고, 인쇄원고의 보관관리는 물론 기밀유지의 책임이 있다.
4. 컴퓨터, 주변기기, 각종 공구 등을 사용할 때 부주의로 인한 안전사고가 일어나지 않도록 각자가 조심하여야 하고, 공정 진행상의 주의 소홀로 야기되는 공정지연 등이 되지 않도록 노력하여야 한다.
5. 오탈자에 대한 최종 교정책임을 진다.
6. 사진이 잘못 게재된 것에 대한 책임을 진다.

---

① 보세요. 초상권을 침해한 것은 사진사 잘못이지, 그게 왜 제 책임입니까?

② 보세요. 글 쓴 사람이 오탈자를 잡아야지, 제가 그런 것까지 할 여유가 어디 있습니까?

③ 보세요. 인쇄소로 넘겼으면 끝난 거지. 왜 제가 작업 진행까지 파악해야 합니까?

④ 보세요. 컴퓨터가 파손되었다고 저한테 말씀하시면 너무한 것 아닙니까?

 제시된 작업명세서를 보면 컴퓨터 파손에 대한 책임이나 한계에 대한 내용은 어디에도 없다. 편집디자이너가 컴퓨터 파손에 대한 책임을 갖는 것은 아니다.

Answer ↦ 9.② 10.④

11 사내 냉방 효율을 위하여 층별 에어컨 수와 종류를 조정하려고 한다. 버리는 구형 에어컨과 구입하는 신형 에어컨을 최소화할 때, A상사는 신형 에어컨을 몇 대 구입해야 하는가?

사내 냉방 효율 조정 방안		
적용순서	조건	미충족 시 조정 방안
1	층별 월 전기료 60만 원 이하	구형 에어컨을 버려 조건 충족
2	구형 에어컨 대비 신형 에어컨 비율 1/2 이상 유지	신형 에어컨을 구입해 조건 충족

※ 구형 에어컨 1대의 월 전기료는 4만원이고, 신형 에어컨 1대의 월 전기료는 3만원이다.

사내 냉방시설 현황						
	1층	2층	3층	4층	5층	6층
구형	9	15	12	8	13	10
신형	5	7	6	3	4	5

① 1대

② 2대

③ 3대

④ 4대

 먼저 '층별 월 전기료 60만 원 이하' 조건을 적용해 보면 2층, 3층, 5층에서 각각 6대, 2대, 1대의 구형 에어컨을 버려야 한다. 다음으로 '구형 에어컨 대비 신형 에어컨 비율 1/2 이상 유지' 조건을 적용하면 4층, 5층에서 각각 1대, 2대의 신형 에어컨을 구입해야 한다. 따라서 A상사가 구입해야 하는 신형 에어컨은 총 3대이다.

12 다음은 A그룹 근처의 〈맛집 정보〉이다. 주어진 평가 기준에 따라 가장 높은 평가를 받은 곳으로 신년회를 예약하라는 지시를 받았다. A그룹의 신년회 장소는?

〈맛집 정보〉

평가항목 음식점	음식종류	이동거리	가격 (1인 기준)	맛 평점 (★ 5개 만점)	방 예약 가능 여부
자금성	중식	150m	7,500원	★★☆	○
샹젤리제	양식	170m	8,000원	★★★	○
경복궁	한식	80m	10,000원	★★★★	○
도쿄타워	일식	350m	9,000원	★★★★☆	×

※ ☆은 ★의 반 개이다.

〈평가 기준〉

• 평가항목 중 이동거리, 가격, 맛 평점에 대하여 각 항목별로 4, 3, 2, 1점을 각각의 음식점에 하나씩 부여한다.
 −이동거리가 짧은 음식점일수록 높은 점수를 준다.
 −가격이 낮은 음식점일수록 높은 점수를 준다.
 −맛 평점이 높은 음식점일수록 높은 점수를 준다.
• 평가항목 중 음식종류에 대하여 일식 5점, 한식 4점, 양식 3점, 중식 2점을 부여한다.
• 방 예약이 가능한 경우 가점 1점을 부여한다.
• 총점은 음식종류, 이동거리, 가격, 맛 평점의 4가지 평가항목에서 부여 받은 점수와 가점을 합산하여 산출한다.

---

① 자금성　　　　　　　　　　② 샹젤리제
③ 경복궁　　　　　　　　　　④ 도쿄타워

 평가 기준에 따라 점수를 매기면 다음과 같다.

평가항목 음식점	음식 종류	이동 거리	가격 (1인 기준)	맛 평점 (★ 5개 만점)	방 예약 가능 여부	총점
자금성	2	3	4	1	1	11
샹젤리제	3	2	3	2	1	11
경복궁	4	4	1	3	1	13
도쿄타워	5	1	2	4	−	12

따라서 A그룹의 신년회 장소는 경복궁이다.

Answer→ 11.③　12.③

13 김 대리는 지난 여름 휴가 때 선박을 이용하여 '포항→울릉도→독도→울릉도→포항' 순으로 여행을 다녀왔다. 다음에 제시된 내용을 바탕으로 김 대리가 휴가를 냈던 기간을 추론하면?

- '포항→울릉도' 선박은 매일 오전 10시, '울릉도→포항' 선박은 매일 오후 3시에 출발하며, 편도 운항에 3시간이 소요된다.
- 울릉도에서 출발해 독도를 돌아보는 선박은 매주 화요일과 목요일 오전 8시에 출발하여 당일 오전 11시에 돌아온다.
- 최대 파고가 3m 이상인 날은 모든 노선의 선박이 운항되지 않는다.
- 김 대리는 매주 금요일에 술을 마시는데, 술을 마신 다음날은 멀미가 심해서 선박을 탈 수 없다.
- 이번 여행 중 김 대리는 울릉도에서 호박엿 만들기 체험을 했는데, 호박엿 만들기 체험은 매주 월·금요일 오후 6시에만 할 수 있다.

〈2016년 7월 최대 파고〉

🌊 : 최대 파고(단위 : m)

일	월	화	수	목	금	토
16 🌊 1.0	17 🌊 1.4	18 🌊 3.2	19 🌊 2.7	20 🌊 2.8	21 🌊 3.7	22 🌊 2.0
23 🌊 0.7	24 🌊 3.8	25 🌊 2.8	26 🌊 2.7	27 🌊 0.5	28 🌊 3.7	29 🌊 3.3

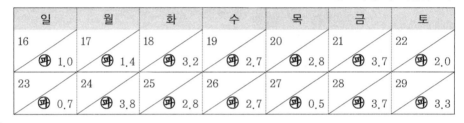

① 7월 16일(일)~19일(수)
② 7월 19일(수)~22일(토)
③ 7월 20일(목)~23일(일)
④ 7월 23일(일)~26일(수)

 7월 23일(일)에 포항에서 출발하여 울릉도에 도착한 김 대리는 24일(월) 오후 6시에 호박엿 만들기 체험을 하고, 25일(화) 오전 8시에 울릉도→독도→울릉도 선박에 탑승할 수 있으며 26일(수) 오후 3시에 울릉도에서 포항으로 돌아올 수 있다.

① 16일(일)에 출발하여 19일(수)에 돌아왔다면 매주 화요일과 목요일에 출발하는 울릉도→독도→울릉도 선박에 탑승할 수 없다(18일 화요일 최대 파고 3.2).

② 매주 금요일에 술을 마시는 김 대리는 술을 마신 다음날인 22일(토)에는 멀미가 심해서 돌아오는 선박을 탈 수 없다.

③ 20일(목)에 포항에서 울릉도로 출발하면 오후 1시에 도착하는데, 그러면 오전 8시에 출발하는 울릉도→독도→울릉도 선박에 탑승할 수 없다.

14 W사는 본부대항 축구 시합을 하는데 인원이 많지 않아 팀별 8명씩의 선수로 구성하게 되었다. 다음 〈조건〉을 만족할 때, 영업본부가 만들 수 있는 축구팀 인원 구성의 경우의 수는 모두 몇 가지인가? (영업본부에는 부장이 2명, 과장과 대리 각각 5명, 사원이 3명 있다)

〈조건〉
- 부장과 과장은 최소한 1명 이상씩 포함시킨다.
- 사원은 출전하지 않거나 혹은 2명을 포함시킨다.
- 대리는 3명 이상 포함시킨다.

---

① 6가지   ② 7가지
③ 8가지   ④ 9가지

 총 8명의 선수 중 부장, 과장 각 1명, 대리 3명을 포함하고 나면 세자리가 남는다. 그 중 사원이 출전하지 않는 경우와 2명이 출전하는 경우에 대한 경우의 수를 구하면 된다.

사원이 출전하지 않을 경우			사원 2명이 출전할 경우		
부장	과장	대리	부장	과장	대리
0	3	0	1	0	0
0	2	1	0	1	0
0	1	2	0	0	1
1	2	0			
1	1	1			
1	0	2			

따라서 총 9가지 경우의 수가 생기게 된다.

15 호텔 연회부에 근무하는 A는 연회장 예약일정 관리를 담당하고 있다. 다음과 같이 예약이 되어있는 상황에서 "12월 첫째 주 또는 둘째 주에 회사 송년의 밤 행사를 위해서 연회장을 예약하려고 합니다. 총 인원은 250명이고 월, 화, 수요일은 피하고 싶습니다. 예약이 가능할까요?"라는 고객의 전화를 받았을 때, A의 판단으로 옳지 않은 것은?

〈12월 예약 일정〉

※ 예약 : 연회장 이름(시작시간)

월	화	수	목	금	토	일
1 실버(13) 블루(14)	2 레드(16)	3 블루(13) 골드(14)	4 골드(13) 블루(17)	5 골드(14) 실버(17)	6 실버(13) 골드(15)	7 레드(10) 블루(16)
8	9 실버(13) 블루(16)	10 레드(16)	11 골드(14) 블루(17)	12 레드(13) 골드(17)	13 골드(12)	14 실버(10) 레드(15)

〈호텔 연회장 현황〉

연회장 구분	수용 가능 인원	최소 투입인력	연회장 이용시간
레드	200명	25명	3시간
블루	300명	30명	2시간
실버	200명	30명	3시간
골드	300명	40명	3시간

※ 오후 9시에 모든 업무를 종료함
※ 연회부의 동 시간대 투입 인력은 총 70명을 넘을 수 없음
※ 연회시작 전, 후 1시간씩 연회장 세팅 및 정리

① 인원을 고려했을 때 블루 연회장과 골드 연회장이 적합하겠군.

② 송년의 밤 행사이니 저녁 시간대 중 가능한 일자를 확인해야 해.

③ 목요일부터 일요일까지 일정을 확인했을 때 평일은 예약이 불가능해.

④ 모든 조건을 고려했을 때 가능한 연회장은 13일 블루 연회장뿐이구나.

 ① 총 인원이 250명이므로 블루 연회장과 골드 연회장이 적합하다.
② 송년의 밤 행사이니 저녁 시간대에 진행되어야 한다.
③ 평일인 4~5일과 11~12일은 예약이 불가능하다.
④ 모든 조건을 고려했을 때 예약 가능한 연회장은 6일 블루, 7일 골드, 13일 블루, 14일 블루 또는 골드이다.

16 다음 16진법에 대한 설명을 참고할 때, 10진법의 45를 나타내는 수를 16진법으로 올바르게 표기한 것은 어느 것인가?

> 10진법이 0~9까지 10개의 숫자를 사용하여 모든 수를 나타내듯이 16진법은 0~15까지의 16개 숫자를 사용하며, 이후부터는 다시 10진법과 마찬가지로 '10'이라는 숫자로 16번째 수를 나타내게 된다. 그런데, 9 이후의 숫자가 존재하지 않기 때문에 알파벳을 사용하여 다음과 같이 부족한 수를 나타내게 된다.
>
> | 10진법 | 10 | 11 | 12 | 13 | 14 | 15 |
> |--------|----|----|----|----|----|----|
> | 16진법 | A | B | C | D | E | F |
>
> 따라서 알파벳 C는 10진법의 12를 나타내며, 16진법으로 쓰인 '13'이라는 표기는 10진법의 19를 나타낸다.

① 1D

② 1E

③ 2C

④ 2D

 주어진 설명에 따라 10진법과 16진법의 표기를 표로 나타내면 다음과 같다.

10진법	0	1	2	3	4	5	6	7	8	9	10	11	12	13	14	15
16진법	0	1	2	3	4	5	6	7	8	9	A	B	C	D	E	F

10진법	16	17	18	19	20	21	22	23	24	25	26	27	28	29	30	31
16진법	10	11	12	13	14	15	16	17	18	19	1A	1B	1C	1D	1E	1F

10진법	32	33	34	35	36	37	38	39	40	41	42	43	44	45	46	47
16진법	20	21	22	23	24	25	26	27	28	29	2A	2B	2C	2D	2E	2F

따라서 10진법의 45는 16진법으로 2D로 표기된다.

17 다음 설명을 참고할 때, 대출금 지급이 조기에 만료되는 경우를 <보기>에서 모두 고른 것은?
(단, 모두 주택연금 대출자로 가정한다)

[대출금 지급의 조기 만료]

주택담보노후연금대출을 받고 본인에게 다음 각 항목의 사유 중 하나라도 발생한 경우 은행으로부터 독촉, 통지 등이 없어도 본인은 당연히 은행에 대한 당해 채무의 기한의 이익을 상실하여 곧 이를 갚아야 할 의무를 지며, 대출 기한일과 관계없이 대출금 지급이 조기에 종료됩니다.

• 본인 및 배우자가 모두 사망한 경우
• 본인이 사망한 후 배우자가 6월 이내에 담보주택의 소유권이전등기 및 채권자에 대한 보증부대출 채무의 인수를 마치지 아니한 경우
• 본인 및 배우자 담보주택에서 다른 장소로 이사한 경우
• 본인 및 배우자가 1년 이상 계속하여 담보주택에서 거주하지 아니한 경우. 다만, 입원 등 은행이 정하여 인터넷 홈페이지에 공고하는 불가피한 사유로 거주하지 아니한 경우는 제외한다.
• 본인이 담보주택의 소유권을 상실한 경우
• 주택담보노후연금대출 원리금이 근저당권의 설정 최고액을 초과할 것으로 예상되는 경우로서 채권자의 설정 최고액 변경 요구에 응하지 아니하는 경우
• 그밖에 은행의 주택금융운영위원회가 정하는 일정한 사유가 발생한 경우

〈보기〉

㉮ 7개월 전 대출 명의자인 남편이 사망하였으며, 은행에 보증부대출 채무 인수를 두 달 전 완료하여 소유권이전등기는 하지 않은 배우자 A씨
㉯ 5/1일부터 이듬해 4/30일까지의 기간 중 본인 및 배우자 모두 병원 입원 기간이 각각 1년을 초과하는 B씨 부부
㉰ 주택연금대출을 받고 3개월 후 살고 있던 집을 팔고 더 큰 집을 사서 이사한 C씨
㉱ 연금 대출금과 수시 인출금의 합이 담보주택에 대해 은행에서 행사할 수 있는 근저당권 최고금액을 초과하여 은행의 설정 최고액 변경 요구에 따라 필요한 절차를 수행하고 있는 D씨

---

① ㉮, ㉰　　　　　　　　　　② ㉯, ㉱

③ ㉮, ㉯, ㉱　　　　　　　　④ ㉮, ㉰, ㉱

 ㉮ 6개월 이내에 보증부대출 채무 인수는 마쳤으나 소유권이전등기를 하지 않았으므로 대출금 조기 만료에 해당된다. (O)
　㉯ 병원 입원 기간은 해당 사유에서 제외되므로 대출금이 조기 만료되지 않는다. (X)
　㉰ 본인이 담보주택의 소유권을 상실한 경우로 대출금 조기 만료에 해당된다. (O)
　㉱ S씨의 대출금과 근저당권 상황은 대출금 조기 만료에 해당될 수 있으나, 채권자인 은행의 설정 최고액 변경 요구에 응하고 있으므로 조기 만료에 해당되지 않는다. (X)

18 O회사에 근무하고 있는 채과장은 거래 업체를 선정하고자 한다. 업체별 현황과 평가기준이 다음과 같을 때, 선정되는 업체는?

〈업체별 현황〉

국가명	시장매력도	정보화수준	접근가능성
	시장규모(억 원)	정보화순위	수출액(백만 원)
A업체	550	106	9,103
B업체	333	62	2,459
C업체	315	91	2,597
D업체	1,706	95	2,777

〈평가기준〉

- 업체별 종합점수는 시장매력도(30점 만점), 정보화수준(30점 만점), 접근가능성(40점 만점)의 합계(100점 만점)로 구하며, 종합점수가 가장 높은 업체가 선정된다.
- 시장매력도 점수는 시장매력도가 가장 높은 업체에 30점, 가장 낮은 업체에 0점, 그 밖의 모든 업체에 15점을 부여한다. 시장규모가 클수록 시장매력도가 높다.
- 정보화수준 점수는 정보화순위가 가장 높은 업체에 30점, 가장 낮은 업체에 0점, 그 밖의 모든 업체에 15점을 부여한다.
- 접근가능성 점수는 접근가능성이 가장 높은 업체에 40점, 가장 낮은 업체에 0점, 그 밖의 모든 국가에 20점을 부여한다. 수출액이 클수록 접근가능성이 높다.

① A
② B
③ C
④ D

	시장매력도	정보화수준	접근가능성	합계
A	15	0	40	55
B	15	30	0	45
C	0	15	20	35
D	30	15	20	65

Answer → 17.① 18.④

┃19~20┃ 다음은 금융 관련 긴급상황 발생시 행동요령에 대한 내용이다. 이를 읽고 물음에 답하시오.

금융 관련 긴급상황 발생 행동요령

1. 신용카드 및 체크카드를 분실한 경우

   카드를 분실했을 경우 카드회사 고객센터에 분실신고를 하여야 한다.

   분실신고 접수일로부터 60일 전과 신고 이후에 발생한 부정 사용액에 대해서는 납부의무가 없다.

   카드에 서명을 하지 않은 경우, 비밀번호를 남에게 알려준 경우, 카드를 남에게 빌려준 경우 등 카드 주인의 특별한 잘못이 있는 경우에는 보상을 하지 않는다.

   비밀번호가 필요한 거래(현금인출, 카드론, 전자상거래)의 경우 분실신고 전 발생한 제2자의 부정 사용액에 대해서는 카드사가 책임을 지지 않는다. 그러나 저항할 수 없는 폭력이나 생명의 위협으로 비밀번호를 누설한 경우 등 카드회원의 과실이 없는 경우는 제외한다.

2. 다른 사람의 계좌에 잘못 송금한 경우

   본인의 거래은행에 잘못 송금한 사실을 먼저 알린다. 전화로 잘못 송금한 사실을 말하고 거래은행 영업점을 방문해 착오입금반환의뢰서를 작성하면 된다.

   수취인과 연락이 되지 않거나 돈을 되돌려 주길 거부하는 경우에는 부당이득반환소송 등 법적 조치를 취하면 된다.

3. 대출사기를 당한 경우

   대출사기를 당했거나 대출수수료를 요구할 땐 경찰서, 금융감독원에 전화로 신고를 하여야 한다. 아니면 금감원 홈페이지 참여마당 → 금융범죄/비리/기타신고 → 불법 사금융 개인정보 불법유통 및 불법 대출 중개수수료 피해신고 코너를 통해 신고하면 된다.

4. 신분증을 잃어버린 경우

   가까운 은행 영업점을 방문하여 개인정보 노출자 사고 예방 시스템에 등록을 한다. 신청인의 개인정보를 금융회사에 전파하여 신청인의 명의로 금융거래를 하면 금융회사가 본인확인을 거쳐 2차 피해를 예방한다.

---

19 만약 당신이 신용카드를 분실했을 경우 가장 먼저 취해야 할 행동으로 적절한 것은?

① 경찰서에 전화로 분실신고를 한다.

② 해당 카드회사에 전화로 분실신고를 한다.

③ 금융감독원에 분실신고를 한다.

④ 카드사에 전화를 걸어 카드를 해지한다.

> (Tip) 신용카드 및 체크카드를 분실한 경우 카드회사 고객센터에 분실신고를 하여야 한다.

20 매사 모든 일에 철두철미하기로 유명한 당신이 보이스피싱에 걸려 대출사기를 당했다고 느껴질 경우 당신이 취할 수 있는 가장 적절한 행동은?

① 가까운 은행을 방문하여 개인정보 노출자 사고 예방 시스템에 등록을 한다.

② 해당 거래 은행에 송금 사실을 전화로 알린다.

③ 경찰서나 금융감독원에 전화로 신고를 한다.

④ 법원에 부당이득반환소송을 청구한다.

> (Tip) 대출사기를 당했거나 대출수수료를 요구할 땐 경찰서, 금융감독원에 전화로 신고를 하여야 한다.

21 G 음료회사는 신제품 출시를 위해 시제품 3개를 만들어 전직원을 대상으로 블라인드 테스트를 진행한 후 기획팀에서 회의를 하기로 했다. 독창성, 대중성, 개인선호도 세 가지 영역에 총 15점 만점으로 진행된 테스트 결과가 다음과 같을 때, 기획팀 직원들의 발언으로 옳지 않은 것은?

	독창성	대중성	개인선호도	총점
시제품 A	5	2	3	10
시제품 B	4	4	4	12
시제품 C	2	5	5	12

① 우리 회사의 핵심가치 중 하나가 창의성 아닙니까? 저는 독창성 점수가 높은 A를 출시해야 한다고 생각합니다.

② 독창성이 높아질수록 총점이 낮아지는 것을 보지 못하십니까? 저는 그 의견에 반대합니다.

③ 무엇보다 현 시점에서 회사의 재정상황을 타계하기 위해서는 대중성을 고려하여 높은 이윤이 날 것으로 보이는 C를 출시해야 하지 않겠습니까?

④ 그럼 독창성과 대중성, 개인선호도를 모두 고려하여 B를 출시하는 것이 어떻겠습니까?

> (Tip) ② 시제품 B는 C에 비해 독창성 점수가 2점 높지만 총점은 같다. 따라서 옳지 않은 발언이다.

22 다음은 특보의 종류 및 기준에 관한 자료이다. ⊙과 ⓒ의 상황에 어울리는 특보를 올바르게 짝지은 것은?

<특보의 종류 및 기준>

종류	주의보	경보
강풍	육상에서 풍속 14m/s 이상 또는 순간풍속 20m/s 이상이 예상될 때. 다만, 산지는 풍속 17m/s 이상 또는 순간풍속 25m/s 이상이 예상될 때	육상에서 풍속 21m/s 이상 또는 순간풍속 26m/s 이상이 예상될 때. 다만, 산지는 풍속 24m/s 이상 또는 순간풍속 30m/s 이상이 예상될 때
호우	6시간 강우량이 70mm 이상 예상되거나 12시간 강우량이 110mm 이상 예상될 때	6시간 강우량이 110mm 이상 예상되거나 12시간 강우량이 180mm 이상 예상될 때
태풍	태풍으로 인하여 강풍, 풍랑, 호우 현상 등이 주의보 기준에 도달할 것으로 예상될 때	태풍으로 인하여 풍속이 17m/s 이상 또는 강우량이 100mm 이상 예상될 때. 다만, 예상되는 바람과 비의 정도에 따라 아래와 같이 세분한다. 바람(m/s) 3급 17~24 / 2급 25~32 / 1급 33이상 비(mm) 3급 100~249 / 2급 250~399 / 1급 400이상
폭염	6월~9월에 일최고기온이 33℃ 이상이고, 일최고열지수가 32℃ 이상인 상태가 2일 이상 지속될 것으로 예상될 때	6월~9월에 일최고기온이 35℃ 이상이고, 일최고열지수가 41℃ 이상인 상태가 2일 이상 지속될 것으로 예상될 때

⊙ 태풍이 남해안에 상륙하여 울산지역에 270mm의 비와 함께 풍속 26m/s의 바람이 예상된다.

ⓒ 지리산에 오후 3시에서 오후 9시 사이에 약 130mm의 강우와 함께 순간풍속 28m/s가 예상된다.

	⊙	ⓒ
①	태풍경보 1급	호우주의보
②	태풍경보 2급	호우경보+강풍주의보
③	태풍주의보	강풍주의보
④	태풍경보 2급	호우경보+강풍경보

(Tip) ⊙ : 태풍경보 표를 보면 알 수 있다. 비가 270mm이고 풍속 26m/s에 해당하는 경우는 태풍경보 2급이다.
ⓒ : 6시간 강우량이 130mm 이상 예상되므로 호우경보에 해당하며 산지의 경우 순간풍속 28m/s 이상이 예상되므로 강풍주의보에 해당한다.

23 Z회사에 근무하는 7명의 직원이 교육을 받으려고 한다. 교육실에서 직원들이 앉을 좌석의 조건이 다음과 같을 때 직원 중 빈 자리 바로 옆 자리에 배정받을 수 있는 사람은?

〈교육실 좌석〉

첫 줄	A	B	C
중간 줄	D	E	F
마지막 줄	G	H	I

〈조건〉
- 직원은 강훈, 연정, 동현, 승만, 문성, 봉선, 승일 7명이다.
- 서로 같은 줄에 있는 좌석들끼리만 바로 옆 자리일 수 있다.
- 봉선의 자리는 마지막 줄에 있다.
- 동현이의 자리는 승만이의 바로 옆 자리이며, 또한 빈 자리 바로 옆이다.
- 승만이의 자리는 강훈이의 바로 뒷 자리이다.
- 문성이와 승일이는 같은 줄의 좌석을 배정 받았다.
- 문성이나 승일이는 누구도 강훈이의 바로 옆 자리에 배정받지 않았다.

① 승만 　　　　　　　② 문성
③ 연정 　　　　　　　④ 봉선

 주어진 조건을 정리해 보면 마지막 줄에는 봉선, 문성, 승일이가 앉게 되며 중간 줄에는 동현이와 승만이가 앉게 된다. 그러나 동현이가 승만이 바로 옆 자리이며, 또한 빈자리가 바로 옆이라고 했으므로 승만이는 빈자리 옆에 앉지 못한다. 첫 줄에는 강훈이와 연정이가 앉게 되고 빈자리가 하나 있다. 따라서 연정이는 빈 자리 옆에 배정 받을 수 있다.

Answer ⟶ 22.② 23.③

24 다음은 어느 은행의 대출 상품에 관한 정보이다. 보기 중에서 이 대출상품에 적합한 사람을 모두 고른 것은? (단, 보기 중 모든 사람이 캐피탈의 보증서가 발급된다고 가정한다.)

소액대출 전용상품

- 특징 : 은행-캐피탈 간 협약상품으로 직업, 소득에 관계없이 쉽고 간편하게 최고 1,000만 원까지 이용 가능한 개인 소액대출 전용상품
- 대출대상 : 캐피탈의 보증서가 발급되는 개인
- 대출기간 : 4개월 이상 1년 이내(거치기간 없음). 다만, 원리금 상환을 위하여 자동이체일과 상환기일을 일치시키는 경우에 한하여 최장 13개월 이내에서 대출기간 지정 가능
- 대출한도 : 300만 원 이상 1,000만 원 이내
- 대출금리 : 신용등급에 따라 차등적용
- 상환방법 : 원금균등할부상환
- 중도상환 : 수수료 없음

- ㉠ 정훈 : 회사를 운영하고 있으며, 갑작스럽게 1,000만 원이 필요하여 법인 앞으로 대출을 원하고 있다.
- ㉡ 수미 : 4학년 2학기 등록금 400만 원이 필요하며, 거치기간을 거쳐 입사한 후에 대출상환을 원하고 있다.
- ㉢ 은정 : 갑작스러운 남편의 수술로 500만 원이 필요하며 5개월 후 곗돈 500만 원을 타면 대출상환을 할 수 있다.

---

① ㉠

② ㉠㉡

③ ㉢

④ ㉠㉡㉢

(Tip) ㉠ 이 대출상품은 개인을 대상으로 하기 때문에 법인은 대출을 받을 수 없다.
㉡ 대출기간은 4개월 이상 1년 이내로 거치기간이 없다.

25 다음 자료를 참고할 때 올바르지 않은 설명은 어느 것인가?

<표>

〈국가별 물 사용량 계산구조〉

(단위 : 억m³/년)

국가명	일반적 물 사용량	내부 물 사용량	외부 물 사용량	총 물 사용량
쿠웨이트	3	3	19	22
일본	544	519	942	1,461
한국	231	210	342	552
프랑스	1,165	691	411	1,102
미국	7,495	5,658	1,302	6,960
중국	8,932	8,259	574	8,834
인도	10,127	9,714	160	9,874

* 총 물 사용량＝내부 물 사용량＋외부 물 사용량

* 물 자급률＝내부 물 사용량÷총 물 사용량×100

* 물 수입률＝외부 물 사용량÷총 물 사용량×100

* 국내 자급기준 물 증가량＝총 물 사용량－일반적 물 사용량

① 물 자급률은 쿠웨이트가 일본보다 낮다.

② 인도는 물 사용량이 가장 많아 물 수입률이 가장 높다.

③ 물 자급률은 인도가 미국보다 높다.

④ 국내 자급기준 물 증가량이 마이너스인 국가는 네 개다.

 인도는 물 사용량이 가장 많으나 총 물 사용량 대비 내부 물 사용량의 비율이 매우 높아 물 수입률이 2%로 가장 낮은 국가임을 알 수 있다.
① 물 자급률은 쿠웨이트가 3÷22×100＝약 13.6%, 일본이 519÷1,461×100＝약 35.5%로 쿠웨이트가 일본보다 낮다.
③ 물 자급률은 인도가 9,714÷9,874×100＝약 98.4%, 미국이 5,658÷6,960×100＝약 81.3%로 인도가 미국보다 높다.
④ 국내 자급기준 물 증가량이 마이너스인 국가는 프랑스, 미국, 인도, 중국으로 모두 네 개다.

26 일식, 이식, 삼식, 사식, 오식 5명이 마피아 게임을 하고 있다. 마피아는 1명이며, 5명의 진술 중 한명만이 진실을 말하고 4명은 거짓말을 하고 있다. 진실을 말하는 사람은 누구인가?

> • 일식 : 이식이가 마피아다.
> • 이식 : 일식이는 거짓말을 하고 있다.
> • 삼식 : 나는 마피아가 아니다.
> • 사식 : 마피아는 일식이다.
> • 오식 : 내가 마피아다.

① 일식　　　　　　　　　　　② 이식
③ 삼식　　　　　　　　　　　④ 사식

 일식이의 말과 이식이의 말은 모순이 생긴다. 따라서 둘 중에 하나는 거짓말을 하고 있다.
　ㄱ 일식이가 참인 경우 마피아는 이식이가 되며, 두명이 참을 말하고 있으므로 조건에 부합하지 않는다.

일식	참
이식	거짓
삼식	참
사식	거짓
오식	거짓

　ㄴ 이식이가 참인 경우 마피아는 삼식이가 되며 조건에 부합한다.

일식	거짓
이식	참
삼식	거짓
사식	거짓
오식	거짓

27 용의자 A, B, C, D 4명이 있다. 이들 중 A, B, C는 조사를 받는 중이며 D는 아직 추적 중이다. 4명 중에서 한 명만이 진정한 범인이며, A, B, C의 진술 중 한명의 진술만이 참일 때 보기에서 옳은 것을 고르면?

> • A : B가 범인이다.
> • B : 내가 범인이다.
> • C : D가 범인이다.

> 〈보기〉
> ㉠ A가 범인이다.   ㉡ B가 범인이다.
> ㉢ D가 범인이다.   ㉣ B는 범인이 아니다.
> ㉤ C는 범인이 아니다.

① ㉠㉣㉤   ② ㉡㉤
③ ㉠㉤   ④ ㉢㉣㉤

(Tip) 만약 B가 범인이라면 A와 B의 진술이 참이어야 한다. 하지만 문제에서 한명의 진술만이 참이라고 했으므로 A,B는 거짓을 말하고 있고 C의 진술이 참이다. 따라서 범인은 D이다.

28 A, B, C 세 나라는 서로 수출과 수입을 하고 있으며, 모든 나라가 수입품에 대해 10%의 관세를 부과하고 있다. 만일, A국과 B국이 자유무역협정(FTA)을 맺는다면, 이 때 발생하는 변화로 적절한 것을 <보기>에서 모두 고른 것은 어느 것인가?

> 〈보기〉
> ㉠ A국과 B국간의 교역규모가 증가한다.
> ㉡ A국과 B국의 모든 생산자는 관세 철폐로 인해 혜택을 누리게 된다.
> ㉢ A국과 B국의 모든 소비자는 관세 철폐로 인해 혜택을 누리게 된다.
> ㉣ C국은 종전과 같은 수준의 관세를 유지하고 있어 수출과 수입에 변화가 없다.

① ㉠, ㉡   ② ㉠, ㉢
③ ㉡, ㉢   ④ ㉡, ㉣

(Tip) A국과 B국은 관세 철폐로 인해 수입품의 가격이 하락하게 되므로 양국 간 교역량이 증가하고 소비자들의 혜택은 증가한다. 그러나 수입품과 경쟁하던 A국과 B국의 공급자들은 가격 하락으로 인해 혜택이 감소할 수 있다. 한편 A국과 B국이 C국으로부터 수입하던 재화의 일부분은 A국과 B국간의 교역으로 대체될 수 있다.

Answer → 26.② 27.④ 28.②

29 다음으로부터 바르게 추론한 것은?

> 이번 학기에 행정학과 강의인 〈재무행정론〉, 〈인사행정론〉, 〈조직행정론〉, 〈행정통계〉
> 4과목을 A, B, C, D, E 중 4명에게 각 한 강좌씩 맡기려 한다. A~E는 다음과 같이 예
> 측했는데 한 사람만이 거짓임이 밝혀졌다.
> • A : B가 재무행정론을 담당하고 C는 강좌를 맡지 않을 것이다.
> • B : C가 인사행정론을 담당하고 D의 말은 참일 것이다.
> • C : D는 행정통계론이 아닌 다른 강좌를 담당할 것이다.
> • D : E가 행정통계론을 담당할 것이다.
> • E : B의 말은 거짓일 것이다.

① A는 재무행정론을 담당한다.

② B는 조직행정론을 담당한다.

③ C는 강좌를 맡지 않는다.

④ D는 행정통계론을 담당한다.

 A~E 중 한 사람만이 거짓인데 A와 B의 말은 모순된다. 따라서 둘 중에 한명은 거짓이다.
B의 말이 참이고, A가 거짓이라면 E의 진술도 거짓이 되므로 A의 말이 참이고 B의 말이
거짓이다. 따라서 ③이 답이 된다.

30 수혁, 준이, 영주, 민지, 해수, 나영, 영희의 시험 성적에 대한 다음의 조건으로부터 추론할 수 있는 것은?

> • 수혁이는 준이보다 높은 점수를 받았다.
> • 준이는 영주보다 높은 점수를 받았다.
> • 영주는 민지보다 높은 점수를 받았다.
> • 해수는 준이와 나영이 보다 높은 점수를 받았다.
> • 영희는 해수 보다 높은 점수를 받았다.
> • 준이는 나영이 보다 높은 점수를 받았다.

① 영주가 나영이 보다 높은 점수를 받았다.

② 영희가 1등을 하였다.

③ 나영이 꼴등을 하였다.

④ 준이는 4등 안에 들었다.

첫 번째~세 번째 조건에 의해 수혁>준이>영주>민지 임을 알 수 있다.

네 번째~여섯 번째 조건에 의해 영희>해수>준이>나영 임을 알 수 있다.

④ 준이보다 성적이 높은 사람은 수혁, 영희, 해수이므로 준이는 4등 안에 들었다고 볼 수 있다.

31 A, B, C, D, E 5명이 일렬로 앉아 있을 때 다음 조건에 따라 거짓인 것은?

> • B는 E보다 앞에 앉아 있다.
> • A는 D보다 앞에 앉아 있다.
> • B는 C보다 앞에 앉아 있다.
> • C는 E보다 앞에 앉아 있다.
> • E는 A보다 앞에 앉아 있다.

① E는 앞에서 두 번째에 앉아 있다.

② B가 맨 앞에 앉아 있다.

③ 맨 뒤에 앉은 사람은 D이다.

④ C는 D보다 앞에 앉아 있다.

 제시된 조건에 따르면 B−C−E−A−D 순으로 앉아 있다.

32 S사 직원 갑, 을, 병, 정, 무는 창립 기념식에서 단체 사진을 찍었다. 각자 입은 옷의 색깔이 다음과 같을 때, 사진 속의 직원과 직원의 옷 색깔에 대한 올바른 설명은 어느 것인가?

> • 분홍색 옷을 입은 사람은 2명이고, 나머지 3명은 초록색, 베이지 색, 흰 색 옷을 입고 있다.
> • 을은 분홍색 옷을 입지 않았다.
> • 병은 분홍색과 초록색 옷을 입지 않았다.
> • 무는 초록색과 베이지 색 옷을 입지 않았다.
> • 갑은 분홍색 옷을 입고 있으며, 무와 같은 색 옷을 입고 있지 않았다.

① 갑은 병과 같은 색 옷을 입고 있다.

② 을은 베이지 색과 흰 색 옷을 입지 않았다.

③ 병은 흰 색 옷을 입고 있다.

④ 정과 무는 분홍색 옷을 입고 있다.

 위의 설명을 정리하면 다음과 같다.

갑	을	병	정	무
분홍	분홍	분홍, 초록		초록, 베어지, 분홍

이를 통해 '갑, 정 : 분홍→무 : 흰색→병 : 베이지→을 : 초록'임을 추측할 수 있다.
따라서 보기②는 올바른 설명이 된다.

▌33~35▌ 다음의 말이 전부 참일 때, 항상 참인 것을 고르시오.

33
> • 글을 잘 쓰는 사람은 눈물이 많다.
> • 말을 잘 하는 사람은 감정이 풍부하다.
> • 눈물이 많은 사람은 감정이 풍부하다.

① 말을 잘 하는 사람은 눈물이 많다.

② 감정이 풍부하지 않은 사람은 글을 잘 쓰지 못한다.

③ 감정이 풍부한 사람은 눈물이 많다.

④ 감정이 풍부한 사람은 말을 잘한다.

 감정이 풍부하지 않음→눈물이 많지 않음→글을 잘 쓰지 못함

34

> • 국어를 좋아하는 사람은 독서를 즐긴다.
> • 수학을 좋아하지 않는 사람은 독서를 즐기지 않는다.
> • 체육을 좋아하지 않는 사람은 수학도 좋아하지 않는다.

① 독서를 즐기는 사람은 국어를 좋아한다.
② 체육을 좋아하지 않는 사람은 독서를 즐기지 않는다.
③ 수학을 좋아하는 사람은 독서를 즐긴다.
④ 수학을 좋아하지 않는 사람은 체육을 좋아하지 않는다.

 체육을 좋아하지 않음 →수학을 좋아하지 않음→독서를 즐기지 않음

35

> • 명숙이는 국어를 수학보다 잘한다.
> • 명숙이는 물리를 수학보다 못한다.
> • 명숙이는 영어를 물리보다 못한다.

① 명숙이는 4과목 중 국어를 제일 잘한다.
② 명숙이는 물리를 국어보다 잘한다.
③ 명숙이는 4과목 중 물리를 제일 못한다.
④ 명숙이는 수학을 영어보다 못한다.

 국어 > 수학 > 물리 > 영어

Answer↱ 32.② 33.② 34.② 35.①

36 A모직은 4~50대를 대상으로 하는 맞춤 수제정장을 주력 상품으로 판매하고 있다. 다음은 2~30대 청년층을 대상으로 하는 캐주얼 정장 시장에 진입을 시도해보자는 안건으로 진행된 회의 내용을 3C 분석표로 나타낸 것이다. 표를 보고 A모직에서 결정할 수 있는 사항으로 가장 옳지 않은 것은?

구분	내용
고객/시장(Customer)	• 시니어 정장 시장은 정체 및 감소되는 추세이다. • 캐주얼 정장 시장은 매년 급성장 중이다. • 청년들도 기성복이 아닌 맞춤 수제정장을 찾는 경우가 있다.
경쟁사(Competitor)	• 2~30대 캐주얼 정장 시장으로 진출할 경우 경쟁사는 외국 캐주얼 정장 기업, 캐주얼 전문 기업 등의 의류 기업 등이 포함된다. • 이미 대기업들의 캐주얼 정장시장은 브랜드 인지도, 유통, 생산 등에서 차별화된 경쟁력을 갖고 있다. • 공장 대량생산화를 통해 저렴한 가격으로 제품을 판매하고 있으며 스마트시대에 따른 디지털마케팅을 구사하고 있다.
자사(Company)	• 디지털마케팅 역량이 미흡하고, 신규 시장 진출 시 막대한 마케팅 비용이 들 것으로 예상된다. • 기존 시니어 정장에 대한 이미지를 탈피하기 위한 노력이 필요하다. • 오래도록 품질 좋은 수제 정장을 만들던 기술력을 보유하고 있다.

① 2~30대를 대상으로 맞춤 수제정장에 대한 설문조사를 진행한다.

② 경쟁사의 전략이 막강하고 자사의 자원과 역량은 부족하므로 진출하지 않는 것이 바람직하다.

③ 청년들도 맞춤 수제정장을 찾는 수가 많아지고 있으므로 소비되는 마케팅 비용보다 새로운 시장에서의 수입이 더 클 것으로 전망된다.

④ 대량생산되는 기성복과의 차별화를 부각시킬 수 있는 방안을 생각한다.

 청년들도 기성복이 아닌 맞춤 수제정장을 찾는 경우가 있다고 제시되어 있으나 그 수요가 얼마나 될지 정확하게 알 수 없으며 디지털마케팅에 대한 역량이 부족하여 막대한 마케팅 비용이 들 것으로 예상된다고 제시되어있으므로 A모직에서 결정할 수 있는 사항으로 가장 옳지 않은 것은 ③이다.

37 (가)~(다)에서 설명하고 있는 창의적 사고 개발 방법의 유형을 순서대로 알맞게 짝지은 것은?

> (가) "신차 출시"라는 주제에 대해서 "홍보를 통해 판매량을 늘린다.", "회사 내 직원들의 반응을 살핀다.", "경쟁사의 자동차와 비교한다." 등의 자유로운 아이디어를 창출할 수 있도록 유도한다.
>
> (나) "신차 출시"라는 같은 주제에 대해서 판매방법, 판매대상 등의 힌트를 통해 사고 방향을 미리 정해서 발상을 하는 방법이다. 이때 판매방법이라는 힌트에 대해서는 "신규 해외 수출 지역을 물색한다."라는 아이디어를 떠 올릴 수 있도록 유도한다.
>
> (다) "신차 출시"라는 같은 주제에 대해서 생각해 보면 신차는 회사에서 새롭게 생산해 낸 제품을 의미한다. 따라서 새롭게 생산해 낸 제품이 무엇인지에 대한 힌트를 먼저 찾고, 만약 지난달에 히트를 친 비누라는 신상품이 있었다고 한다면, "지난달 신상품인 비누의 판매 전략을 토대로 신차의 판매 전략을 어떻게 수립할 수 있을까" 하는 아이디어를 도출할 수 있다.

	(가)	(나)	(다)
①	강제 연상법	비교 발상법	자유 연상법
②	자유 연상법	강제 연상법	비교 발상법
③	비교 발상법	강제 연상법	자유 연상법
④	자유 연상법	비교 발상법	강제 연상법

 창의적 사고를 개발하기 위한 세 가지 방법은 다음과 같은 것들이 있다.

ⓖ 자유 연상법 : 어떤 생각에서 다른 생각을 계속해서 떠올리는 작용을 통해 어떤 주제에서 생각나는 것을 계속해서 열거해 나가는 발산적 사고 방법이다.

ⓛ 강제 연상법 : 각종 힌트에서 강제적으로 연결 지어서 발상하는 방법이다.

ⓔ 비교 발상법 : 주제와 본질적으로 닮은 것을 힌트로 하여 새로운 아이디어를 얻는 방법이다. 이때 본질적으로 닮은 것은 단순히 겉만 닮은 것이 아니고 힌트와 주제가 본질적으로 닮았다는 의미이다.

Answer ↪ 36.③ 37.②

38 다음은 공공기관을 구분하는 기준이다. 다음 규정에 따라 각 기관을 구분한 결과가 옳지 않은 것은?

〈공공기관의 구분〉

제00조 제1항

 공공기관을 공기업·준정부기관과 기타공공기관으로 구분하여 지정한다. 직원 정원이 50인 이상인 공공기관은 공기업 또는 준정부기관으로, 그 외에는 기타공공기관으로 지정한다.

제00조 제2항

 제1항의 규정에 따라 공기업과 준정부기관을 지정하는 경우 자체수입액이 총수입액의 2분의 1 이상인 기관은 공기업으로, 그 외에는 준정부기관으로 지정한다.

제00조 제3항

 제1항 및 제2항의 규정에 따른 공기업을 다음의 구분에 따라 세분하여 지정한다.
• 시장형 공기업 : 자산규모가 2조 원 이상이고, 총 수입액 중 자체수입액이 100분의 85 이상인 공기업
• 준시장형 공기업 : 시장형 공기업이 아닌 공기업

〈공공기관의 현황〉

공공기관	직원 정원	자산규모	자체수입비율
A	70명	4조 원	90%
B	45명	2조 원	50%
C	65명	1조 원	55%
D	60명	1.5조 원	45%

※ 자체수입비율 : 총 수입액 대비 자체수입액 비율

---

① A – 시장형 공기업   ② B – 기타공공기관
③ C – 준정부기관   ④ D – 준정부기관

 ③ C는 정원이 50명이 넘으므로 기타공공기관이 아니며, 자체수입비율이 55%이므로 자체수입액이 총수입액의 2분의 1 이상이기 때문에 공기업이다. 시장형 공기업 조건에 해당하지 않으므로 C는 준시장형 공기업이다.

39 다음은 주식회사 서원각의 팀별 성과급 지급 기준이다. Y팀의 성과평가결과가 다음과 같다면 지급되는 성과급의 1년 총액은?

〈성과급 지급 방법〉

(개) 성과급 지급은 성과평가 결과와 연계함.

(내) 성과평가는 유용성, 안전성, 서비스 만족도의 총합으로 평가함. 단, 유용성, 안전성, 서비스 만족도의 가중치를 각각 0.4, 0.4, 0.2로 부여함.

(대) 성과평가 결과를 활용한 성과급 지급 기준은 다음과 같음.

성과평가 점수	성과평가 등급	분기별 성과급 지급액	비고
9.0 이상	A	100만 원	성과평가 등급이 A이면 직전분기 차감액의 50%를 가산하여 지급
8.0 이상 9.0 미만	B	90만 원 (10만 원 차감)	
7.0 이상 8.0 미만	C	80만 원 (20만 원 차감)	
7.0 미만	D	40만 원 (60만 원 차감)	

구분	1/4 분기	2/4 분기	3/4 분기	4/4 분기
유용성	8	8	10	8
안전성	8	6	8	8
서비스 만족도	6	8	10	8

① 350만 원
② 360만 원
③ 370만 원
④ 380만 원

 먼저 아래 표를 항목별로 가중치를 부여하여 계산하면,

구분	1/4 분기	2/4 분기	3/4 분기	4/4 분기
유용성	$8 \times \frac{4}{10} = 3.2$	$8 \times \frac{4}{10} = 3.2$	$10 \times \frac{4}{10} = 4.0$	$8 \times \frac{4}{10} = 3.2$
안전성	$8 \times \frac{4}{10} = 3.2$	$6 \times \frac{4}{10} = 2.4$	$8 \times \frac{4}{10} = 3.2$	$8 \times \frac{4}{10} = 3.2$
서비스 만족도	$6 \times \frac{2}{10} = 1.2$	$8 \times \frac{2}{10} = 1.6$	$10 \times \frac{2}{10} = 2.0$	$8 \times \frac{2}{10} = 1.6$
합계	7.6	7.2	9.2	8
성과평가 등급	C	C	A	B
성과급 지급액	80만 원	80만 원	110만 원	90만 원

성과평가 등급이 A이면 직전분기 차감액의 50%를 가산하여 지급한다고 하였으므로, 3/4분기의 성과급은 직전분기 차감액 20만 원의 50%인 10만 원을 가산하여 지급한다.

∴ $80 + 80 + 110 + 90 = 360$(만 원)

40 K지점으로부터 은행, 목욕탕, 편의점, 미용실, 교회 건물이 각각 다음과 같은 조건에 맞게 위치해 있다. 모두 K지점으로부터 일직선상에 위치해 있다고 할 때, 다음 설명 중 올바른 것은 어느 것 인가? (언급되지 않은 다른 건물은 없다고 가정한다)

> • K지점으로부터 50m 이상 떨어져 있는 건물은 목욕탕, 미용실, 은행이다.
> • 목욕탕과 교회 건물 사이에는 편의점을 포함한 2개의 건물이 있다.
> • 5개의 건물은 각각 K지점에서 15m, 40m, 60m, 70m, 100m 떨어진 거리에 있다.

① 목욕탕과 편의점과의 거리는 40m이다.
② 연이은 두 건물 간의 거리가 가장 먼 것은 은행과 편의점이다.
③ 미용실과 편의점의 사이에는 1개의 건물이 있다.
④ K지점에서 미용실이 가장 멀리 있다면 은행과 교회는 45m 거리에 있다.

 5개의 건물이 위치한 곳을 그림과 기호로 표시하면 다음과 같다.

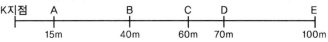

첫 번째 조건을 통해 목욕탕, 미용실, 은행은 C, D, E 중 한 곳, 교회와 편의점은 A, B 중 한 곳임을 알 수 있다.

두 번째 조건에 의하면 목욕탕과 교회 사이에 편의점과 또 하나의 건물이 있어야 한다. 이 조건을 충족하려면 A가 교회, B가 편의점이어야 하며 또한 D가 목욕탕이어야 한다. C와 E 는 어느 곳이 미용실과 은행의 위치인지 주어진 조건만으로 알 수 없다.

따라서 보기 ④에서 언급된 바와 같이 미용실이 E가 된다면 은행은 C가 되어 교회인 A와 45m 거리에 있게 된다.

Answer ➙ 40.④

CHAPTER 04 자원관리능력

1 자원과 자원관리

(1) 자원

① **자원의 종류** … 시간, 돈, 물적자원, 인적자원

② **자원의 낭비요인** … 비계획적 행동, 편리성 추구, 자원에 대한 인식 부재, 노하우 부족

(2) 자원관리 기본 과정

① 필요한 자원의 종류와 양 확인

② 이용 가능한 자원 수집하기

③ 자원 활용 계획 세우기

④ 계획대로 수행하기

예제 1

당신은 A출판사 교육훈련 담당자이다. 조직의 효율성을 높이기 위해 전사적인 시간관리에 대한 교육을 실시하기로 하였지만 바쁜 일정 상 직원들을 집합교육에 동원할 수 있는 시간은 제한적이다. 다음 중 귀하가 최우선의 교육 대상으로 삼아야 하는 것은 어느 부분인가?

구분	긴급한 일	긴급하지 않은 일
중요한 일	제1사분면	제2사분면
중요하지 않은 일	제3사분면	제4사분면

[출제의도]
주어진 일들을 중요도와 긴급도에 따른 시간관리 매트릭스에서 우선 순위를 구분할 수 있는가를 측정하는 문항이다.
[해설]
교육훈련에서 최우선 교육대상으로 삼아야 하는 것은 긴급하지 않지만 중요한 일이다. 이를 긴급하지 않다고 해서 뒤로 미루다보면 급박하게 처리해야하는 업무가 증가하여 효율적인 시간관리가 어려워진다.

① 중요하고 긴급한 일로 위기사항이나 급박한 문제, 기간이 정해진 프로젝트 등이 해당되는 제1사분면

② 긴급하지는 않지만 중요한 일로 인간관계구축이나 새로운 기회의 발굴, 중장기 계획 등이 포함되는 제2사분면

③ 긴급하지만 중요하지 않은 일로 잠깐의 급한 질문, 일부 보고서, 눈 앞의 급박한 사항이 해당되는 제3사분면

④ 중요하지 않고 긴급하지 않은 일로 하찮은 일이나 시간낭비거리, 즐거운 활동 등이 포함되는 제4사분면

구분	긴급한 일	긴급하지 않은 일
중요한 일	위기사항, 급박한 문제, 기간이 정해진 프로젝트	인간관계구축, 새로운 기회의 발굴, 중장기계획
중요하지 않은 일	잠깐의 급한 질문, 일부 보고서, 눈앞의 급박한 사항	하찮은 일, 우편물, 전화, 시간낭비거리, 즐거운 활동

답 ②

---

2 자원관리능력을 구성하는 하위능력

(1) 시간관리능력

① 시간의 특성

　㉠ 시간은 매일 주어지는 기적이다.

　㉡ 시간은 똑같은 속도로 흐른다.

　㉢ 시간의 흐름은 멈추게 할 수 없다.

　㉣ 시간은 꾸거나 저축할 수 없다.

　㉤ 시간은 사용하기에 따라 가치가 달라진다.

② 시간관리의 효과

　㉠ 생산성 향상

　㉡ 가격 인상

　㉢ 위험 감소

　㉣ 시장 점유율 증가

③ 시간계획

　　㉠ 개념 : 시간 자원을 최대한 활용하기 위하여 가장 많이 반복되는 일에 가장 많은 시간을 분배하고, 최단시간에 최선의 목표를 달성하는 것을 의미한다.

　　㉡ 60 : 40의 Rule

계획된 행동 (60%)	계획 외의 행동 (20%)	자발적 행동 (20%)
총 시간		

예제 2

유아용품 홍보팀의 사원 은이씨는 일산 킨텍스에서 열리는 유아용품박람회에 참여하고자 한다. 당일 회의 후 출발해야 하며 회의 종료 시간은 오후 3시이다.

장소	일시
일산 킨텍스 제2전시장	2016. 1. 20(금) PM 15:00~19:00 * 입장가능시간은 종료 2시간 전까지

오시는 길
지하철 : 4호선 대화역(도보 30분 거리)
버스 : 8109번, 8407번(도보 5분 거리)

• 회사에서 버스정류장 및 지하철역까지 소요시간

출발지	도착지		소요시간
회사	×× 정류장	도보	15분
		택시	5분
	지하철역	도보	30분
		택시	10분

• 일산 킨텍스 가는 길

교통편	출발지	도착지	소요시간
지하철	강남역	대화역	1시간 25분
버스	×× 정류장	일산 킨텍스 정류장	1시간 45분

위의 제시 상황을 보고 은이씨가 선택할 교통편으로 가장 적절한 것은?

① 도보 – 지하철　　　　　② 도보 – 버스
③ 택시 – 지하철　　　　　④ 택시 – 버스

[출제의도]
주어진 여러 시간정보를 수집하여 실제 업무 상황에서 시간자원을 어떻게 활용할 것인지 계획하고 할당하는 능력을 측정하는 문항이다.
[해설]
④ 택시로 버스정류장까지 이동해서 버스를 타고 가게 되면 택시(5분), 버스(1시간 45분), 도보(5분)으로 1시간 55분이 걸린다.
① 도보-지하철 : 도보(30분), 지하철(1시간 25분), 도보(30분)이므로 총 2시간 25분이 걸린다.
② 도보-버스 : 도보(15분), 버스(1시간 45분), 도보(5분)이므로 총 2시간 5분이 걸린다.
③ 택시-지하철 : 택시(10분), 지하철(1시간 25분), 도보(30분)이므로 총 2시간 5분이 걸린다.

답 ④

(2) 예산관리능력

① 예산과 예산관리
- ㉠ 예산 : 필요한 비용을 미리 헤아려 계산하는 것이나 그 비용
- ㉡ 예산관리 : 활동이나 사업에 소요되는 비용을 산정하고, 예산을 편성하는 것뿐만 아니라 예산을 통제하는 것 모두를 포함한다.

② 예산의 구성요소

비용	직접비용	재료비, 원료와 장비, 시설비, 여행(출장) 및 잡비, 인건비 등
	간접비용	보험료, 건물관리비, 광고비, 통신비, 사무비품비, 각종 공과금 등

③ 예산수립 과정 … 필요한 과업 및 활동 구명 → 우선순위 결정 → 예산 배정

예제 3

당신은 가을 체육대회에서 총무를 맡으라는 지시를 받았다. 다음과 같은 계획에 따라 예산을 진행하였으나 확보된 예산이 생각보다 적게 되어 불가피하게 비용항목을 줄여야 한다. 다음 중 귀하가 비용 항목을 없애기에 가장 적절한 것은 무엇인가?

〈○○산업공단 춘계 1차 워크숍〉

1. 해당부서 : 인사관리팀, 영업팀, 재무팀
2. 일 정 : 2016년 4월 21일~23일(2박 3일)
3. 장 소 : 강원도 속초 ○○연수원
4. 행사내용 : 바다열차탑승, 체육대회, 친교의 밤 행사, 기타

① 숙식비   ② 식비
③ 교통비   ④ 기념품비

[출제의도]
업무에 소요되는 예산 중 꼭 필요한 것과 예산을 감축해야할 때 삭제 또는 감축이 가능한 것을 구분해내는 능력을 묻는 문항이다.
[해설]
한정된 예산을 가지고 과업을 수행할 때에는 중요도를 기준으로 예산을 사용한다. 위와 같이 불가피하게 비용 항목을 줄여야 한다면 기본적인 항목인 숙박비, 식비, 교통비는 유지되어야 하기에 항목을 없애기 가장 적절한 정답은 ④번이 된다.

답 ④

(3) 물적관리능력

① 물적자원의 종류
　　㉠ 자연자원 : 자연상태 그대로의 자원 ex) 석탄, 석유 등
　　㉡ 인공자원 : 인위적으로 가공한 자원 ex) 시설, 장비 등

② 물적자원관리 … 물적자원을 효과적으로 관리할 경우 경쟁력 향상이 향상되어 과제 및 사업의 성공으로 이어지며, 관리가 부족할 경우 경제적 손실로 인해 과제 및 사업의 실패 가능성이 커진다.

③ 물적자원 활용의 방해요인
　　㉠ 보관 장소의 파악 문제
　　㉡ 훼손
　　㉢ 분실

④ 물적자원관리 과정

과정	내용
사용 물품과 보관 물품의 구분	• 반복 작업 방지 • 물품활용의 편리성
동일 및 유사 물품으로의 분류	• 동일성의 원칙 • 유사성의 원칙
물품 특성에 맞는 보관 장소 선정	• 물품의 형상 • 물품의 소재

예제 4

S호텔의 외식사업부 소속인 K씨는 예약일정 관리를 담당하고 있다. 아래의 예약일정과 정보를 보고 K씨의 판단으로 옳지 않은 것은?

〈S호텔 일식 뷔페 1월 ROOM 예약 일정〉

* 예약 : ROOM 이름(시작시간)

SUN	MON	TUE	WED	THU	FRI	SAT
					1	2
					백합(16)	장미(11) 백합(15)
3	4	5	6	7	8	9
라일락(15)		백향목(10) 백합(15)	장미(10) 백향목(17)	백합(11) 라일락(18)	백향목(15)	장미(10) 라일락(15)

ROOM 구분	수용가능인원	최소투입인력	연회장 이용시간
백합	20	3	2시간
장미	30	5	3시간
라일락	25	4	2시간
백향목	40	8	3시간

– 오후 9시에 모든 업무를 종료함
– 한 타임 끝난 후 1시간씩 세팅 및 정리
– 동 시간 대 서빙 투입인력은 총 10명을 넘을 수 없음

안녕하세요, 1월 첫째 주 또는 둘째 주에 신년회 행사를 위해 ROOM을 예약하려고 하는데요, 저희 동호회의 총 인원은 27명이고 오후 8시쯤 마무리하려고 합니다. 신정과 주말, 월요일은 피하고 싶습니다. 예약이 가능할까요?

---

① 인원을 고려했을 때 장미ROOM과 백향목ROOM이 적합하겠군.
② 만약 2명이 안 온다면 예약 가능한 ROOM이 늘어나겠구나.
③ 조건을 고려했을 때 예약 가능한 ROOM은 5일 장미ROOM뿐이겠구나.
④ 오후 5시부터 8시까지 가능한 ROOM을 찾아야해.

[출제의도]

주어진 정보와 일정표를 토대로 이용 가능한 물적자원을 확보하여 이를 정확하게 안내할 수 있는 능력을 측정하는 문항이다. 고객이 제공한 정보를 정확하게 파악하고 그 조건 안에서 가능한 자원을 제공할 수 있어야 한다.

[해설]

③ 조건을 고려했을 때 5일 장미ROOM과 7일 장미ROOM이 예약 가능하다.

① 참석 인원이 27명이므로 30명 수용 가능한 장미ROOM과 40명 수용 가능한 백향목ROOM 두 곳이 적합하다.

② 만약 2명이 안 온다면 총 참석 인원 25명이므로 라일락ROOM, 장미ROOM, 백향목ROOM이 예약 가능하다.

④ 오후 8시에 마무리하려고 계획하고 있으므로 적절하다.

답 ③

(4) 인적자원관리능력

① 인맥 … 가족, 친구, 직장동료 등 자신과 직접적인 관계에 있는 사람들인 핵심인맥과 핵심인맥들로부터 알게 된 파생인맥이 존재한다.

② 인적자원의 특성 … 능동성, 개발가능성, 전략적 자원

③ 인력배치의 원칙

    ㉠ 적재적소주의 : 팀의 효율성을 높이기 위해 팀원의 능력이나 성격 등과 가장 적합한 위치에 배치하여 팀원 개개인의 능력을 최대로 발휘해 줄 것을 기대하는 것

    ㉡ 능력주의 : 개인에게 능력을 발휘할 수 있는 기회와 장소를 부여하고 그 성과를 바르게 평가하며 평가된 능력과 실적에 대해 그에 상응하는 보상을 주는 원칙

    ㉢ 균형주의 : 모든 팀원에 대한 적재적소를 고려

④ 인력배치의 유형

    ㉠ 양적 배치 : 부문의 작업량과 조업도, 여유 또는 부족 인원을 감안하여 소요인원을 결정하여 배치하는 것

    ㉡ 질적 배치 : 적재적소의 배치

    ㉢ 적성 배치 : 팀원의 적성 및 흥미에 따라 배치하는 것

예제 5

최근 조직개편 및 연봉협상 과정에서 직원들의 불만이 높아지고 있다. 온갖 루머가 난무한 가운데 인사팀원인 당신에게 사내 게시판의 직원 불만사항에 대한 진위여부를 파악하고 대안을 세우라는 팀장의 지시를 받았다. 다음 중 당신이 조치를 취해야 하는 직원은 누구인가?

① 사원 A는 팀장으로부터 업무 성과가 탁월하다는 평가를 받았는데도 조직개편으로 인한 부서 통합으로 인해 승진을 못한 것이 불만이다.

② 사원 B는 회사가 예년에 비해 높은 영업 이익을 얻었는데도 불구하고 연봉 인상에 인색한 것이 불만이다.

③ 사원 C는 회사가 급여 정책을 변경해서 고정급 비율을 낮추고 기본급과 인센티브를 지급하는 제도로 바꾼 것이 불만이다.

④ 사원 D는 입사 동기인 동료가 자신보다 업무 실적이 좋지 않고 불성실한 근무태도를 가지고 있는데, 팀장과의 친분으로 인해 자신보다 높은 평가를 받은 것이 불만이다.

[출제의도]
주어진 직원들의 정보를 통해 시급하게 진위여부를 가리고 조치하여 인력배치를 해야 하는 사항을 확인하는 문제이다.
[해설]
사원 A, B, C는 각각 조직 정책에 대한 불만이기에 논의를 통해 조직적으로 대처하는 것이 옳지만, 사원 D는 팀장의 독단적인 전횡에 대한 불만이기 때문에 조사하여 시급히 조치할 필요가 있다. 따라서 가장 적절한 답은 ④번이 된다.

답 ④

출제예상문제

1 지은이는 유명 관광지가 몰려 있는 한 지역의 지도를 다음과 같이 간략하게 정리하였다. 관광지 간의 거리와 도로별 연비가 아래 표와 같을 때 지은이가 숙소에서 출발하여 최단 경로로 모든 관광지를 다 둘러보았다고 할 경우 지은이가 이동한 거리는 얼마인가? (단, 마지막으로 둘러본 관광지에서 숙소로 돌아올 때의 거리는 포함하지 않는다)

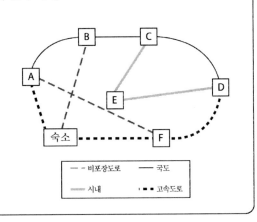

[관광지 간의 거리]

숙소 → A	60km
숙소 → B	90km
숙소 → F	60km
A → B	50km
A → F	100km
B → C	40km
C → D	50km
C → E	50km
D → E	70km
D → F	80km

① 350km

② 370km

③ 400km

④ 430km

 이미 방문한 관광지를 다시 가거나 숙소로 돌아가는 경로를 포함할 경우 최단거리가 될 수 없으므로 관광지를 한 번씩만 방문하는 경로를 찾으면 다음과 같다.

- 숙소 → A → B → C → E → D → F : $60 + 50 + 40 + 50 + 70 + 80 = 350\mathrm{km}$
- 숙소 → A → F → D → E → C → B : $60 + 100 + 80 + 70 + 50 + 40 = 400\mathrm{km}$
- 숙소 → B → A → F → D → E → C : $90 + 50 + 100 + 80 + 70 + 50 = 440\mathrm{km}$
- 숙소 → B → C → E → D → F → A : $90 + 40 + 50 + 70 + 80 + 100 = 430\mathrm{km}$
- 숙소 → F → A → B → C → E → D : $60 + 100 + 50 + 40 + 50 + 70 = 370\mathrm{km}$
- 숙소 → F → D → E → C → B → A : $60 + 80 + 70 + 50 + 40 + 50 = 350\mathrm{km}$

2 A사는 다음과 같이 직원들의 부서 이동을 단행하였다. 다음 부서 이동 현황에 대한 올바른 설명은?

이동 전 \ 이동 후	영업팀	생산팀	관리팀
영업팀	25	7	11
생산팀	9	16	5
관리팀	10	12	15

① 이동 전과 후의 인원수의 변화가 가장 큰 부서는 생산팀이다.

② 이동 전과 후의 부서별 인원수가 많은 순위는 동일하다.

③ 이동 후에 인원수가 감소한 부서는 1개 팀이다.

④ 잔류 인원보다 이동해 온 인원이 더 많은 부서는 1개 팀이다.

③ 이동 후 인원수가 감소한 부서는 37명 → 31명으로 바뀐 관리팀뿐이다.

① 영업팀은 1명 증가, 생산팀은 5명 증가, 관리팀은 6명 감소로 관리팀의 인원수 변화가 가장 크다.

② 이동 전에는 영업팀 > 관리팀 > 생산팀 순으로 인원수가 많았으나, 이동 후에는 영업팀 > 생산팀 > 관리팀 순으로 바뀌었다.

④ 잔류 인원보다 이동해 온 인원이 더 많은 부서는 영업팀 25 > 19, 생산팀 16 < 19, 관리팀 15 < 16으로 생산팀과 관리팀 2개 부서이다.

Answer ↱ 1.① 2.③

3 다음 글을 근거로 판단할 때 A팀이 최종적으로 선택하게 될 이동수단의 종류와 그 비용을 바르게 연결한 것은?

> 총 4명으로 구성된 A팀은 해외출장을 계획하고 있다. A팀은 출장지에서의 이동수단 한 가지를 결정하려고 한다. 이 때 A팀은 경제성, 용이성, 안전성의 총 3가지 요소를 고려하여 최종점수가 가장 높은 이동수단을 선택한다.
>
> - 각 고려요소의 평가결과 '상' 등급을 받으면 3점을, '중' 등급을 받으면 2점을, '하' 등급을 받으면 1점을 부여한다. 단, 안전성을 중시하여 안전성 점수를 2배로 계산한다. (예를 들어, 안전성 '하' 등급은 2점)
> - 경제성은 각 이동수단별 최소비용이 적은 것부터 상, 중, 하로 계산한다.
> - 각 고려요소의 평가점수를 합하여 최종점수를 구한다.
>
> 〈평가표〉
>
> | 이동수단 | 경제성 | 용이성 | 안전성 |
> |---|---|---|---|
> | 헨터카 | ? | 상 | 하 |
> | 택시 | ? | 중 | 중 |
> | 대중교통 | ? | 하 | 중 |
>
> 〈이동수단별 비용계산식〉
>
> | 이동수단 | 비용계산식 |
> |---|---|
> | 렌터카 | (렌트비＋유류비)×이용 일수
-렌트비＝$50/1일(4인승 차량)
-유류비＝$10/1일(4인승 차량) |
> | 택시 | 거리당 가격($1/1마일)×이동거리(마일)－최대 4명가지 탑승가능 |
> | 대중교통 | 대중교통패스 3일권($40/1인)×인원 수 |
>
> 〈해외출장 일정〉
>
> | 출장일정 | 이동거리(마일) |
> |---|---|
> | 10월 1일 | 100 |
> | 10월 2일 | 50 |
> | 10월 3일 | 50 |

① 렌터카 － $180
② 택시 － $200
③ 택시 － $400
④ 대중교통 － $160

경제성을 먼저 계산해 보면
• 렌터카 $= (50 + 10) \times 3 = \$180$
• 택시 $= 1 \times (100 + 50 + 50) = \$200$
• 대중교통 $= 40 \times 4 = \$160$
위 결과를 평가표에 반영하면

이동수단	경제성	용이성	안전성	합계
렌터카	중 → 2	상 → 3	하 → 2	7
택시	하 → 1	중 → 2	중 → 4	7
대중교통	상 → 3	하 → 1	중 → 4	8

대중교통으로 비용은 $160이다.

Answer ↪ 3.④

┃4~5┃ D회사에서는 1년에 1명을 선발하여 해외연수를 보내주는 제도가 있다. 김부장, 최과장, 오과장, 홍대리 4명이 지원한 가운데 〈선발 기준〉과 〈지원자 현황〉은 다음과 같다. 다음을 보고 물음에 답하시오.

〈선발 기준〉

구분	점수	비고
외국어 성적	50점	
근무 경력	20점	15년 이상이 만점 대비 100%, 10년 이상 15년 미만이 70%, 10년 미만이 50%이다. 단, 근무경력이 최소 5년 이상인 자만 선발 자격이 있다.
근무 성적	10점	
포상	20점	3회 이상이 만점 대비 100%, 1~2회가 50%, 0회가 0%이다.
계	100점	

〈지원자 현황〉

구분	김부장	최과장	오과장	홍대리
근무경력	30년	20년	10년	3년
포상	2회	4회	0회	5회

※ 외국어 성적은 김부장과 최과장이 만점 대비 50%이고, 오과장이 80%, 홍대리가 100%이다.
※ 근무 성적은 최과장이 만점이고, 김부장, 오과장, 홍대리는 만점 대비 90%이다.

4 위의 선발기준과 지원자 현황에 따를 때 가장 높은 점수를 받은 사람이 선발된다면 선발되는 사람은?

① 김부장　　　　　　　　　② 최과장
③ 오과장　　　　　　　　　④ 홍대리

	김부장	최과장	오과장	홍대리
외국어 성적	25점	25점	40점	근무경력이 5년 미만이므로 선발 자격이 없다.
근무 경력	20점	20점	14점	
근무 성적	9점	10점	9점	
포상	10점	20점	0점	
계	64점	75점	63점	

5 회사 규정의 변경으로 인해 선발기준이 다음과 같이 변경되었다면, 새로운 선발기준 하에서 선발되는 사람은? (단, 가장 높은 점수를 받은 사람이 선발된다)

구분	점수	비고
외국어 성적	40점	
근무 경력	40점	30년 이상이 만점 대비 100%, 20년 이상 30년 미만이 70%, 20년 미만이 50%이다. 단, 근무경력이 최소 5년 이상인 자만 선발 자격이 있다.
근무 성적	10점	
포상	10점	3회 이상이 만점 대비 100%, 1~2회가 50%, 0회가 0%이다.
계	100점	

① 김부장
② 최과장
③ 오과장
④ 홍대리

	김부장	최과장	오과장	홍대리
외국어 성적	20점	20점	32점	
근무 경력	40점	28점	20점	근무경력이 5년 미만이므로 선발 자격이 없다.
근무 성적	9점	10점	9점	
포상	5점	10점	0점	
계	74점	68점	61점	

Answer → 4.② 5.①

6 다음은 통신사별 시행하는 데이터 요금제 방식이다. 다음과 같은 방식으로 영희가 한 달에 약 5.6G의 데이터를 사용한다면 어느 통신사를 사용하는 것이 가장 유리한지 고르시오.

(단위: 원)

요금제		A사	B사	C사	D사	E사
2G 까지	기본요금	3,000	27,00	3,500	3,200	2,850
2G 이후	100M단위요금	7.4	10	7	6.8	8.2

① A사   ② B사

③ C사   ④ D사

$1G = 1000M \rightarrow 5.6G = 5600M$

A사 : $3,000 + 7.4 \times (5,600 - 2,000)/100 = 3,266.4$

B사 : $2,700 + 10 \times (5,600 - 2,000)/100 = 3,060$

C사 : $3,500 + 7 \times (5,600 - 2,000)/100 = 3,752$

D사 : $3,200 + 6.8 \times (5,600 - 2,000)/100 = 3444.8$

E사 : $2,850 + 8.2 \times (5,600 - 2,000)/100 = 3,145.2$

따라서 B사를 사용하는 것이 가장 좋다

7 200만 원을 가진 甲은 다음 A, B프로젝트 중 B프로젝트에 투자하기로 결정하였다. 甲의 선택이 합리적이기 위한 B프로젝트 연간 예상 수익률의 최저 수준으로 가장 적절한 것은? (단, 각 프로젝트의 기간은 1년으로 가정한다.)

> • A프로젝트는 200만 원의 투자 자금이 소요되고, 연 9.0%의 수익률이 예상된다.
> • B프로젝트는 400만 원의 투자 자금이 소요되고, 부족한 돈은 연 5.0%의 금리로 대출받을 수 있다.

① 8.1%   ② 7.1%

③ 6.1%   ④ 5.1%

 • A프로젝트 : 200만원 투자, 수익률 9%로 1년 후 18만 원의 수익이 발생한다.
• B프로젝트 : 400만원 투자 (그 중 200만 원은 연리 5%로 대출받음. 따라서 10만 원의 비용이 발생한다.)
따라서 B프로젝트를 선택하려면, 적어도 28만 원보다 많은 수익이 발생하여야 한다. 400만원 중 수익이 28만 원보다 많으려면, 수익률이 적어도 7%보다 높아야 하며 따라서 7.1%가 연간 예상 수익률의 최저 수준이 됨을 알 수 있다.

8 G회사에서 근무하는 S씨는 직원들의 출장비를 관리하고 있다. 이 회사의 규정이 다음과 같을 때 S씨가 甲 부장에게 지급해야 하는 총일비와 총 숙박비는 각각 얼마인가? (국가 간 이동은 모두 항공편으로 한다고 가정한다)

여행일수의 계산

여행일수는 여행에 실제로 소요되는 일수에 의한다. 국외여행의 경우에는 국내 출발일은 목적지를, 국내 도착일은 출발지를 여행하는 것으로 본다.

여비의 구분계산

• 여비 각 항목은 구분하여 계산한다.
• 같은 날에 여비액을 달리하여야 할 경우에는 많은 액을 기준으로 지급한다.

일비 · 숙박비의 지급

• 국외여행자의 경우는 〈국외여비정액표〉에 따라 지급한다.
• 일비는 여행일수에 따라 지급한다.
• 숙박비는 숙박하는 밤의 수에 따라 지급한다. 다만 항공편 이동 중에는 따로 숙박비를 지급하지 아니한다.

〈국외여비정액표〉

(단위 : 달러)

구분	여행국가	일비	숙박비
부장	A국	80	233
	B국	70	164

〈甲의 여행일정〉

1일째	(06:00) 출국
2일째	(07:00) A국 도착
	(18:00) 만찬
3일째	(09:00) 회의
	(15:00) A국 출국
	(17:00) B국 도착
4일째	(09:00) 회의
	(18:00) 만찬
5일째	(22:00) B국 출국
6일째	(20:00) 귀국

	총일비(달러)	총숙박비(달러)
①	450	561
②	450	610
③	460	610
④	460	561

 ㉠ 1일째와 2일째는 일비가 각각 80달러이고, 3일째는 여비액이 다를 경우 많은 액을 기준으로 삼는다 했으므로 80달러, 4~6일째는 각각 70달러이다. 따라서 총일비는 450달러이다.

㉡ 1일째에서 2일째로 넘어가는 밤에는 항공편에서 숙박했고, 2일째에서 3일째 넘어가는 밤에는 숙박비가 233달러이다. 3일째에서 4일째로 넘어가는 밤과 4일째에서 5일째로 넘어가는 밤에는 각각 숙박비가 164달러이다. 5일째에서 6일째로 넘어가는 밤에는 항공편에서 숙박했다. 따라서 총숙박비는 561달러이다.

Answer⤵ 8.①

| 9~10 | 사무용 비품 재고 현황을 파악하기 위해서 다음과 같이 표로 나타내었다. 다음 물음에 답하시오.

〈사무용 비품 재고 현황〉

품목	수량	단위당 가격
믹스커피	1BOX(100개입)	15,000
과자	2BOX(20개입)	1,800
서류봉투	78장	700
가위	3개	3,000
물티슈	1개	2,500
휴지	2롤	18,000
나무젓가락	15묶음	2,000
종이컵	3묶음	1,200
형광펜	23자루	500
테이프	5개	2,500
볼펜	12자루	1,600
수정액	5개	5,000

9 다음 중 가장 먼저 구매해야 할 비품은 무엇인가?

① 수정액
② 물티슈
③ 종이컵
④ 믹스커피

 물티슈의 재고는 1개로 가장 적게 남아있다.

10 다음 비품 예산이 3만 원 남았다고 할 때, 예산 안에 살 수 없는 것은 무엇인가?

① 믹스커피 1BOX+수정액 2개
② 형광펜 30자루+서류봉투 10장
③ 나무젓가락 10묶음+볼펜 8자루
④ 휴지 1롤+물티슈 3개

 ③ $(2,000 \times 10) + (1,600 \times 8)$
$= 20,000 + 12,800$
$= 32,800$

▌11~12 ▌ 다음은 서원물류담당자 J씨가 회사와 인접한 파주, 인천, 철원, 구리 4개 지점 중 최적의 물류거점을 세우려고 한다. 지점 간 거리와 물동량을 보고 물음에 답하시오.

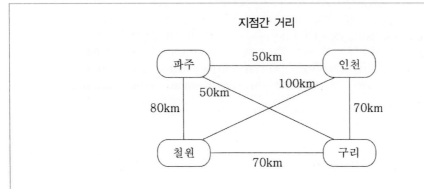

지점간 거리

지점의 물동량

지점	물동량
파주	500
인천	800
철원	400
구리	300

11 지점간 거리를 고려한 최적의 물류거점은 어디가 되는가?

① 파주   ② 인천

③ 철원   ④ 구리

(Tip) 파주 : $50+50+80=180$
인천 : $50+100+70=220$
철원 : $80+70+100=250$
구리 : $70+70+50=190$

Answer ↪ 9.②   10.③   11.①

12 지점간 거리와 물동량을 모두 고려한 최적의 물류거점은 어디가 되는가?

① 파주　　　　　　　　　　② 인천

③ 철원　　　　　　　　　　④ 구리

 파주 : $(50 \times 800) + (50 \times 300) + (80 \times 400) = 40,000 + 15,000 + 32,000 = 87,000$

인천 : $(50 \times 500) + (100 \times 400) + (70 \times 300) = 25,000 + 40,000 + 21,000 = 86,000$

철원 : $(80 \times 500) + (100 \times 800) + (70 \times 300) = 40,000 + 80,000 + 21,000 = 141,000$

구리 : $(50 \times 500) + (70 \times 800) + (70 \times 400) = 25,000 + 56,000 + 28,000 = 109,000$

▌13~14▐ 다음은 W기업의 신입사원 채용 공고이다. 매뉴얼을 보고 물음에 답하시오.

신입사원 채용 공고

• 부서별 인원 TO

기획팀	HR팀	재무팀	총무팀	해외사업팀	영업팀
0	1	2	2	3	1

• 공통 요건
1. 지원자의 지원부서 외 타부서에서의 채용 불가
2. 학점 3.8 이상 / TOEIC 890 이상 우대
3. 4년제 수도권 대학 졸업 우대

• 부서별 요건
1. 해외사업팀 – 3개 국어 가능자
2. 영업팀 – 운전가능자

---

13 다음 신입사원 채용 매뉴얼로 보아 입사가능성이 가장 높은 사람은?

	이름	지원부서	학점	TOEIC	외국어 회화	운전면허
①	정재형	기획팀	4.3	910	프랑스어	무
②	이적	영업팀	3.9	830	영어, 이탈리아어	무
③	김동률	해외사업팀	4.1	900	독일어	유
④	유희열	총무팀	4.0	890	일본어, 중국어	무

① 정재형은 모든 조건에 만족하나 기획팀은 인원 TO가 없으므로 합격이 어렵다.
② 이적은 영업팀을 지원했으나 운전면허가 없으므로 합격이 어렵다.
③ 김동률은 해외사업팀을 지원했으나 2개 국어만 가능하므로 합격이 어렵다.

14 다음 보기의 내용 중 적절하지 않은 것을 고르면?

① W기업은 올해 총 9명의 신입사원을 채용할 계획이다.
② TOEIC 890 이하인 지원자는 입사가 불가하다.
③ 가장 TO가 많은 부서는 해외사업팀이다.
④ 공통요건에 해당하더라도 지원부서의 요건에 맞지 아니하면 합격이 불가하다.

학점 3.8 이상 / TOEIC 890 이상, 4년제 수도권 대학 졸업은 우대사항이지 필수사항이 아니다.

15 호열이는 크리스마스를 맞아 그동안 카드 사용 실적에 따라 적립해 온 마일리지를 이용해 국내 여행(편도)을 가려고 한다. 길동이의 카드 사용 실적과 마일리지 관련 내역이 다음과 같을 때의 상황에 대한 올바른 설명은?

〈카드 적립 혜택〉

- 연간 결제금액이 300만 원 이하 : 10,000원당 30마일리지
- 연간 결제금액이 600만 원 이하 : 10,000원당 40마일리지
- 연간 결제금액이 800만 원 이하 : 10,000원당 50마일리지
- 연간 결제금액이 1,000만 원 이하 : 10,000원당 70마일리지

※ 마일리지 사용 시점으로부터 3년 전까지의 카드 실적을 기준으로 함.

〈길동이의 카드 사용 내역〉

- 재작년 결제 금액 : 월 평균 45만 원
- 작년 결제 금액 : 월 평균 65만 원

〈마일리지 이용 가능 구간〉

목적지	일반석	프레스티지석	일등석
울산	70,000	90,000	95,000
광주	80,000	100,000	120,000
부산	85,000	110,000	125,000
제주	90,000	115,000	130,000

---

① 올해 카드 결제 금액이 월 평균 80만 원이라면, 일등석을 이용하여 제주로 갈 수 있다.

② 올해 카드 결제 금액이 월 평균 60만 원이라면, 일등석을 이용하여 광주로 갈 수 없다.

③ 올해 카드 결제 금액이 월 평균 70만 원이라면 프레스티지석을 이용하여 제주로 갈 수 없다.

④ 올해 카드 결제 금액이 월 평균 30만 원이라면, 프레스티지석을 이용하여 울산으로 갈 수 있다.

재작년과 작년에 적립된 마일리지를 구하면 다음과 같다.

재작년 : 45 × 12＝540, 540 × 40＝21,600

작년 : 65 × 12＝780, 780 × 50＝39,000

총 60,600마일리지

② 올해 카드 결제 금액이 월 평균 60만 원이라면, 60×12＝720, 720×50＝36,000이 되어 총 96,600마일리지가 되므로 광주 일등석을 이용할 수 없다. (O)

① 80×12＝960, 960×70＝67,200마일리지이므로, 총 127,800마일리지로 제주 일등석을 이용할 수 없다. (X)

③ 70×12＝840, 840×70＝58,800마일리지이므로, 총 119,400마일리지로 제주 프레스티지석 이용이 가능하다. (X)

④ 30×12＝360, 360×40＝14,400마일리지이므로 총 75,000마일리지로 울산 프레스티지석을 이용할 수 없다. (X)

Answer 15.②

16 다음은 A은행이 출시한 적금 상품에 대한 내용이다. 다음 설명으로 바르지 않은 것은?

1. 상품 특징
   - 영업점 창구에서 가입 시보다 높은 금리(+0.4%p)가 제공되는 비대면 채널 전용상품
2. 거래 조건

구분	내용			
자격	개인(1인 1계좌)			
금액	• 초입금 5만 원 이상, 매회 1만 원 이상(계좌별) • 매월 2천만 원 이내(1인당) • 총 불입액 2억 원 이내(1인당)에서 자유적립(단, 계약기간 3/4경과 후 월 적립 가능 금액은 이전 월 평균 적립금액의 1/2이내)			
기간	1년 이상 3년 이내 월 단위			
적용금리	**가입 기간**	1년 이상	2년	3년
	기본금리(연%)	2.18	2.29	2.41
우대금리	• 가입일 해당월로부터 만기일 전월말까지 카드 이용실적이 100만 원 이상인 경우 : 0.2%p • 예금가입고객이 타인에게 이 상품을 추천하여 타인이 해당 상품에 가입한 경우 : 추천 및 피추천계좌 각 0.1%p(최대 0.3%)			
예금자 보호	이 예금은 예금자보호법에 따라 예금보험공사가 보호하되, 보호한도는 본 은행에 있는 귀하의 모든 예금보호대상 금융상품의 원금과 소정의 이자를 합하여 1인당 최고 5천만 원이며, 5천만 원을 초과하는 나머지 금액은 보호하지 않습니다.			

① 가입기간이 길수록 우대금리가 적용되는 상품이다.

② 상품의 특징을 활용하여 적용받을 수 있는 가장 높은 금리는 연리 2.71%이다.

③ 1년 계약을 한 가입자가 9개월이 지난 후 불입 총액이 90만 원이었다면, 10개월째부터는 월 5만 원이 적입 한도금액이다.

④ 유사 시, 가입 상품의 불입한 금액 일부를 잃을 수 있다.

금리를 높일 수 있는 방법은 가입기간을 길게 하고 해당 우대금리를 모두 적용받는 것이다. 따라서 3년 기간으로 계약하여 2.41%와 두 가지 우대금리 조건을 모두 충족할 경우 각각 0.2%p와 0.3%p(3명의 추천까지 적용되는 것으로 이해할 수 있다.)를 합한 0.5%p가 적용되어 총 2.91%의 연리가 적용된다.

① 가입기간별 우대금리가 다르게 책정되어있다.

③ 9개월은 계약기간의 3/4에 해당하는 기간이며 월 평균 적립금액이 10만 원이므로 이후부터는 1/2인 5만 원의 월 적립금액이 허용된다.

④ 예금자보호법에 따라 원금과 이자가 5천만 원이 넘을 경우, 유사 시 일부 금액을 받지 못할 수도 있다.

17 다음 글과 〈조건〉을 근거로 판단할 때, 중국으로 출장 가는 사람으로 짝지어진 것은?

C회사에서는 업무상 외국 출장이 잦은 편이다. 인사부 A씨는 매달 출장 갈 직원들을 정하는 업무를 맡고 있다. 이번 달에는 총 4국가로 출장을 가야 하며 인원은 다음과 같다.

미국	영국	중국	일본
1명	4명	3명	4명

출장을 갈 직원은 이과장, 김과장, 신과장, 류과장, 임과장, 장과장, 최과장이 있으며, 개인별 출장 가능한 국가는 다음과 같다.

국가＼직원	이과장	김과장	신과장	류과장	임과장	장과장	최과장
미국	○	×	○	×	×	×	×
영국	○	×	○	○	○	×	×
중국	×	○	○	○	○	×	○
일본	×	×	○	×	○	○	○

※ ○ : 출장 가능, × : 출장 불가능
※ 어떤 출장도 일정이 겹치진 않는다.

〈조건〉
• 한 사람이 두 국가까지만 출장 갈 수 있다.
• 모든 사람은 한 국가 이상 출장을 가야 한다.

① 김과장, 최과장, 류과장
② 김과장, 신과장, 류과장
③ 신과장, 류과장, 임과장
④ 김과장, 임과장, 최과장

 모든 사람이 한 국가 이상 출장을 가야 한다고 했으므로 김과장은 꼭 중국을 가야 하며, 장과장은 꼭 일본을 가야 한다. 또한 영국으로 4명이 출장을 가야 되고, 출장 가능 직원도 4명이므로 이과장, 신과장, 류과장, 임과장이 영국을 가야 한다. 4국가 출장에 필요한 직원은 12명인데 김과장과 장과장이 1국가 밖에 못가므로 나머지 5명이 2국가를 출장간다는 것에 주의한다.

	출장가는 직원
미국(1명)	이과장
영국(4명)	류과장, 이과장, 신과장, 임과장
중국(3명)	김과장, 최과장, 류과장
일본(4명)	장과장, 최과장, 신과장, 임과장

18 이 대리는 계약 체결을 위해 부산에 2시까지 도착해서 미팅을 하러 간다. 집에서 기차역까지 30분, 고속버스터미널까지 15분이 걸린다. 교통비와 스케줄이 다음과 같을 때, 이 대리의 선택은 무엇인가? (단, 비용이 저렴한 것을 우선순위로 둔다.)

방법	출발 시간	환승 시간	이동 시간	미팅 장소까지 걷는 시간	비용(원)
㉠기차	8 : 25	(없음)	5시간		10만
㉡고속버스－버스	7 : 20	10분	6시간		7만 2천
㉢기차－버스	7 : 25	20분	5시간 30분	10분	10만 2천
㉣고속버스	8 : 05	(없음)	5시간 25분		7만

① ㉠   ② ㉡

③ ㉢   ④ ㉣

 기차까지 30분, 고속버스터미널까지 15분
㉠ 8:25＋30분＋5시간＋10분＝14:05
㉡ 7:20＋15분＋10분＋6시간＋10분＝13:55
㉢ 7:25＋30분＋20분＋5시간 30분＋10분＝13:55
㉣ 8:05＋15분＋5시간 25분＋10분＝13:55
따라서 오후 2시(14:00) 전까지 도착할 수 있는 선택지는 ㉡,㉢,㉣ 3가지이며 이 중 비용이 가장 적게 들어가는 선택지는 ㉣이다.

19 J회사 관리부에서 근무하는 L씨는 소모품 구매를 담당하고 있다. 2016년 5월 중에 다음 조건 하에서 A4용지와 토너를 살 때, 총 비용이 가장 적게 드는 경우는? (단, 2016년 5월 1일에는 A4용지와 토너는 남아 있다고 가정하며, 다 썼다는 말이 없으면 그 소모품들은 남아있다고 가정한다)

> - A4용지 100장 한 묶음의 정가는 1만 원, 토너는 2만 원이다. (A4용지는 100장 단위로 구매함)
> - J회사와 거래하는 ◇◇오피스는 매달 15일에 전 품목 20% 할인 행사를 한다.
> - ◇◇오피스에서는 5월 5일에 A사 카드를 사용하면 정가의 10%를 할인해 준다.
> - 총 비용이란 소모품 구매가격과 체감비용(소모품을 다 써서 느끼는 불편)을 합한 것이다.
> - 체감비용은 A4용지와 토너 모두 하루에 500원이다.
> - 체감비용을 계산할 때, 소모품을 다 쓴 당일은 포함하고 구매한 날은 포함하지 않는다.
> - 소모품을 다 쓴 당일에 구매하면 체감비용은 없으며, 소모품이 남은 상태에서 새 제품을 구입할 때도 체감비용은 없다.

① 3일에 A4용지만 다 써서, 5일에 A사 카드로 A4용지와 토너를 살 경우

② 13일에 토너만 다 써서 당일 토너를 사고, 15일에 A4용지를 살 경우

③ 10일에 A4용지와 토너를 다 써서 15일에 A4용지와 토너를 같이 살 경우

④ 3일에 A4용지만 다 써서 당일 A4용지를 사고, 13일에 토너를 다 써서 15일에 토너만 살 경우

 ① 1,000원(체감비용)+27,000원=28,000원
② 20,000원(토너)+8,000원(A4용지)=28,000원
③ 5,000원(체감비용)+24,000원=29,000원
④ 10,000원(A4용지)+1,000원(체감비용)+16,000원(토너)=27,000원

20 연초에 동일한 투자비용이 소요되는 투자계획 A와 B가 있다. A는 금년 말에 10억 원, 내년 말에 20억 원의 수익을 내고, B는 내년 말에만 31억 원의 수익을 낸다. 수익성 측면에서 A와 B를 동일하게 만드는 이자율 수준은 얼마인가?

① 5%

② 10%

③ 15%

④ 20%

 투자계획 A와 B의 차이는 금년 말에는 A만 10억 원의 수익을 내고, 내년 말에는 B가 A보다 11억 원의 수익을 더 낸다는 점이다. 두 투자 계획의 수익성 측면에서 차이가 없으려면 금년 말의 10억 원과 내년 말의 11억 원이 동일한 가치를 가져야 하므로 이자율은 10%이어야 한다.

21~22 S사 홍보팀에서는 사내 행사를 위해 다음과 같이 3개 공급업체로부터 경품1과 경품2에 대한 견적서를 받아보았다. 행사 참석자가 모두 400명이고 1인당 경품1과 경품2를 각각 1개씩 나누어 주어야 한다. 다음 자료를 보고 이어지는 질문에 답하시오.

공급처	물품	세트당 포함 수량(개)	세트 가격
A업체	경품1	100	85만 원
	경품2	60	27만 원
B업체	경품1	110	90만 원
	경품2	80	35만 원
C업체	경품1	90	80만 원
	경품2	130	60만 원

– A업체 : 경품2 170만 원 이상 구입 시, 두 물품 함께 구매하면 총 구매가의 5% 할인
– B업체 : 경품1 350만 원 이상 구입 시, 두 물품 함께 구매하면 총 구매가의 5% 할인
– C업체 : 경품1 350만 원 이상 구입 시, 두 물품 함께 구매하면 총 구매가의 20% 할인
* 모든 공급처는 세트 수량으로만 판매한다.

21 홍보팀에서 가장 저렴한 가격으로 인원수에 모자라지 않는 수량의 물품을 구매할 수 있는 공급처와 공급가격은 어느 것인가?

① A업체 / 5,000,500원

② A업체 / 5,025,500원

③ B업체 / 5,082,500원

④ B업체 / 5,095,000원

 각 공급처로부터 두 물품을 함께 구매할 경우(나)와 개별 구매할 경우(가)의 총 구매 가격을 표로 정리해 보면 다음과 같다. 구매 수량은 각각 400개 이상이어야 한다.

공급처	물품	세트당 포함 수량(개)	세트 가격	(가)	(나)
A업체	경품1	100	85만 원	340만 원	5,025,500원 (5% 할인)
	경품2	60	27만 원	189만 원	
B업체	경품1	110	90만 원	360만 원	5,082,500원 (5% 할인)
	경품2	80	35만 원	175만 원	
C업체	경품1	90	80만 원	400만 원	5,120,000원 (20% 할인)
	경품2	130	60만 원	240만 원	

22 다음 중 C업체가 S사의 공급처가 되기 위한 조건으로 적절한 것은 어느 것인가?

① 경품1의 세트당 포함 수량을 100개로 늘린다.

② 경품2의 세트당 가격을 2만 원 인하한다.

③ 경품1의 세트당 가격을 5만 원 인하한다.

④ 경품2의 세트당 포함 수량을 120개로 줄인다.

 C업체가 경품1의 세트당 가격을 5만 원 인하하면 총 판매 가격이 4,920,000원이 되어 가장 낮은 가격에 물품을 제공하는 공급처가 된다.

① 경품1의 세트당 포함 수량이 100개가 되면 세트 수량이 5개에서 4개로 줄어들어 판매가격이 80만 원 낮아지나, 할인 적용이 되지 않아 최종 판매가는 오히려 비싸진다.

② 경품2의 세트당 가격을 2만 원 인하하면 총 판매가격이 5,056,000원이 되어 A업체보다 여전히 비싸다.

Answer 21.② 22.③

- 갑과 을은 닭을 키우는 농장에서 일을 한다.
- 농장은 A~D의 4개 구역이며, 닭들은 자유롭게 다른 구역을 갈 수 있다.
- 갑과 을은 닭을 관리하기 위해 구역별 닭의 수를 파악하고 있어야 하는데, 닭들이 계속 이동을 하기 때문에 정확히 파악하는 데 어려움을 겪고 있다.
- 결국 갑과 을은 시간별로 닭의 수를 기록하기로 했다. 갑은 특정 시간 특정 구역의 닭의 수만을 기록하고, 을은 닭이 구역을 넘나들 때마다 그 시간과 그때 이동한 닭의 수를 기록하기로 하였다.
- 갑과 을이 같은 날 오전 9시부터 10시 30분까지 작성한 기록은 다음과 같으며 ㉠~㉣을 제외한 모든 기록은 정확하다.

갑의 기록			을의 기록		
시간	구역	닭의 수	시간	이동	닭의 수
9:10	B	17	9:05	C→B	3
9:25	A	21	9:17	C→A	2
9:40	C	8	9:20	D→B	5
9:55	D	11	9:41	A→D	1
10:03	A	㉠ 21	9:57	B→D	4
10:14	B	㉡ 18	10:00	A→C	1
10:26	C	㉢ 12	10:01	D→A	3
10:30	D	㉣ 10	10:28	D→C	2

23 ㉠~㉣ 중 옳게 기록된 것만 고른 것은?

① ㉠㉡

② ㉠㉢

③ ㉡㉢

④ ㉡㉣

㉠ 9:25에 A구역에 있던 닭 21마리에서 9:41에 D구역으로 1마리, 10:00에 C구역으로 1마리가 이동하였고 10:01에 D구역에서 3마리가 이동했으므로 10:30에 A구역에 있는 닭은 21-1-1+3=22마리이다.

㉡ 9:10에 B구역에 잇던 닭 17마리에서 9:20에 5마리가 넘어오고, 9:57에 4마리가 넘어갔으므로 B구역의 닭은 17+5-4=18마리이다.

㉢ 9:40에 C구역에 있던 닭은 8마리에서 10:00에 1마리가 넘어오고 10:28에 2마리가 넘어왔으므로 C구역의 닭은 8+1+2=11마리이다.

㉣ 9:55에 D구역에 있던 닭은 11마리에서 9:57에 4마리가 넘어오고 10:01에 3마리, 10:28에 2마리가 넘어갔으므로 D구역의 닭은 11+4-3-2=10마리이다.

24 농장에서 키우는 닭은 총 몇 마리인가?

① 61마리

② 62마리

③ 63마리

④ 64마리

위에서 구한 것을 참고하면 22+18+11+10=61이다.

▌25~26▐ M대리는 차를 타고 회사에서 출발하여 A~E를 모두 거쳐 다시 회사로 돌아오려고 하며, 각 지점 간의 거리가 아래와 같다. 이를 보고 이어지는 물음에 답하시오. (단, 모든 지점은 한 번만 거친다)

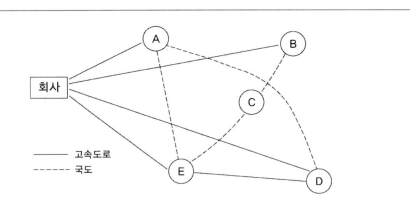

〈각 지점 간의 거리〉

(단위 : km)

구분	A	B	C	D	E
회사	150	170		175	160
A				172	187
B			100		
C					120
D					148

〈도로별 연비〉

(단위 : km/L)

고속도로	20
국도	10

※ 휘발유 가격은 편의상 1,000원/L로 가정한다.

25 M대리가 최단 거리로 모든 지점을 방문하고 돌아온다고 할 때, 이동한 총 거리는 얼마인가?

① 856km

② 858km

③ 860km

④ 862km

 주어진 도로를 이용하여 이동할 수 있는 경로는 다음과 같다.

회사→A→D→E→C→B→회사(역순포함) : 150+172+148+120+100+170=860km

회사→B→C→E→A→D→회사(역순포함) : 170+100+120+187+172+175=924km

따라서 최단 거리로 갈 경우 860km를 이동하게 된다.

26 M대리가 최단 거리로 이동하였을 경우 사용한 총 연료비는 얼마인가?

① 61,600원

② 62,600원

③ 63,600원

④ 64,600원

 앞 문제에서 최단 경로가 회사→A→D→E→C→B→회사로 확인되었으므로 이 경로를 고속도로와 국도로 구분하면 다음과 같다.

• 고속도로 구간 : 회사→A, D→E, B→회사

고속도로 구간의 총 거리는 150+148+170=468km이다. 따라서 연비에 의해 총 주유량은 468÷20=23.4L가 된다.

• 국도 구간 : A→D, E→C→B

국도 구간의 총 거리는 172+120+100=392km이다. 따라서 연비에 의해 총 주유량은 392÷10=39.2L가 된다.

따라서 총 주유량은 23.4+39.2=62.6L가 되어, 연료비는 62.6×1,000=62,600원이 된다.

Answer 25.③ 26.②

27 다음은 어느 회사의 성과상여금 지급기준이다. 다음 기준에 따를 때 성과상여금을 가장 많이 받는 사원과 가장 적게 받는 사원의 금액 차이는 얼마인가?

〈성과상여금 지급기준〉

지급원칙

• 성과상여금은 적용대상사원에 대하여 성과(근무성적, 업무난이도, 조직기여도의 평점 합) 순위에 따라 지급한다.

성과상여금 지급기준액

5급 이상	6급~7급	8급~9급	계약직
500만 원	400만 원	200만 원	200만 원

지급등급 및 지급률

• 5급 이상

지급등급	S등급	A등급	B등급	C등급
성과 순위	1위	2위	3위	4위 이하
지급률	180%	150%	120%	80%

• 6급 이하 및 계약직

지급등급	S등급	A등급	B등급
성과 순위	1위~2위	3~4위	5위 이하
지급률	150%	130%	100%

지급액 산정방법

개인별 성과상여금 지급액은 지급기준액에 해당등급의 지급율을 곱하여 산정한다.

〈소속사원 성과 평점〉

사원	평점			직급
	근무성적	업무난이도	조직기여도	
수현	8	5	7	계약직
이현	10	6	9	계약직
서현	8	8	6	4급
진현	5	5	8	5급
준현	9	9	10	6급
지현	9	10	8	7급

① 260만 원   ② 340만 원

③ 400만 원   ④ 450만 원

 사원별로 성과상여금을 계산해보면 다음과 같다.

사원	평점 합	순위	산정금액
수현	20	5	200만 원×100%=200만 원
이현	25	3	200만 원×130%=260만 원
서현	22	4	500만 원×80%=400만 원
진현	18	6	500만 원×80%=400만 원
준현	28	1	400만 원×150%=600만 원
지현	27	2	400만 원×150%=600만 원

가장 많이 받은 금액은 600만 원이고 가장 적게 받은 금액은 200만 원이므로 이 둘의 차는 400만 원이다.

Answer 27.③

28 □□기업이 비용절감을 위해 다음과 같은 생산 공정을 시행했을 때, 새로운 공정에서 총비용의 감소율은 얼마인가?

생산 공정

웨이퍼 제조 → 1차 테스트 → 산화공정 → 포토공정 → 식각공정 → 박막·증착공정 → 금속화공정 → EDS → 2차 테스트 → 패키징

생산 공정 단계별 불량률

공정단계	1회 공정당 불량률
웨이퍼 제조	5%
산화공정	40%
포토공정	10%
식각공정	2%
박막·증착공정	2%
금속화공정	15%
EDS	20%
패키징	5%

단계별 투입비용

단계	각 공정제작 시 투입비용	
	개선 전	개선 후
웨이퍼 제조	4,000원	3,000원
산화공정	2,000원	1,500원
포토공정	5,500원	4,500원
식각공정	6,000원	5,000원
박박·증착공정	3,500원	2,500원
금속화공정	4,000원	3,000원
EDS	3,000원	2,500원
패키징	2,000원	1,000원

---

① 20% 　　　　　　② 23%

③ 27% 　　　　　　④ 30%

 개선 전 총 비용은 $4,000+2,000+5,500+6,000+3,500+4,000+3,000+2,000=30,000$
개선 후 총 비용은 $3,000+1,500+4,500+5,000+2,500+3,000+2,500+1,000=23,000$
개선 전과 후를 비교해 보면 7,000원이 감소했으므로

$$\frac{7,000}{30,000} \times 100 = 23.333 = 23\%$$

29 다음에서 주어진 내용만을 고려할 때, 그림의 기점에서 (가), (나) 각 지점까지의 총 운송비가 가장 저렴한 교통수단을 바르게 고른 것은?

- 교통수단별 기종점 비용과 주행 비용은 아래와 같음

비용 \ 교통수단	A	B	C
기종점 비용(원)	1,000	2,000	4,000
단위 거리당 주행 비용(원/km)	400	300	250

	(가)	(나)
①	A	A
②	A	B
③	A	C
④	B	C

 총 운송비는 선적·하역비 등이 포함된 기종점 비용과 이동 거리가 늘어나면서 증가하는 주행 비용으로 구성된다. 따라서 총 운송비는 '기종점 비용+단위 거리당 주행비용×거리'로 계산할 수 있다. 이와 같이 계산하면 (가) 지점까지의 총 운송비는 A 13,000원, B 11,000원, C 11,500원으로 B가 가장 저렴하다. (나) 지점까지의 총 운송비는 A 25,000원, B 20,000원, C 19,000원으로 C가 가장 저렴하다.

30 감사원의 공공기관 감사로 인한 회의에 담당자로 참여하게 되었다. 다음 주에 있을 회의의 진행일로 효율적인 요일을 고르면?

- 대한석탄공사 담당자 주간일정

월요일	화요일	수요일	목요일	금요일	토요일
				해외출장	해외출장

- 산업통상자원부 담당자 주간일정

월요일	화요일	수요일	목요일	금요일	토요일
	국회출석				

- 감사원 담당자 주간일정

월요일	화요일	수요일	목요일	금요일	토요일
내부회의		타공사 방문			

① 월요일   ② 화요일

③ 수요일   ④ 목요일

 세 기관의 담당자가 공통으로 일정이 비어있는 목요일이 적합하다.

31 甲회사 인사부에 근무하고 있는 H부장은 각 과의 요구를 모두 충족시켜 신규직원을 배치하여야 한다. 각 과의 요구가 다음과 같을 때 홍보과에 배정되는 사람은 누구인가?

〈신규직원 배치에 대한 각 과의 요구〉
- 관리과 : 5급이 1명 배정되어야 한다.
- 홍보과 : 5급이 1명 배정되거나 6급이 2명 배정되어야 한다.
- 재무과 : B가 배정되거나 A와 E가 배정되어야 한다.
- 총무과 : C와 D가 배정되어야 한다.

〈신규직원〉
- 5급 2명(A, B)
- 6급 4명(C, D, E, F)

① A
② B
③ C와 D
④ E와 F

 주어진 조건을 보면 관리과와 재무과에는 반드시 각각 5급이 1명씩 배정되고, 총무과에는 6급 2명이 배정된다. 인원수를 따져보면 홍보과에는 5급을 배정할 수 없기 때문에 6급이 2명 배정된다. 6급 4명 중에 C와 D는 총무과에 배정되므로 홍보과에 배정되는 사람은 E와 F이다. 각 과별로 배정되는 사람을 정리하면 다음과 같다.

관리과	A
홍보과	E, F
재무과	B
총무과	C, D

32 회계팀에서 업무를 시작하게 된 범구는 각종 내역의 비용이 어느 항목으로 분류되어야 하는지 정리 작업을 하고 있다. 다음 중 범구가 나머지와 다른 비용으로 분류해야 하는 것은?

① 구매부 자재 대금으로 지불한 U$7,000

② 상반기 건물 임대료 및 관리비

③ 임직원 급여

④ 계약 체결을 위한 영업부 직원 출장비

 ②는 간접비용, 나머지는 직접비용의 지출 항목으로 분류해야 한다.
※ 직접비용과 간접비용으로 분류되는 지출 항목은 다음과 같은 것들이 있다.
• 직접비용 : 재료비, 원료와 장비, 시설비, 출장 및 잡비, 인건비 등
• 간접비용 : 보험료, 건물관리비, 광고비, 통신비, 사무비품비, 각종 공과금 등

┃33~34┃ 공장 주변지역의 농경수 오염에 책임이 있는 기업이 총 80억 원의 예산을 가지고 피해 현황 심사와 보상을 진행한다고 한다. 다음 글을 읽고 물음에 답하시오.

총 500건의 피해가 발생했고, 기업 측에서는 실제 피해 현황을 심사하여 보상하기로 하였다. 심사에 사용되는 비용은 보상 예산에서 사용한다. 심사를 통해 좀 더 정확한 피해 규모를 파악할 수 있지만, 그에 따라 소요되는 비용 또한 증가하게 된다.

	1일째	2일째	3일째	4일째
일별 심사비용(억 원)	0.5	0.7	0.9	1.1
일별 보상대상 제외 건수	55	50	45	40

• 표는 누적 수치가 아닌, 하루에 소요되는 비용을 말함
• 보상금 총액＝예산－심사비용
• 일별 심사비용은 매일 0.2억씩 증가하고 제외 건수는 매일 5건씩 감소함
• 제외 건수가 0이 되는 날, 심사를 중지하고 보상금을 지급

33 기업 측이 심사를 중지하는 날까지 소요되는 일별 심사비용은 총 얼마인가?

① 14억 원

② 15.3억 원

③ 16.5억 원

④ 19.2억 원

> (Tip) 제외 건수가 매일 5건씩 감소하므로 55에서 0이 되는 것은 12일째 되는 날이며 일별 심사
> 비용은 19.2억 원이 된다.

34 심사를 중지하고 총 500건에 대해 보상을 한다고 할 때, 보상대상자가 받는 건당 평균 보상금은
대략 얼마인가?

① 약 1천만 원

② 약 2천만 원

③ 약 4천만 원

④ 약 5천만 원

> (Tip) 전체 70억 원에서 심사비용 19.2억 원을 제외한 나머지를 사건으로 나눈다.
> (80억−19.2)/500건=12,160,000원 = 1,216만원

Answer ┌→ 32.② 33.④ 34.①

35 다음은 어느 회사를 운영하는 데 한 달 동안 필요한 내역이다. 여기에서 알 수 있는 직접비용과 간접비용의 금액으로 옳게 짝지어 진 것은?

(단위: 원)

재료비	320,000원	사무비품비	150,000원
보험료	280,000원	시설비	360,000원
인건비	300,000원	공과금	100,000원

① 98만 원, 53만 원

② 113만 원, 38만 원

③ 123만 원, 28만 원

④ 126만 원, 25만 원

 직접 비용 : 재료비, 시설비, 인건비
320,000+360,000+300,000=980,000원
간접 비용 : 사무비품비, 보험료, 공과금
150,000+280,000+100,000=530,000원

36 주연이는 출근을 하기 위하여 다음의 버스 이동계획에 따른 버스를 타게 된다. 주연이가 아침 8시에 집에서 출발하여 9시까지 출근하기 위해 최적의 루트로 버스를 타고자 할 경우 가장 빨리 도착했을 때의 시간은 얼마인가?

버스 이동계획

버스 번호	515	519	522	633	655	674	711	712	715
이동 시간	10분	15분	10분	20분	20분	8분	15분	7분	22분
선행 버스		515	515	519	519 / 522	655	674	633	711 / 712

- 특정번호의 버스를 타기 위해서는 반드시 선행버스를 타야 한다.
- 선행버스가 복수인 경우에는 무엇을 타고 오는지는 문제되지 않는다.
- 주연이는 반드시 515번 버스를 타고 집에서 출발한다. 그리고 다양한 방법으로 회사에 도착할 수 있는데 633번을 타고 712 출발지에서 내리면 걸어서 10분이 걸리고, 674번 버스를 타고 711 출발지에서 내리면 걸어서 13분이 걸린다. 그렇지 않으면 최종적으로 타게 되는 버스의 종점이 바로 회사이다.
- 예를 들어 515에서 633 출발지까지 최소 25분이 걸린다.

① 8시 50분　　　　　　　　② 8시 55분

③ 9시 00분　　　　　　　　④ 9시 05분

 가장 최적의 루트는 515 버스를 타고 집에서 출발하여 519 출발지에 도착하여 519 버스를 타고 633 출발지에 도착한 다음 633 버스를 타고 712 출발지에 도착하여 회사까지 걸어가면 된다.
515 → 519 출발지까지는 10분
519 → 633 출발지까지는 15분
633 → 712 출발지까지는 20분
712 출발지 → 회사까지 10분
총 시간은 $10 + 15 + 20 + 10 = 55$분
도착시간은 8시 55분이 된다.

Answer 35.① 36.②

37 다음 임금기준을 바탕으로, 갑과 을의 임금에 대한 설명으로 옳은 것은?

임금기준
- 8시간 이하

 A의 임금(원)$= 5,000 + 8,500 \times x$

 B의 임금(원)$= 7,500 + 8,000 \times x$
- 8시간 초과

 A의 시급(원)$= 15,000$

 B의 시급(원)$= 15,200$

※ 단, 하루에 노동은 최대 16시간까지만 공급 가능하다.

① A가 4시간 일하면 B보다 많이 받게 된다.

② B는 A보다 많은 임금을 받을 수 없다.

③ A의 임금은 5시간이 넘어가면 B의 임금보다 크다.

④ A의 임금이 8시간 이하일 때, $5,900 + 8,800 \times x$로 변동되면, A와 B의 임금은 2시간일 때 같다.

① 4시간 일하면 A의 경우 $5,000 + 8,500 \times 4 = 39,000$원, B의 경우 $7,500 + 8,000 \times 4 = 39,500$원으로 B가 더 많다.

② B는 5시간이 되기 전까진 더 많이 받는다.

③ A의 경우 8시간 이하에서는 5시간이 넘으면 B보다 임금이 많아진다. A$= 73,000$원, B$= 71,500$원

하지만 8시간을 초과해서 16시간까지 8시간 동안 A와 B의 시급 차이는 200원이므로 A$= 120,000$원, B$= 121,600$원. 그 전에 3시간 동안 1,500원을 더 적립해두기 때문에 16시간이 되면 B가 역전한다.

④ A의 임금이 달라지면 $1,600 = 800x$이므로, 2시간일 때, 임금은 서로 같다.

$5,900 + 8,800 \times x = 7,500 + 8,000 \times x$

$800x = 1,600$

$x = 2$

38 15년 이상 된 노후차량을 개발도상국에 팔 예정이다. 100여 대의 노후차량을 관리하기 위하여 열차 저장 창고를 임대하여야 한다. 노후차량 전체가 첫 2개월 안에 팔릴 가능성은 20%, 2~4개월 사이에 팔릴 가능성은 50%, 4~6개월 사이에 팔릴 가능성은 30%이다. 가장 경제적인 선택에 해당하는 것은?

> 임대료 기준
> • 1안 : 6개월 140만 원
> • 2안 : 2개월 70만 원, 향후 2개월 단위로 연장 가능(60만원)
> • 3안 : 4개월 130만 원, 향후 2개월 연장 가능(40만 원)

① 1안   ② 2안
③ 3안   ④ 1안과 3안

 1안 → 6개월 140만 원
2안 → 2개월 70만 원, 4개월 130만 원, 6개월 190만 원
기댓값을 구하면 $0.2 \times 70 + 0.5 \times 130 + 0.3 \times 190 = 14 + 65 + 57 = 136$만 원
3안 → 4개월 130만 원, 6개월 170만 원
기댓값을 구하면 $0.2 \times 130 + 0.5 \times 130 + 0.3 \times 170 = 26 + 65 + 51 = 142$만 원

39 인적자원 관리의 특징에 관한 다음 (개)~(래)의 설명 중 그 성격이 같은 것끼리 알맞게 구분한 것은?

> (개) 개인에게 능력을 발휘할 수 있는 기회와 장소를 부여하고, 그 성과를 바르게 평가하고, 평가된 능력과 실적에 대해 그에 상응하는 보상을 주어야 한다.
>
> (내) 팀 전체의 능력향상, 의식개혁, 사기앙양 등을 도모하는 의미에서 전체와 개체가 균형을 이루어야 한다.
>
> (대) 많은 사람들이 번거롭다는 이유로 자신의 인맥관리에 소홀히 하는 경우가 많지만 인맥관리는 자신의 성공을 위한 첫걸음이라는 생각을 가져야 한다.
>
> (래) 효율성을 높이기 위해 팀원의 능력이나 성격 등과 가장 적합한 위치에 배치하여 팀원 개개인의 능력을 최대로 발휘해 줄 것을 기대한다.

① (개), (내) / (대), (래)

② (개) / (내), (대), (래)

③ (개), (내), (래) / (대)

④ (개), (내), (대) / (래)

 (개), (내), (래)는 조직 차원에서의 인적자원관리의 특징이고, (대)는 개인 차원에서의 인적자원관리능력의 특징으로 구분할 수 있다. 조직의 인력배치의 3대 원칙에는 적재적소주의-(래), 능력주의-(개), 균형주의-(내)가 있다.

40 다기획팀 N대리는 다음 달로 예정되어 있는 해외 출장 일정을 확정하려 한다. 다음에 제시된 글의 내용을 만족할 경우 N대리의 출장 일정에 대한 보기의 설명 중 옳은 것은?

> N대리는 다음 달 3박4일 간의 중국 출장이 계획되어 있다. 회사에서는 출발일과 복귀일에 업무 손실을 최소화할 수 있도록 가급적 평일에 복귀하도록 권장하고 있고, 출장 기간에 토요일과 일요일이 모두 포함되는 일정은 지양하도록 요구한다. 이번 출장은 기획팀에게 매우 중요한 문제를 해결할 수 있는 기회가 될 수 있어 팀장은 N대리의 복귀 바로 다음 날 출장 보고를 받고자 한다.
> 다음 달의 첫째 날은 금요일이며 마지막 주 수요일과 13일은 N대리가 빠질 수 없는 업무 일정이 잡혀 있다.

① 팀장은 월요일이나 화요일에 출장 보고를 받을 수 있다.
② N대리가 출발일로 잡을 수 있는 날짜는 모두 4개이다.
③ N대리는 마지막 주에 출장을 가게 될 수도 있다.
④ 다음 달 15일 이후가 이전보다 출발 가능일이 더 많다.

(Tip) 다음 달의 첫째 날이 금요일이므로 아래와 같은 달력을 그려 볼 수 있다.

일	월	화	수	목	금	토
					1	2
3	4	5	6	7	8	9
10	11	12	13	14	15	16
17	18	19	20	21	22	23
24	25	26	27	28	29	30

3박4일 일정이므로 평일에 복귀해야 하며 주말이 모두 포함되는 일정을 피하기 위해서는 출발일이 일, 월, 화요일이어야 한다. 또한 팀장 보고를 위해서는 금요일에 복귀하게 되는 화요일 출발 일정도 불가능하다.
따라서 일요일과 월요일에만 출발이 가능하다.
그런데 27일과 13일이 출장 일정에 포함될 수 없으므로 10, 11, 24, 25일은 제외된다.
따라서 3, 4, 17, 18일에 출발하는 4가지 일정이 가능하다.

Answer⟶ 39.③   40.②

CHAPTER

05 정보능력

1 정보화사회와 정보능력

(1) 정보와 정보화사회

① 자료 · 정보 · 지식

구분	특징
자료 (Data)	객관적 실제의 반영이며, 그것을 전달할 수 있도록 기호화한 것
정보 (Information)	자료를 특정한 목적과 문제해결에 도움이 되도록 가공한 것
지식 (Knowledge)	정보를 집적하고 체계화하여 장래의 일반적인 사항에 대비해 보편성을 갖도록 한 것

② **정보화사회** … 필요로 하는 정보가 사회의 중심이 되는 사회

(2) 업무수행과 정보능력

① 컴퓨터의 활용 분야

    ㉠ 기업 경영 분야에서의 활용 : 판매, 회계, 재무, 인사 및 조직관리, 금융 업무 등

    ㉡ 행정 분야에서의 활용 : 민원처리, 각종 행정 통계 등

    ㉢ 산업 분야에서의 활용 : 공장 자동화, 산업용 로봇, 판매시점관리시스템(POS) 등

    ㉣ 기타 분야에서의 활용 : 교육, 연구소, 출판, 가정, 도서관, 예술 분야 등

② 정보처리과정

    ㉠ 정보 활용 절차 : 기획 → 수집 → 관리 → 활용

    ㉡ 5W2H : 정보 활용의 전략적 기획

     • WHAT(무엇을?) : 정보의 입수대상을 명확히 한다.

     • WHERE(어디에서?) : 정보의 소스(정보원)를 파악한다.

     • WHEN(언제까지) : 정보의 요구(수집)시점을 고려한다.

     • WHY(왜?) : 정보의 필요목적을 염두에 둔다.

- WHO(누가?) : 정보활동의 주체를 확정한다.
- HOW(어떻게) : 정보의 수집방법을 검토한다.
- HOW MUCH(얼마나?) : 정보수집의 비용성(효용성)을 중시한다.

예제 1

5W2H는 정보를 전략적으로 수집·활용할 때 주로 사용하는 방법이다. 5W2H에 대한 설명으로 옳지 않은 것은?

① WHAT : 정보의 수집방법을 검토한다.
② WHERE : 정보의 소스(정보원)를 파악한다.
③ WHEN : 정보의 요구(수집)시점을 고려한다.
④ HOW : 정보의 수집방법을 검토한다.

[출제의도]
방대한 정보들 중 꼭 필요한 정보와 수집 방법 등을 전략적으로 기획하고 정보수집이 이루어질 때 효과적인 정보 수집이 가능해진다. 5W2H는 이러한 전략적 정보 활용 기획의 방법으로 그 개념을 이해하고 있는지를 묻는 질문이다.
[해설]
5W2H의 'WHAT'은 정보의 입수대상을 명확히 하는 것이다. 정보의 수집방법을 검토하는 것은 HOW(어떻게)에 해당되는 내용이다.

답 ①

---

(3) 사이버공간에서 지켜야 할 예절

① 인터넷의 역기능
  ㉠ 불건전 정보의 유통
  ㉡ 개인 정보 유출
  ㉢ 사이버 성폭력
  ㉣ 사이버 언어폭력
  ㉤ 언어 훼손
  ㉥ 인터넷 중독
  ㉦ 불건전한 교제
  ㉧ 저작권 침해

② 네티켓(netiquette) … 네트워크(network) + 에티켓(etiquette)

(4) 정보의 유출에 따른 피해사례

① 개인정보의 종류

    ㉠ **일반 정보** : 이름, 주민등록번호, 운전면허정보, 주소, 전화번호, 생년월일, 출생지, 본적지, 성별, 국적 등

    ㉡ **가족 정보** : 가족의 이름, 직업, 생년월일, 주민등록번호, 출생지 등

    ㉢ **교육 및 훈련 정보** : 최종학력, 성적, 기술자격증/전문면허증, 이수훈련 프로그램, 서클활동, 상벌사항, 성격/행태보고 등

    ㉣ **병역 정보** : 군번 및 계급, 제대유형, 주특기, 근무부대 등

    ㉤ **부동산 및 동산 정보** : 소유주택 및 토지, 자동차, 저축현황, 현금카드, 주식 및 채권, 수집품, 고가의 예술품 등

    ㉥ **소득 정보** : 연봉, 소득의 원천, 소득세 지불 현황 등

    ㉦ **기타 수익 정보** : 보험가입현황, 수익자, 회사의 판공비 등

    ㉧ **신용 정보** : 대부상황, 저당, 신용카드, 담보설정 여부 등

    ㉨ **고용 정보** : 고용주, 회사주소, 상관의 이름, 직무수행 평가 기록, 훈련기록, 상벌기록 등

    ㉩ **법적 정보** : 전과기록, 구속기록, 이혼기록 등

    ㉪ **의료 정보** : 가족병력기록, 과거 의료기록, 신체장애, 혈액형 등

    ㉫ **조직 정보** : 노조가입, 정당가입, 클럽회원, 종교단체 활동 등

    ㉬ **습관 및 취미 정보** : 흡연/음주량, 여가활동, 도박성향, 비디오 대여기록 등

② 개인정보 유출방지 방법

    ㉠ 회원 가입 시 이용 약관을 읽는다.

    ㉡ 이용 목적에 부합하는 정보를 요구하는지 확인한다.

    ㉢ 비밀번호는 정기적으로 교체한다.

    ㉣ 정체불명의 사이트는 멀리한다.

    ㉤ 가입 해지 시 정보 파기 여부를 확인한다.

    ㉥ 남들이 쉽게 유추할 수 있는 비밀번호는 자제한다.

2 정보능력을 구성하는 하위능력

(1) 컴퓨터활용능력

① 인터넷 서비스 활용

　㉠ 전자우편(E-mail) 서비스 : 정보 통신망을 이용하여 다른 사용자들과 편지나 여러 정보를 주고받는 통신 방법

　㉡ 인터넷 디스크/웹 하드 : 웹 서버에 대용량의 저장 기능을 갖추고 사용자가 개인용 컴퓨터의 하드디스크와 같은 기능을 인터넷을 통하여 이용할 수 있게 하는 서비스

　㉢ 메신저 : 인터넷에서 실시간으로 메시지와 데이터를 주고받을 수 있는 소프트웨어

　㉣ 전자상거래 : 인터넷을 통해 상품을 사고팔거나 재화나 용역을 거래하는 사이버 비즈니스

② 정보검색 … 여러 곳에 분산되어 있는 수많은 정보 중에서 특정 목적에 적합한 정보만을 신속하고 정확하게 찾아내어 수집, 분류, 축적하는 과정

　㉠ 검색엔진의 유형

　　• 키워드 검색 방식 : 찾고자 하는 정보와 관련된 핵심적인 언어인 키워드를 직접 입력하여 이를 검색 엔진에 보내어 검색 엔진이 키워드와 관련된 정보를 찾는 방식

　　• 주제별 검색 방식 : 인터넷상에 존재하는 웹 문서들을 주제별, 계층별로 정리하여 데이터베이스를 구축한 후 이용하는 방식

　　• 통합형 검색방식 : 사용자가 입력하는 검색어들이 연계된 다른 검색 엔진에게 보내고 이를 통하여 얻어진 검색 결과를 사용자에게 보여주는 방식

　㉡ 정보 검색 연산자

기호	연산자	검색조건
*, &	AND	두 단어가 모두 포함된 문서를 검색
		OR	두 단어가 모두 포함되거나 두 단어 중에서 하나만 포함된 문서를 검색
−, !	NOT	'−' 기호나 '!' 기호 다음에 오는 단어는 포함하지 않는 문서를 검색
~, near	인접검색	앞/뒤의 단어가 가깝게 있는 문서를 검색

③ 소프트웨어의 활용

　㉠ 워드프로세서

　　• 특징 : 문서의 내용을 화면으로 확인하면서 쉽게 수정 가능, 문서 작성 후 인쇄 및 저장 가능, 글이나 그림의 입력 및 편집 가능

　　• 기능 : 입력기능, 표시기능, 저장기능, 편집기능, 인쇄기능 등

  ⓒ 스프레드시트
   • 특징 : 쉽게 계산 수행, 계산 결과를 차트로 표시, 문서를 작성하고 편집 가능
   • 기능 : 계산, 수식, 차트, 저장, 편집, 인쇄기능 등

예제 2

귀하는 커피 전문점을 운영하고 있다. 아래와 같이 엑셀 워크시트로 4개 지점의 원두 구매 수량과 단가를 이용하여 금액을 산출하고 있다. 귀하가 다음 중 D3셀에서 사용하고 있는 함수식으로 옳은 것은? (단, 금액 = 수량 × 단가)

	A	B	C	D	E
1	지점	원두	수량(100g)	금액	
2	A	케냐	15	150000	
3	B	콜롬비아	25	175000	
4	C	케냐	30	300000	
5	D	브라질	35	210000	
6					
7		원두	100g당 단가		
8		케냐	10,000		
9		콜롬비아	7,000		
10		브라질	6,000		
11					

① =C3*VLOOKUP(B3, $B$8:$C$10, 1, 1)
② =B3*HLOOKUP(C3, $B$8:$C$10, 2, 0)
③ =C3*VLOOKUP(B3, $B$8:$C$10, 2, 0)
④ =C3*HLOOKUP($B$8:$C$10, 2, B3)

  ⓒ 프레젠테이션
   • 특징 : 각종 정보를 사용자 또는 대상자에게 쉽게 전달
   • 기능 : 저장, 편집, 인쇄, 슬라이드 쇼 기능 등
  ⓔ 유틸리티 프로그램 : 파일 압축 유틸리티, 바이러스 백신 프로그램

④ 데이터베이스의 필요성
  ⓐ 데이터의 중복을 줄인다.
  ⓑ 데이터의 무결성을 높인다.
  ⓒ 검색을 쉽게 해준다.
  ⓓ 데이터의 안정성을 높인다.
  ⓔ 개발기간을 단축한다.

(2) 정보처리능력

① **정보원** … 1차 자료는 원래의 연구성과가 기록된 자료이며, 2차 자료는 1차 자료를 효과적으로 찾아보기 위한 자료 또는 1차 자료에 포함되어 있는 정보를 압축·정리한 형태로 제공하는 자료이다.

  ㉠ **1차 자료** : 단행본, 학술지와 논문, 학술회의자료, 연구보고서, 학위논문, 특허정보, 표준 및 규격자료, 레터, 출판 전 배포자료, 신문, 잡지, 웹 정보자원 등

  ㉡ **2차 자료** : 사전, 백과사전, 편람, 연감, 서지데이터베이스 등

② **정보분석 및 가공**

  ㉠ **정보분석의 절차** : 분석과제의 발생 → 과제(요구)의 분석 → 조사항목의 선정 → 관련정보의 수집(기존자료 조사/신규자료 조사) → 수집정보의 분류 → 항목별 분석 → 종합·결론 → 활용·정리

  ㉡ **가공** : 서열화 및 구조화

③ **정보관리**

  ㉠ 목록을 이용한 정보관리

  ㉡ 색인을 이용한 정보관리

  ㉢ 분류를 이용한 정보관리

예제 3

인사팀에서 근무하는 J씨는 회사가 성장함에 따라 직원 수가 급증하기 시작하면서 직원들의 정보관리 방법을 모색하던 중 다음과 같은 A사의 직원 정보관리 방법을 보게 되었다. J씨는 A사가 하고 있는 이 방법을 회사에도 도입하고자 한다. 이 방법은 무엇인가?

> A사의 인사부서에 근무하는 H씨는 직원들의 개인정보를 관리하는 업무를 담당하고 있다. A사에서 근무하는 직원은 수천 명에 달하기 때문에 H씨는 주요 키워드나 주제어를 가지고 직원들의 정보를 구분하여 관리하여, 찾을 때도 쉽고 내용을 수정할 때도 이전보다 훨씬 간편할 수 있도록 했다.

① 목록을 활용한 정보관리
② 색인을 활용한 정보관리
③ 분류를 활용한 정보관리
④ 1:1 매칭을 활용한 정보관리

[출제의도]
본 문항은 정보관리 방법의 개념을 이해하고 있는가를 묻는 문제이다.
[해설]
주어진 자료의 A사에서 사용하는 정보관리는 주요 키워드나 주제어를 가지고 정보를 관리하는 방식인 색인을 활용한 정보관리이다. 디지털 파일에 색인을 저장할 경우 추가, 삭제, 변경 등이 쉽다는 점에서 정보관리에 효율적이다.

답 ②

출제예상문제

1 다음에 해당하는 검색 옵션은 무엇인가?

> 와일드 카드 문자를 키워드로 입력한 단어에 붙여 사용하는 검색으로 어미나 어두를 확장시켜 검색한다.

① 필드 검색   ② 절단 검색

③ 구문 검색   ④ 자연어 검색

 대표적인 검색 옵션
㉠ **구문검색** : " " 식의 구문으로 검색하는 방법
㉡ **절단검색** : *, %를 이용해 지정한 검색어를 포함한 문자열 검색
㉢ **자연어검색** : 평상시에 사용하는 문장 형식으로 검색

2 다음 중 '클라우드 컴퓨팅'에 대한 적절한 설명이 아닌 것은?

① 사용자들이 복잡한 정보를 보관하기 위해 별도의 데이터 센터를 구축할 필요가 없다.

② 정보의 보관보다 정보의 처리 속도와 정확성이 관건인 네트워크 서비스이다.

③ 장소와 시간에 관계없이 다양한 단말기를 통해 정보에 접근할 수 있다.

④ 클라우드 컴퓨팅을 활용하면 스마트 폰으로 이동 중에 시청하던 영상을 집에 도착하여 TV로 볼 수 있게 된다.

 클라우드 컴퓨팅이란 인터넷을 통해 제공되는 서버를 활용해 정보를 보관하고 있다가 필요할 때 꺼내 쓰는 기술을 말한다. 따라서 클라우드 컴퓨팅의 핵심은 데이터의 저장·처리·네트워킹 및 다양한 어플리케이션 사용 등 IT 관련 서비스를 인터넷과 같은 네트워크를 기반으로 제공하는데 있어, 정보의 보관 분야에 있어 획기적인 컴퓨팅 기술이라고 할 수 있다.

3 Windows의 특징으로 옳지 않은 것은?

① 다중 사용자의 단일 작업만 가능하다.

② GUI(Graphic User Interface) 환경을 제공한다.

③ P&P를 지원하여 주변장치 인식이 용이하다.

④ 긴 파일이름을 지원한다.

 Windows의 특징
- ㉠ 단일 사용자의 다중작업이 가능하다.
- ㉡ GUI(Graphic User Interface) 환경을 제공한다.
- ㉢ P&P를 지원하여 주변장치 인식이 용이하다.
- ㉣ 긴 파일이름을 지원한다.
- ㉤ OLE(개체 연결 및 포함) 기능을 지원한다.

4 다음 글에 나타난 컴퓨터의 기능으로 올바른 것은?

> 한국중세사 수업을 듣고 있는 지원이는 최근 조별 과제 발표자가 되었다. 발표 당일에 조원들이 조사해온 자료들을 종합한 USB를 컴퓨터에 인식시켰고 해당 자료를 바탕화면에 복사하여 발표 준비를 마쳤다.

① 입력기능　　　　　　　　　② 기억기능

③ 연산기능　　　　　　　　　④ 제어기능

 USB를 컴퓨터에 인식시켜 자료를 복사하는 것은 입력기능에 해당한다.
컴퓨터의 5가지 기능
- ㉠ **입력기능** : 자료를 처리하기 위해서 필요한 자료를 받아들이는 기능이다.
- ㉡ **기억기능** : 처리대상으로 입력된 자료와 처리결과로 출력된 정보를 기억하는 기능이다.
- ㉢ **연산기능** : 주기억장치에 저장되어 있는 자료들에 대하여 산술 및 논리연산을 행하는 기능이다.
- ㉣ **제어기능** : 주기억장치에 저장되어 있는 명령을 해독하여 필요한 장치에 신호를 보내어 자료처리가 이루어지도록 하는 기능이다.
- ㉤ **출력기능** : 정보를 활용할 수 있도록 나타내 주는 기능이다.

Answer ➡ 1.② 2.② 3.① 4.①

5 광디스크는 컴퓨터 정보의 저장매체로, 사용하는 레이저의 파장과 홈의 간격에 따라 정보의 용량이 달라진다. 홈을 촘촘히 많이 팔수록 정보를 많이 저장할 수 있는데, 홈이 작아지면 홈에 쏘아주는 레이저의 파장이 짧아져야 한다. 이러한 광디스크의 종류가 아닌 것은?

① 블루레이 디스크　　　　　　　　② DVD

③ CD　　　　　　　　　　　　　　④ 플래시 메모리

 ④ 플래시 메모리는 전원이 끊긴 뒤에도 정보가 계속 남아 있는 반도체로 광디스크에 해당하지 않는다.

6 하나 이상의 필드가 모여 구성되는 프로그램 처리의 기본 단위는?

① 비트(Bit)　　　　　　　　　　　② 바이트(Byte)

③ 레코드(Record)　　　　　　　　　④ 파일(File)

 ① Binary Digit의 약자로 데이터(정보) 표현의 최소 단위이다.
② 하나의 문자, 숫자, 기호의 단위로 8Bit의 모임이다.
④ 서로 연관된 레코드들의 집합이다.

7 다음에서 설명하고 있는 문자 자료 표현은?

> • BCD코드와 EBCDIC코드의 중간 형태로 미국표준협회(ISO)가 제안한 코드이다.
> • 7비트로 2^7(128)가지의 문자표현이 가능하다.
> • 일반 PC용 및 데이터 통신용 코드이다.

① 해밍 코드(Hamming code)

② 가중치 코드(Weighted code)

③ EBCDIC 코드(Extended Binary coded decimal interchange code)

④ ASCII 코드(American standard code for information interchange)

 ① 오류 검출과 교정이 가능한 코드
② 비트의 위치에 따라 고유한 값을 갖는 코드
③ BCD코드의 확장코드로 주로 대형 컴퓨터에서 사용되는 코드

8 다음 중 컴퓨터의 처리속도 단위를 빠른 순서대로 올바르게 나열한 것은?

① $ms > \mu s > ns > ps$　　　　　② $ps > ns > \mu s > ms$

③ $ns > ms > \mu s > ps$　　　　　④ $\mu s > ms > ps > ns$

> (Tip) 컴퓨터의 처리속도 단위(아래로 내려갈수록 처리속도가 빠름)
> ㉠ $ms(millisecond)$: $10^{-3}\sec(1/1,000)$
> ㉡ $\mu s(microsecond)$: $10^{-6}\sec(1/1,000,000)$
> ㉢ $ns(nanosecond)$: $10^{-9}\sec(1/1,000,000,000)$
> ㉣ $ps(picosecond)$: $10^{-12}\sec(1/1,000,000,000,000)$

9 다음 윈도우 키의 기능 중 잘못된 것은?

① Ctrl + A = 전체 선택

② Alt + F4 = 프로그램 종료

③ Alt + PrtSc = 화면 전체를 클립보드로 복사

④ Ctrl + Shift + Esc = Windows 작업 관리자

> (Tip) ③ Alt + PrtSc = 활성창을 클립보드로 복사
> PrtSc = 화면 전체를 클립보드로 복사

10 국내에서 사용하는 인터넷 도메인(Domain)은 현재 2단계 도메인으로 구성되어 있다. 다음 중 도메인 종류와 해당 기관이 올바르게 연결되지 않은 것을 모두 고르면?

> ㉠ re.kr − 연구기관　　　　　㉡ co.kr − 기업/상업기관
> ㉢ kg.kr − 유치원　　　　　㉣ ed.kr − 대학
> ㉤ mil.kr − 국방　　　　　㉥ or.kr − 정부기관

① ㉠, ㉢　　　　　② ㉡, ㉤

③ ㉣, ㉥　　　　　④ ㉢, ㉥

> (Tip) ㉣ 대학은 Academy의 약어를 활용한 'ac.kr'을 도메인으로 사용한다.
> ㉥ 정부기관은 'go.kr', 'or.kr'은 비영리기관이다.

Answer 5.④　6.③　7.④　8.②　9.③　10.③

11 T사에 입사한 당신은 시스템 모니터링 및 관리 업무를 담당하게 되었다. 시스템을 숙지한 후 이어지는 상황에 알맞은 입력코드를 고르시오.

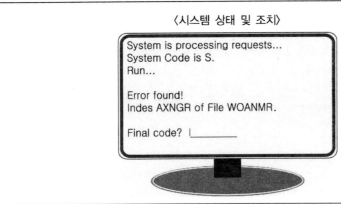

〈시스템 상태 및 조치〉

```
System is processing requests...
System Code is S.
Run...

Error found!
Indes AXNGR of File WOANMR.

Final code? |_____
```

항목	세부사항
Index @@ of File@@	• 오류 문자 : Index 뒤에 나타나는 문제 • 오류 발생 위치 : File 뒤에 나타나는 문자
Error Value	• 오류 문자와 오류 발생 위치를 의미하는 문자에 사용된 알파벳을 비교하여 일치하는 알파벳의 개수를 확인
Final Code	• Error Value를 통하여 시스템 상태 판단

〈시스템 상태 판단 기준〉

판단 기준	Final Code
일치하는 알파벳의 개수 = 0	Svem
0 < 일치하는 알파벳의 개수 ≤ 1	Atur
1 < 일치하는 알파벳의 개수 ≤ 3	Lind
3 < 일치하는 알파벳의 개수	Nugre

〈상황〉

```
System is processing requests...
System Code is S.
Run...

Error found!
Indes TLENGO of File MEONRTD.

Final code? |_____
```

① Svem   ② Atur

③ Lind   ④ Nugre

 제시된 상황에서 오류 문자는 'TLENGO'이고, 오류 발생 위치는 'MEONRTD'이다. 두 문자
에 사용된 알파벳을 비교했을 때 일치하는 알파벳은 T, E, N, O 4개이다. 판단 기준에 따
라 '3 < 일치하는 알파벳의 개수'에 해당하므로 Final code는 Nugre이다.

12 다음 워크시트에서 수식 '=LARGE(B2:B7,2)'의 결과 값은?

	A	B
1	회사	매출액
2	A	200
3	B	600
4	C	100
5	D	1,000
6	E	300
7	F	800

① 200   ② 300

③ 600   ④ 800

 '=LARGE(B2:B7,2)'는 범위 안에 있는 값들 중에서 2번째로 큰 값을 찾으라는 수식이므로
800이 답이다.

Answer 11.④ 12.④

13 다음 설명에 해당하는 것은?

> 인터넷에 연결된 모든 기기에서 생산되는 대량의 디지털 데이터로, 문자, 사진, 동영상, 음성 등 다양한 유형으로 존재한다. 매일 전 세계 사용자를 통해 엄청난 양의 데이터가 생산되어 인터넷으로 유통되므로 사용자(소비자)의 이용 패턴과 성향/취향, 관심사 등을 파악할 수 있어 기업 입장에서 중요한 정보가 된다.

① FinTech
② Big Data
③ AI
④ IoT

 ① FinTech : Finance(금융)와 Technology(기술)의 합성어로, 금융과 IT의 융합을 통한 금융서비스 및 산업의 변화를 통칭한다.
③ AI(Artificial Intelligence) : 인간의 두뇌와 같이 컴퓨터 스스로 추론·학습·판단하면서 전문적인 작업을 하거나 인간 고유의 지식 활동을 하는 시스템이다.
④ IoT(Internet of Things) : 사물에 센서를 부착해 실시간으로 데이터를 인터넷으로 주고받는 기술이나 환경을 일컫는다.

14 다음 매크로 실행 및 보안에 대한 설명 중 옳지 않은 것은?

① Alt+F1 키를 누르면 Visual Basic Editor가 실행되며, 매크로를 수정할 수 있다.

② Alt+F8 키를 누르면 매크로 대화 상자가 표시되어 매크로 목록에서 매크로를 선택하여 실행할 수 있다.

③ 매크로 보안 설정 사항으로는 모든 매크로 제외(알림 표시 없음), 모든 매크로 제외(알림 표시), 디지털 서명된 매크로만 포함, 모든 매크로 포함(알림 표시) 등이 모두 권장된다.

④ 개발 도구 – 코드 그룹의 매크로를 클릭하거나 매크로를 기록할 때 지정한 바로가기 키를 눌러 매크로를 실행할 수 있다.

 ③ 매크로 보안 설정 사항으로는 모든 매크로 제외(알림 표시 없음), 모든 매크로 제외(알림 표시), 디지털 서명된 매크로만 포함 등이 있으며, '모든 매크로 포함'은 위험성 있는 코드가 실행될 수 있으므로 권장하지 않는다.

15 엑셀에서 잘못된 인수나 피연산자를 사용하거나 수식 자동고침 기능으로 수식을 고칠 수 없을 때 나타나는 오류 메시지는?

① #NAME?　　　　　　　　　　　② #REF!

③ #VALUE!　　　　　　　　　　　④ #DIV/0

 ① #NAME? : 인식할 수 없는 텍스트를 수식에 사용했을 때
　　② #REF! : 수식이 있는 셀에 셀 참조가 유효하지 않을 때
　　④ #DIV/0 : 나누는 수가 빈 셀이나 0이 있는 셀을 참조하였을 때

16 다음 중 아래 시트에서 수식 '=MOD(A3:A4)'의 값과 수식 '=MODE(A1:A9)'의 값으로 바르게 나열한 것은?

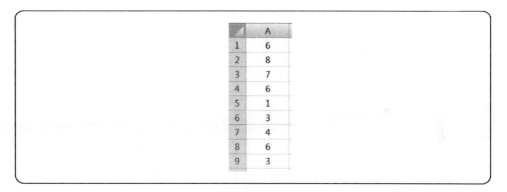

	A
1	6
2	8
3	7
4	6
5	1
6	3
7	4
8	6
9	3

① 1, 3　　　　　　　　　　　② 1, 6

③ 1, 8　　　　　　　　　　　④ 2, 3

 MOD(숫자, 나눌 값) : 숫자를 나눌 값으로 나누어 나머지가 표시된다. 따라서 7를 6으로 나누면 나머지가 1이 된다.
MODE : 최빈값을 나타내는 함수이다. 위의 시트에서 6이 최빈값이다.

17 다음 중 아래 시트에서 야근일수를 구하기 위해 [B9] 셀에 입력할 함수로 옳은 것은?

① =COUNTBLANK(B3:B8)　　　　　② =COUNT(B3:B8)

③ =COUNTA(B3:B8)　　　　　　　④ =SUM(B3:B8)

 COUNTBLANK 함수는 비어있는 셀의 개수를 세어준다. COUNT 함수는 숫자가 입력된 셀의 개수를 세어주는 반면 COUNTA 함수는 숫자는 물론 문자가 입력된 셀의 개수를 세어준다. 즉, 비어있지 않은 셀의 개수를 세어주기 때문에 이 문제에서는 COUNTA 함수를 사용해야 한다.

18 주기억장치 관리기법 중 "Best Fit" 기법 사용 시 8K의 프로그램은 주기억장치 영역 중 어느 곳에 할당되는가?

영역1	영역2	영역3	영역4
9K	15K	10K	30K

① 영역1　　　　　　　　　　　② 영역2

③ 영역3　　　　　　　　　　　④ 영역4

 "Best fit"은 가장 낭비가 적은 부분에 할당하기 때문에 영역1에 할당한다.

19 '트리의 차수(Degree of tree)'는 트리 내의 각 노드들의 차수 중 가장 큰 값을 말한다. 다음 그림에서 '트리의 차수'는?

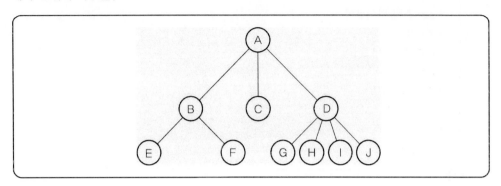

① 2

② 3

③ 4

④ 5

 '차수'는 한 노드에 대한 서브트리의 개수를 말하는데 이 그림에서는 노드 D의 차수가 4로 가장 크다. 따라서 '트리의 차수'는 4이다.

20 다음 자료를 참고할 때, B7 셀에 '=SUM(B2:CHOOSE(2,B3,B4,B5))'의 수식을 입력했을 때 표시되는 결과값으로 올바른 것은?

① 175

② 177

③ 265

④ 267

 CHOOSE 함수는 'CHOOSE(인수,값1,값2,…)'과 같이 표시하며, 인수의 번호에 해당하는 값을 구하게 된다. 다시 말해, 인수가 1이면 값1을, 인수가 2이면 값2를 선택하게 된다. 따라서 두 번째 인수인 B4가 해당되어 B2:B4의 합계를 구하게 되므로 정답은 267이 된다.

Answer ↦ 17.③ 18.① 19.③ 20.④

21 그래픽 관련 소프트웨어를 모두 고르면?

- 보이스텍 바이보이스
- 컴퓨픽
- 메타세콰이어
- Readiris
- 라이트웨이브
- 3D STUDIO MAX
- 알씨
- Dragon Naturally Speaking

① 3개　　　　　　　　　　　② 4개
③ 5개　　　　　　　　　　　④ 6개

 컴퓨픽, 메타세콰이어, 라이트웨이브, 3D STUDIO MAX, 알씨

22 스마트폰 신제품의 주기가 4~6개월에 불과하다는 것으로 제품의 사이클이 점점 빨라지는 현상을 나타내는 용어는?

① 스마트 법칙
② 구글 법칙
③ 안드로이드 법칙
④ 애플 법칙

 안드로이드 법칙은 마이크로칩의 성능이 매 2년마다 두 배로 증가한다는 '무어의 법칙'에서 따온 말로 스마트폰 시장에서 제품수명주기가 빠르게 짧아지는 것을 이르는 말이다.

23 다음 시트에서 수식 '=COUNTIFS(B2:B12,B3,D2:D12,D2)'의 결과 값은?

	A	B	C	D
1	성명	소속	근무연수	직급
2	윤한성	영업팀	3	대리
3	김영수	편집팀	4	대리
4	이준석	전산팀	1	사원
5	강석현	총무팀	5	과장
6	이진수	편집팀	3	대리
7	이하나	편집팀	10	팀장
8	전아미	영상팀	5	과장
9	임세미	편집팀	1	사원
10	김강우	영업팀	7	팀장
11	이동진	영업팀	1	사원
12	김현수	편집팀	4	대리
13				

① 1   ② 2

③ 3   ④ 4

 COUNTIFS 함수는 복수의 조건을 만족하는 셀의 개수를 구하는 함수이다. COUNTIFS(조건범위1, 조건1, 조건범위2, 조건2)로 입력한다. 따라서 설문에서는 편집팀 소속이면서 대리의 직급을 가지는 사람의 수를 구하는 것이므로 3이 답이다.

24 S회사에서 근무하고 있는 김대리는 최근 업무 때문에 HTML을 배우고 있다. 아직 초보라서 신입사원 H씨로부터 도움을 많이 받고 있지만, H씨가 자리를 비운 사이 김대리가 HTML에서 사용할 수 있는 tag를 써보았다. 잘못된 것은 무엇인가?

① 김대리는 줄을 바꾸기 위해 〈br〉를 사용하였다.

② 김대리는 글자의 크기, 모양, 색상을 설정하기 위해 〈font〉를 사용하였다.

③ 김대리는 표를 만들기 위해 〈table〉을 사용하였다.

④ 김대리는 이미지를 삽입하기 위해 〈form〉을 사용하였다.

④ HTML에서 이미지를 삽입하기 위해서는 〈img〉 태그를 사용한다.

Answer ↱ 21.③   22.③   23.③   24.④

25 다음은 한글 Windows 10의 휴지통에 관한 설명이다. 올바른 설명을 모두 고른 것은?

> (개) 각 드라이브마다 휴지통의 크기를 다르게 설정하는 것이 가능하다.
> (내) 원하는 경우 휴지통에 보관된 폴더나 파일을 직접 실행할 수도 있고 복원할 수도 있다.
> (대) 지정된 휴지통의 용량을 초과하면 가장 오래 전에 삭제되어 보관된 파일부터 지워진다.
> (라) 휴지통은 지워진 파일뿐만 아니라 시간, 날짜, 파일의 경로에 대한 정보까지 저장하고 있다.

① (개), (내), (대), (라)

② (개), (내), (라)

③ (내), (대), (라)

④ (개), (대), (라)

 (내) 휴지통 내에 보관된 파일은 직접 사용할 수 없으며, 원래의 저장 위치로 복원한 다음 원래의 위치에서 실행이 가능하다.

26 왼쪽 워크시트의 성명 데이터를 오른쪽 워크시트처럼 성과 이름의 열로 분리하기 위해 어떤 기능을 사용하면 되는가?

	A	B
1	유하나	
2	김상철	
3	지상진	
4	공나리	
5	진백림	
6	박한선	
7	윤진상	
8		

	A	B
1	유	하나
2	김	상철
3	지	상진
4	공	나리
5	진	백림
6	박	한선
7	윤	진상
8		

① 텍스트 나누기 ② 조건부 서식

③ 그룹 해제 ④ 필터

 오른쪽 워크시트는 왼쪽 워크시트를 텍스트 나누기 기능을 통해 열구분선을 기준으로 하여 텍스트를 나눈 결과이다.

27 그 성격이 가장 다른 정보원은?

① 단행본

② 학술회의자료

③ 백과사전

④ 특허정보

 ③ 2차 자료
①②④ 1차 자료

※ 정보원
  ㉠ **1차 자료**: 원래의 연구 성과가 기록된 자료로 단행본, 학술지, 연구보고서, 학위논문, 신문·잡지 등이 해당한다.
  ㉡ **2차 자료**: 1차 자료를 압축·정리하여 사용하기 효과적인 형태로 제공하는 자료로 사전, 백과사전, 편람, 연감, 서지데이터베이스 등이 해당한다.

Answer → 25.④ 26.① 27.③

|28~30| 다음은 시스템 모니터링 중에 나타난 화면이다. 다음 화면에 나타나는 정보를 이해하고 시스템 상태를 파악하여 적절한 input code를 고르시오.

〈시스템 화면〉

System is checking.......
File system type A.
Correcting value type X.

Error value 018.
Error value 001.
Error value 007.
Error value 093.
Error value 078.

Correcting value 074.

Input code : _____

항목	세부사항
File system type	• type이 A인 경우 : error value 값들 중에서 가장 작은 값을 대푯값으로 선정 • type이 B인 경우 : 모든 error value 값을 곱하여 산출한 값을 대푯값으로 선정 ※ 대푯값은 File system에 따라 error value를 이용하여 산출하는 세 자리의 수치를 말한다.
Correcting value type	• type이 X인 경우 : 시스템 화면 아래에 있는 Correcting value의 $\frac{1}{2}$ 에 해당하는 값을 correcting value로 사용(소수점이 나오는 경우 소수점을 버린다.) • type이 Y인 경우 : 시스템 화면 아래에 있는 Correcting value의 세 배에 해당하는 값을 correcting value로 사용
Correcting value	대푯값과 대조를 통하여 시스템 상태를 판단

판단 기준	시스템 상태	input code
대푯값과 Correting value가 같은 경우	안전	safe
Correcting value가 대푯값보다 큰 경우	경계	• 두 배 이상 차이나지 않는 경우 : alert • 두 배 이상 차이나는 경우 : vigilant
대푯값이 Correnting value보다 큰 경우	위험	danger

28

〈시스템 화면〉

System is checking........
File system type A.
Correcting value type Y.

Error value 123.
Error value 049.
Error value 037.
Error value 061.
Error value 538.

Correcting value 072.

Input code : _____

① safe   ② alert
③ vigilant   ④ danger

 File system type A에 의해서 대푯값은 37로 선정되며, Correcting value type Y에 의해서 Correcting value는 72×3=216을 사용한다. Correcting value값이 대푯값보다 크므로 시스템 상태는 경계 수준이며, 2배 이상 차이가 나므로 input code는 vigilant이다.

Answer⌐→ 28.③

29

〈시스템 화면〉

System is checking.......
File system type A.
Correcting value type X.

Error value 369.
Error value 291.
Error value 367.
Error value 456.
Error value 128.

Correcting value 256.

Input code : _____

---

① safe

② alert

③ vigilant

④ danger

 File system type A에 의해서 대푯값은 128로 선정되며, Correcting value type X에 의해서 Correcting value는 256÷2=128을 사용한다. 대푯값과 Correcting value가 같으므로 시스템 상태는 안전 수준이며, input code는 safe이다.

30

<시스템 화면>

System is checking........
File system type B.
Correcting value type X.

Error value 003.
Error value 008.
Error value 005.
Error value 002.
Error value 004.

Correcting value 999.

Input code : _____

① safe   ② alert
③ vigilant   ④ danger

 File system type B에 의해서 대푯값은 3×8×5×2×4=960으로 선정되며, Correcting value type X에 의해서 Correcting value는 999÷2=499.5≒499를 사용한다. 대푯값이 Correcting value보다 크므로 시스템 상태는 위험 수준이며 input code는 danger이다.

31 아래 워크시트에서 부서명[E2 : E4]을 번호[A2 : A11] 순서대로 반복하여 발령부서[C2 : C11]에 배정하고자 한다. 다음 중 [C2] 셀에 입력할 수식으로 옳은 것은?

	A	B	C	D	E
1	번호	이름	발령부서		부서명
2	1	황현아	기획팀		기획팀
3	2	김지민	재무팀		재무팀
4	3	정미주	총무팀		총무팀
5	4	오민아	기획팀		
6	5	김혜린	재무팀		
7	6	김윤중	총무팀		
8	7	박유미	기획팀		
9	8	김영주	재무팀		
10	9	한상미	총무팀		
11	10	서은정	기획팀		

① =INDEX($E$2:$E$4, MOD(A2, 3))

② =INDEX($E$2:$E$4, MOD(A2, 3)+1)

③ =INDEX($E$2:$E$4, MOD(A2-1, 3)+1)

④ =INDEX($E$2:$E$4, MOD(A2-1, 3))

 INDEX(범위, 행, 열)이고 MOD 함수는 나누어 나머지를 구해서 행 값을 구한다.

INDEX 함수=INDEX($E$2:$E$4, MOD(A2-1, 3)+1)

범위 : $E$2:$E$4

행 : MOD(A2-1, 3)+1

MOD 함수는 나머지를 구해주는 함수=MOD(숫자, 나누는 수), MOD(A2-1, 3)+1의 형태로 된다.

A2의 값이 1이므로 1-1=0, 0을 3으로 나누면 나머지 값이 0이 되는데 0+1을 해줌으로써 INDEX($E$2:$E$4,1)이 된다.

번호 6의 김윤중의 경우

INDEX($E$2:$E$4, MOD(A7-1, 3)+1)

6(A7의 값)-1=5, 5를 3으로 나누면 나머지가 2

2+1=3이므로 3번째 행의 총무팀 값이 들어감을 알 수 있다.

32 아래 워크시트에서 매출액[B3 : B9]을 이용하여 매출 구간별 빈도수를 [F3 : F6] 영역에 계산하고자 한다. 다음 중 이를 위한 배열수식으로 옳은 것은?

	A	B	C	D	E	F
1						
2		매출액		매출구간		빈도수
3		75		0	50	1
4		93		51	100	2
5		130		101	200	3
6		32		201	300	1
7		123				
8		257				
9		169				

① {=PERCENTILE(B3:B9, E3:E6)}

② {=PERCENTILE(E3:E6, B3:B9)}

③ {=FREQUENCY(B3:B9, E3:E6)}

④ {=FREQUENCY(E3:E6, B3:B9)}

FREQUENCY(배열1, 배열2) : 배열2의 범위에 대한 배열1 요소들의 빈도수를 계산
*PERCENTILE(범위, 인수) : 범위에서 인수 번째 백분위수 값
함수 형태=FREQUENCY(Data_array, Bins_array)
Data_array : 빈도수를 계산하려는 값이 있는 셀 주소 또는 배열
Bins_array : Data_array를 분류하는데 필요한 구간 값들이 있는 셀 주소 또는 배열
수식 : {=FREQUENCY(B3:B9, E3:E6)}

33 다음과 같은 자료를 참고할 때, F3 셀에 들어갈 수식으로 알맞은 것은?

	A	B	C	D	E	F
1	이름	소속	수당(원)		구분	인원 수
2	김xx	C팀	160,000		총 인원	12
3	이xx	A팀	200,000		평균 미만	6
4	홍xx	D팀	175,000		평균 이상	6
5	남xx	B팀	155,000			
6	서xx	D팀	170,000			
7	조xx	B팀	195,000			
8	염xx	A팀	190,000			
9	권xx	B팀	145,000			
10	신xx	C팀	200,000			
11	강xx	D팀	190,000			
12	노xx	A팀	160,000			
13	방xx	D팀	220,000			

① =COUNTIF(C2:C13, "〈"&AVERAGE(C2:C13))

② =COUNT(C2:C13, "〈"&AVERAGE(C2:C13))

③ =COUNTIF(C2:C13, "〉"AVERAGE&(C2:C13))

④ =COUNT(C2:C13, "〉"&AVERAGE(C2:C13))

 COUNTIF 함수는 통계함수로서 범위에서 조건에 맞는 셀의 개수를 구할 때 사용된다.
F3 셀은 평균 미만에 해당하는 개수를 구해야 하므로 AVERAGE 함수로 평균 금액을 먼저 구한 후 COUNTIF 함수를 이용할 수 있다. 따라서 =COUNTIF(C2:C13, "〈"&AVERAGE(C2:C13))가 된다.
F4 셀은 평균 이상에 해당하는 개수를 구해야 하므로 F4 셀에 들어갈 수식은 =COUNTIF(C2:C13, "〉="&AVERAGE(C2:C13))이 된다.

34 다음 [조건]에 따라 작성한 [함수식]에 대한 설명으로 옳은 것을 〈보기〉에서 고른 것은?

[조건]

○ 품목과 수량에 대한 위치는 행과 열로 표현한다.

열 행	A	B
1	품목	수량
2	설탕	5
3	식초	6
4	소금	7

[함수 정의]
- IF(조건식, ㉠, ㉡) : 조건식이 참이면 ㉠ 내용을 출력하고, 거짓이면 ㉡ 내용을 출력한다.
- MIN(B2, B3, B4) : B2, B3, B4 중 가장 작은 값을 반환한다.

[함수식]
= IF(MIN(B2, B3, B4) > 3, "이상 없음", "부족")

〈보기〉

㉠ 반복문이 사용되고 있다.
㉡ 조건문이 사용되고 있다.
㉢ 출력되는 결과는 '부족'이다.
㉣ 식초의 수량(B3) 6을 1로 수정할 때 출력되는 결과는 달라진다.

① ㉠, ㉡
② ㉠, ㉢
③ ㉡, ㉢
④ ㉡, ㉣

 MIN 함수에서 최솟값을 반환한 후, IF 함수에서 "이상 없음" 문자열이 출력된다. B3의 내용이 1로 바뀌면 출력은 "부족"이 된다.
㉠ 반복문은 사용되고 있지 않다.
㉢ 현재 입력으로 출력되는 결과물은 "이상 없음"이다.

Answer 33.① 34.④

35 다음 중 아래 워크시트에서 참고표를 참고하여 55,000원에 해당하는 할인율을 [C6]셀에 구하고자 할 때의 적절한 함수식은?

	A	B	C	D	E	F
1		<참고표>				
2		금액	30,000	50,000	80,000	150,000
3		할인율	3%	7%	10%	15%
4						
5		금액	55,000			
6		할인율	7%			

① =LOOKUP(C5,C2:F2,C3:F3)

② =HLOOKUP(C5,B2:F3,1)

③ =VLOOKUP(C5,C2:F3,1)

④ =VLOOKUP(C5,B2:F3,2)

 LOOKUP은 LOOKUP(찾는 값, 범위 1, 범위 2)로 작성하여 구한다.
VLOOKUP은 범위에서 찾을 값에 해당하는 열을 찾은 후 열 번호에 해당하는 셀의 값을 구하며, HLOOKUP은 범위에서 찾을 값에 해당하는 행을 찾은 후 행 번호에 해당하는 셀의 값을 구한다.

36 아래 그림을 참고할 때, 할인율을 변경하여 '판매가격'의 목표값을 150,000으로 변경하려고 한다면 [목표값 찾기] 대화 상자의 '수식 셀'에 입력할 값으로 적절한 것은?

① B4

② C4

③ B2

④ D4

 목표값 찾기는 수식으로 구하려는 결과값은 알지만 해당 결과를 구하는 데 필요한 수식 입력 값을 모르는 경우 사용하는 기능이다. 제시된 대화 상자의 빈칸에는 다음과 같은 내용이 입력된다.
• 수식 셀 : 결과값이 출력되는 셀 주소를 입력 → 반드시 수식이어야 함
• 찾는 값 : 목표값으로 찾고자 하는 값 입력
• 값을 바꿀 셀 : 목표 결과값을 계산하기 위해 변경되는 값이 입력되어 있는 셀 주소 입력

37 인사팀에서는 다음과 같이 직급별 신체조건을 파악해 운동지수를 알아보았다. 다음 자료를 참고할 때, 수식 '=DAVERAGE(A4:E10,"체중",A1:C2)'의 결과값으로 알맞은 것은?

	A	B	C	D	E
1	직급	키		키	
2	대리	>170	<180		
3					
4	직급	키	나이	체중	운동지수
5	대리	174	30	72	132
6	대리	178	29	64	149
7	과장	168	33	75	138
8	사원	180	25	80	125
9	대리	168	39	82	127
10	사원	182	27	74	139

① 29.5

② 140.5

③ 74.5

④ 68

 DAVERAGE 함수는 지정된 범위에서 조건에 맞는 자료를 대상으로 지정된 열의 평균을 계산하는 함수이다. =DAVERAGE(A4:E10,"체중",A1:C2)는 A4:E10 영역에서 직급이 대리이고 키가 170초과 180미만인 데이터의 체중 평균을 구하는 함수식으로, 직급이 대리이고 키가 170초과 180미만인 체중은 D5, D6셀이므로 이에 해당하는 72와 64의 평균인 68이 결과값이 된다.

38 다음 설명을 참고할 때, 'ISBN 89-349-0490'코드를 EAN코드로 바꾼 것으로 옳은 것은?

> 한국도서번호란 국제적으로 표준화된 방법에 의해, 전 세계에서 생산되는 각종 도서에 부여하는 국제표준도서번호(International Standard Book Number : ISBN) 제도에 따라 우리나라에서 발행되는 도서에 부여하는 고유번호를 말한다. 또한 EAN(European Article Number)은 바코드 중 표준된 바코드를 말한다. 즉, EAN코드는 국내뿐만 아니라 전 세계적으로 코드체계(자리수와 규격 등)가 표준화되어 있어 소매점이 POS시스템 도입이나 제조업 혹은 물류업자의 물류관리 등에 널리 사용이 가능한 체계이다.
>
> ISBN코드를 EAN코드로 변환하는 방법은 다음과 같다. 먼저 9자리로 구성된 ISBN코드의 맨 앞에 3자리 EAN 도서번호인 978을 추가한다. 이렇게 연결된 12자리 숫자의 좌측 첫 자리 수부터 순서대로 번갈아 1과 3을 곱한다. 그렇게 곱해서 산출된 모든 수들을 더하고, 다시 10으로 나누게 된다. 이 때 몫을 제외한 '나머지'의 값이 다음과 같은 체크기호와 대응된다.
>
> | 나머지 | 0 | 1 | 2 | 3 | 4 | 5 | 6 | 7 | 8 | 9 |
> |---|---|---|---|---|---|---|---|---|---|---|
> | 체크기호 | 0 | 9 | 8 | 7 | 6 | 5 | 4 | 3 | 2 | 1 |
>
> 나머지에 해당하는 체크기호가 확인되면 처음의 12자리 숫자에 체크기호를 마지막에 더하여 13자리의 EAN코드를 만들 수 있게 된다.

① EAN 9788934904909

② EAN 9788934904908

③ EAN 9788934904907

④ EAN 9788934904906

 ISBN코드의 9자리 숫자는 893490490이다. 따라서 다음과 같은 단계를 거쳐 EAN코드의 체크기호를 산출할 수 있다.

1단계 : ISBN코드의 맨 앞에 3자리 EAN 도서번호인 978을 추가→978893490490

2단계 : 좌측 첫 자리 수부터 순서대로 번갈아 1과 3을 곱한 값을 모두 더함

$\rightarrow (9\times1)+(7\times3)+(8\times1)+(8\times3)+(9\times1)+(3\times3)+(4\times1)+(9\times3)+(0\times1)+(4\times3)+(9\times1)$
$+(0\times3)=132$

3단계 : 2단계 결과값을 10으로 나누기→$132\div10=13 \cdots 2$

4단계 : 3단계 결과값 중 나머지 2의 체크기호는 8

5단계 : 처음 12자리에 체크기호를 추가→9788934904908

따라서 13자리의 EAN코드는 EAN 9788934904908이 된다.

39 다음은 오디오데이터에 대한 설명이다. ㈎, ㈏에 들어갈 용어를 바르게 짝지은 것은?

㈎	– 아날로그 형태의 소리를 디지털 형태로 변형하는 샘플링 과정을 통하여 작성된 데이터 – 실제 소리가 저장되어 재생이 쉽지만, 용량이 큼 – 파일의 크기 계산 : 샘플링 주기×샘플링 크기×시간×재생방식(모노=1, 스테레오=2)
MIDI	– 전자악기 간의 디지털 신호에 의한 통신이나 컴퓨터와 전자악기 간의 통신 규약 – 음성이나 효과음의 저장은 불가능하고, 연주 정보만 저장되므로 크기가 작음 – 시퀀싱 작업을 통해 작성되며, 16개 이상의 악기 동시 연주 가능
㈏	– 고음질 오디오 압축의 표준 형식 – MPEG-1의 압축 방식을 이용하여, 음반 CD 수준의 음질을 유지하면서 1/12 정도까지 압축

	㈎	㈏
①	WAVE	AVI
②	WAVE	MP3
③	MP3	WAVE
④	MP3	AVI

 ㈎는 WAVE, ㈏는 MP3에 관한 설명이다.

40 박대리는 보고서를 작성하던 도중 모니터에 '하드웨어 충돌'이라는 메시지 창이 뜨자 혼란에 빠지고 말았다. 이 문제점을 해결하기 위해 할 수 있는 행동으로 옳은 것은?

① [F8]을 누른 후 메뉴가 표시되면 안전모드를 선택한 후 문제의 원인을 찾는다.

② 사용하지 않는 Windows 구성 요소를 제거한다.

③ [Ctrl]+[Shift]+[Esc]를 누른 후 '응용 프로그램'탭에서 응답하지 않는 프로그램을 종료한다.

④ 제어판→시스템에서 〈장치 관리자〉를 클릭한 후 '장치 관리자' 창에서 확인하여 중복 설치된 장치 제거 후 재설치한다.

 ① 부팅이 안 될 때 문제해결을 위한 방법이다.
② 디스크 용량 부족 시 대처하는 방법이다.
③ 응답하지 않는 프로그램 발생 시 대처방법이다.

Answer ↱ 38.② 39.② 40.④

PART

III

인성검사

CHAPTER

01 인성검사의 개요

1 인성(성격)검사의 개념과 목적

인성(성격)이란 개인을 특징짓는 평범하고 일상적인 사회적 이미지, 즉 지속적이고 일관된 공적 성격(Public – personality)이며, 환경에 대응함으로써 선천적·후천적 요소의 상호작용으로 결정화된 심리적·사회적 특성 및 경향을 의미한다.

인성검사는 직무적성검사를 실시하는 대부분의 기업이나 공사·공단에서 병행하여 실시하고 있으며, 인성검사만 독자적으로 실시하는 기업도 있다.

기업이나 공사·공단에서는 인성검사를 통하여 각 개인이 어떠한 성격 특성이 발달되어 있고, 어떤 특성이 얼마나 부족한지, 그것이 해당 직무의 특성 및 조직문화와 얼마나 맞는지를 알아보고 이에 적합한 인재를 선발하고자 한다. 또한 개인에게 적합한 직무 배분과 부족한 부분을 교육을 통해 보완하도록 할 수 있다.

인성검사의 측정요소는 검사방법에 따라 차이가 있다. 또한 각 기업들이 사용하고 있는 인성검사는 기존에 개발된 인성검사방법에 각 기업의 인재상을 적용하여 자신들에게 적합하게 재개발하여 사용하는 경우가 많다. 그러므로 기업에서 요구하는 인재상을 파악하여 그에 따른 대비책을 준비하는 것이 바람직하다. 본서에서 제시된 인성검사는 크게 '특성'과 '유형'의 측면에서 측정하게 된다.

2 성격의 특성

(1) 정서적 측면

정서적 측면은 평소 마음의 당연시하는 자세나 정신상태가 얼마나 안정하고 있는지 또는 불안정한지를 측정한다.

정서의 상태는 직무수행이나 대인관계와 관련하여 태도나 행동으로 드러난다. 그러므로 정서적 측면을 측정하는 것에 의해, 장래 조직 내의 인간관계에 어느 정도 잘 적응할 수 있을까 (또는 적응하지 못할까)를 예측하는 것이 가능하다.

그렇기 때문에, 정서적 측면의 결과는 채용 시에 상당히 중시된다. 아무리 능력이 좋아도 장기적으로 조직 내의 인간관계에 잘 적응할 수 없다고 판단되는 인재는 기본적으로는 채용되지 않는다.

일반적으로 인성(성격)검사는 채용과는 관계없다고 생각하나 정서적으로 조직에 적응하지 못하는 인재는 채용단계에서 가려내지는 것을 유의하여야 한다.

① **민감성(신경도)** … 꼼꼼함, 섬세함, 성실함 등의 요소를 통해 일반적으로 신경질적인지 또는 자신의 존재를 위협받는다는 불안을 갖기 쉬운지를 측정한다.

질문	그렇다	약간 그렇다	그저 그렇다	별로 그렇지 않다	그렇지 않다
• 배려적이라고 생각한다. • 어지러진 방에 있으면 불안하다. • 실패 후에는 불안하다. • 세세한 것까지 신경쓴다. • 이유 없이 불안할 때가 있다.					

▶측정결과

㉠ '그렇다'가 많은 경우(상처받기 쉬운 유형) : 사소한 일에 신경 쓰고 다른 사람의 사소한 한마디 말에 상처를 받기 쉽다.

• **면접관의 심리** : '동료들과 잘 지낼 수 있을까?', '실패할 때마다 위축되지 않을까?'

• **면접대책** : 다소 신경질적이라도 능력을 발휘할 수 있다는 평가를 얻도록 한다. 주변과 충분한 의사소통이 가능하고, 결정한 것을 실행할 수 있다는 것을 보여주어야 한다.

㉡ '그렇지 않다'가 많은 경우(정신적으로 안정적인 유형) : 사소한 일에 신경 쓰지 않고 금방 해결하며, 주위 사람의 말에 과민하게 반응하지 않는다.

• **면접관의 심리** : '계약할 때 필요한 유형이고, 사고 발생에도 유연하게 대처할 수 있다.'

• **면접대책** : 일반적으로 '민감성'의 측정치가 낮으면 플러스 평가를 받으므로 더욱 자신감 있는 모습을 보여준다.

② **자책성(과민도)** … 자신을 비난하거나 책망하는 정도를 측정한다.

질문	그렇다	약간 그렇다	그저 그렇다	별로 그렇지 않다	그렇지 않다
• 후회하는 일이 많다. • 자신이 하찮은 존재라 생각된다. • 문제가 발생하면 자기의 탓이라고 생각한다. • 무슨 일이든지 꿍꿍대며 진행하는 경향이 있다. • 온순한 편이다.					

▶측정결과

㉠ '그렇다'가 많은 경우(자책하는 유형) : 비관적이고 후회하는 유형이다.

• 면접관의 심리 : '꿍꿍대며 괴로워하고, 일을 진행하지 못할 것 같다.'

• 면접대책 : 기분이 저조해도 항상 의욕을 가지고 생활하는 것과 책임감이 강하다는 것을 보여준다.

㉡ '그렇지 않다'가 많은 경우(낙천적인 유형) : 기분이 항상 밝은 편이다.

• 면접관의 심리 : '안정된 대인관계를 맺을 수 있고, 외부의 압력에도 흔들리지 않는다.'

• 면접대책 : 일반적으로 '자책성'의 측정치가 낮아야 좋은 평가를 받는다.

③ **기분성(불안도)** … 기분의 굴곡이나 감정적인 면의 미숙함이 어느 정도인지를 측정하는 것이다.

질문	그렇다	약간 그렇다	그저 그렇다	별로 그렇지 않다	그렇지 않다
• 다른 사람의 의견에 자신의 결정이 흔들리는 경우가 많다. • 기분이 쉽게 변한다. • 종종 후회한다. • 다른 사람보다 의지가 약한 편이라고 생각한다. • 금방 싫증을 내는 성격이라는 말을 자주 듣는다.					

▶측정결과

㉠ '그렇다'가 많은 경우(감정의 기복이 많은 유형) : 의지력보다 기분에 따라 행동하기 쉽다.

• 면접관의 심리 : '감정적인 것에 약하며, 상황에 따라 생산성이 떨어지지 않을까?'

• 면접대책 : 주변 사람들과 항상 협조한다는 것을 강조하고 한결같은 상태로 일할 수 있다는 평가를 받도록 한다.

㉡ '그렇지 않다'가 많은 경우(감정의 기복이 적은 유형) : 감정의 기복이 없고, 안정적이다.

• 면접관의 심리 : '안정적으로 업무에 임할 수 있다.'

• 면접대책 : 기분성의 측정치가 낮으면 플러스 평가를 받으므로 자신감을 가지고 면접에 임한다.

④ **독자성(개인도)** ··· 주변에 대한 견해나 관심, 자신의 견해나 생각에 어느 정도의 속박감을 가지고 있는지를 측정한다.

질문	그렇다	약간 그렇다	그저 그렇다	별로 그렇지 않다	그렇지 않다
• 창의적 사고방식을 가지고 있다. • 융통성이 있는 편이다. • 혼자 있는 편이 많은 사람과 있는 것보다 편하다. • 개성적이라는 말을 듣는다. • 교제는 번거로운 것이라고 생각하는 경우가 많다.					

▶측정결과

㉠ '그렇다'가 많은 경우 : 자기의 관점을 중요하게 생각하는 유형으로, 주위의 상황보다 자신의 느낌과 생각을 중시한다.
• 면접관의 심리 : '제멋대로 행동하지 않을까?'
• 면접대책 : 주위 사람과 협조하여 일을 진행할 수 있다는 것과 상식에 얽매이지 않는다는 인상을 심어준다.

㉡ '그렇지 않다'가 많은 경우 : 상식적으로 행동하고 주변 사람의 시선에 신경을 쓴다.
• 면접관의 심리 : '다른 직원들과 협조하여 업무를 진행할 수 있겠다.'
• 면접대책 : 협조성이 요구되는 기업체에서는 플러스 평가를 받을 수 있다.

⑤ **자신감(자존심도)** … 자기 자신에 대해 얼마나 긍정적으로 평가하는지를 측정한다.

질문	그렇다	약간 그렇다	그저 그렇다	별로 그렇지 않다	그렇지 않다
• 다른 사람보다 능력이 뛰어나다고 생각한다. • 다소 반대의견이 있어도 나만의 생각으로 행동할 수 있다. • 나는 다른 사람보다 기가 센 편이다. • 동료가 나를 모욕해도 무시할 수 있다. • 대개의 일을 목적한 대로 헤쳐나갈 수 있다고 생각한다.					

▶측정결과

㉠ '그렇다'가 많은 경우 : 자기 능력이나 외모 등에 자신감이 있고, 비판당하는 것을 좋아하지 않는다.
• 면접관의 심리 : '자만하여 지시에 잘 따를 수 있을까?'
• 면접대책 : 다른 사람의 조언을 잘 받아들이고, 겸허하게 반성하는 면이 있다는 것을 보여주고, 동료들과 잘 지내며 리더의 자질이 있다는 것을 강조한다.

㉡ '그렇지 않다'가 많은 경우 : 자신감이 없고 다른 사람의 비판에 약하다.
• 면접관의 심리 : '패기가 부족하지 않을까?', '쉽게 좌절하지 않을까?'
• 면접대책 : 극도의 자신감 부족으로 평가되지는 않는다. 그러나 마음이 약한 면은 있지만 의욕적으로 일을 하겠다는 마음가짐을 보여준다.

⑥ **고양성(분위기에 들뜨는 정도)** … 자유분방함, 명랑함과 같이 감정(기분)의 높고 낮음의 정도를 측정한다.

질문	그렇다	약간 그렇다	그저 그렇다	별로 그렇지 않다	그렇지 않다
• 침착하지 못한 편이다. • 다른 사람보다 쉽게 우쭐해진다. • 모든 사람이 아는 유명인사가 되고 싶다. • 모임이나 집단에서 분위기를 이끄는 편이다. • 취미 등이 오랫동안 지속되지 않는 편이다.					

▶측정결과

㉠ '그렇다'가 많은 경우 : 자극이나 변화가 있는 일상을 원하고 기분을 들뜨게 하는 사람과 친밀하게 지내는 경향이 강하다.
- 면접관의 심리 : '일을 진행하는 데 변덕스럽지 않을까?'
- 면접대책 : 밝은 태도는 플러스 평가를 받을 수 있지만, 착실한 업무능력이 요구되는 직종에서는 마이너스 평가가 될 수 있다. 따라서 자기조절이 가능하다는 것을 보여준다.
㉡ '그렇지 않다'가 많은 경우 : 감정이 항상 일정하고, 속을 드러내 보이지 않는다.
- 면접관의 심리 : '안정적인 업무 태도를 기대할 수 있겠다.'
- 면접대책 : '고양성'의 낮음은 대체로 플러스 평가를 받을 수 있다. 그러나 '무엇을 생각하고 있는지 모르겠다' 등의 평을 듣지 않도록 주의한다.

⑦ 허위성(진위성) … 필요 이상으로 자기를 좋게 보이려 하거나 기업체가 원하는 '이상형'에 맞춘 대답을 하고 있는지, 없는지를 측정한다.

질문	그렇다	약간 그렇다	그저 그렇다	별로 그렇지 않다	그렇지 않다
• 약속을 깨뜨린 적이 한 번도 없다. • 다른 사람을 부럽다고 생각해 본 적이 없다. • 꾸지람을 들은 적이 없다. • 사람을 미워한 적이 없다. • 화를 낸 적이 한 번도 없다.					

▶측정결과

㉠ '그렇다'가 많은 경우 : 실제의 자기와는 다른, 말하자면 원칙으로 해답할 가능성이 있다.
- 면접관의 심리 : '거짓을 말하고 있다.'
- 면접대책 : 조금이라도 좋게 보이려고 하는 '거짓말쟁이'로 평가될 수 있다. '거짓을 말하고 있다.'는 마음 따위가 전혀 없다 해도 결과적으로는 정직하게 답하지 않는다는 것이 되어 버린다. '허위성'의 측정 질문은 구분되지 않고 다른 질문 중에 섞여 있다. 그러므로 모든 질문에 솔직하게 답하여야 한다. 또한 자기 자신과 너무 동떨어진 이미지로 답하면 좋은 결과를 얻지 못한다. 그리고 면접에서 '허위성'을 기본으로 한 질문을 받게 되므로 당황하거나 또다른 모순된 답변을 하게 된다. 겉치레를 하거나 무리한 욕심을 부리지 말고 '이런 사회인이 되고 싶다.'는 현재의 자신보다, 조금 성장한 자신을 표현하는 정도가 적당하다.
㉡ '그렇지 않다'가 많은 경우 : 냉정하고 정직하며, 외부의 압력과 스트레스에 강한 유형이다. '대쪽 같음'의 이미지가 굳어지지 않도록 주의한다.

(2) 행동적인 측면

행동적 측면은 인격 중에 특히 행동으로 드러나기 쉬운 측면을 측정한다. 사람의 행동 특징 자체에는 선도 악도 없으나, 일반적으로는 일의 내용에 의해 원하는 행동이 있다. 때문에 행동적 측면은 주로 직종과 깊은 관계가 있는데 자신의 행동 특성을 살려 적합한 직종을 선택한다면 플러스가 될 수 있다.

행동 특성에서 보여 지는 특징은 면접장면에서도 드러나기 쉬운데 본서의 모의 TEST의 결과를 참고하여 자신의 태도, 행동이 면접관의 시선에 어떻게 비치는지를 점검하도록 한다.

① 사회적 내향성 … 대인관계에서 나타나는 행동경향으로 '낯가림'을 측정한다.

질문	선택
A : 파티에서는 사람을 소개받은 편이다. B : 파티에서는 사람을 소개하는 편이다.	
A : 처음 보는 사람과는 어색하게 시간을 보내는 편이다. B : 처음 보는 사람과는 즐거운 시간을 보내는 편이다.	
A : 친구가 적은 편이다. B : 친구가 많은 편이다.	
A : 자신의 의견을 말하는 경우가 적다. B : 자신의 의견을 말하는 경우가 많다.	
A : 사교적인 모임에 참석하는 것을 좋아하지 않는다. B : 사교적인 모임에 항상 참석한다.	

▶측정결과

㉠ 'A'가 많은 경우 : 내성적이고 사람들과 접하는 것에 소극적이다. 자신의 의견을 말하지 않고 조심스러운 편이다.
- 면접관의 심리 : '소극적인데 동료와 잘 지낼 수 있을까?'
- 면접대책 : 대인관계를 맺는 것을 싫어하지 않고 의욕적으로 일을 할 수 있다는 것을 보여준다.

㉡ 'B'가 많은 경우 : 사교적이고 자기의 생각을 명확하게 전달할 수 있다.
- 면접관의 심리 : '사교적이고 활동적인 것은 좋지만, 자기주장이 너무 강하지 않을까?'
- 면접대책 : 협조성을 보여주고, 자기주장이 너무 강하다는 인상을 주지 않도록 주의한다.

② 내성성(침착도) … 자신의 행동과 일에 대해 침착하게 생각하는 정도를 측정한다.

질문	선택
A : 시간이 걸려도 침착하게 생각하는 경우가 많다. B : 짧은 시간에 결정을 하는 경우가 많다.	
A : 실패의 원인을 찾고 반성하는 편이다. B : 실패를 해도 그다지(별로) 개의치 않는다.	
A : 결론이 도출되어도 몇 번 정도 생각을 바꾼다. B : 결론이 도출되면 신속하게 행동으로 옮긴다.	
A : 여러 가지 생각하는 것이 능숙하다. B : 여러 가지 일을 재빨리 능숙하게 처리하는 데 익숙하다.	
A : 여러 가지 측면에서 사물을 검토한다. B : 행동한 후 생각을 한다.	

▶측정결과

㉠ 'A'가 많은 경우 : 행동하기 보다는 생각하는 것을 좋아하고 신중하게 계획을 세워 실행한다.
• 면접관의 심리 : '행동으로 실천하지 못하고, 대응이 늦은 경향이 있지 않을까?'
• 면접대책 : 발로 뛰는 것을 좋아하고, 일을 더디게 한다는 인상을 주지 않도록 한다.
㉡ 'B'가 많은 경우 : 차분하게 생각하는 것보다 우선 행동하는 유형이다.
• 면접관의 심리 : '생각하는 것을 싫어하고 경솔한 행동을 하지 않을까?'
• 면접대책 : 계획을 세우고 행동할 수 있는 것을 보여주고 '사려깊다'라는 인상을 남기도록 한다.

③ 신체활동성 … 몸을 움직이는 것을 좋아하는가를 측정한다.

질문	선택
A : 민첩하게 활동하는 편이다. B : 준비행동이 없는 편이다.	
A : 일을 척척 해치우는 편이다. B : 일을 더디게 처리하는 편이다.	
A : 활발하다는 말을 듣는다. B : 얌전하다는 말을 듣는다.	
A : 몸을 움직이는 것을 좋아한다. B : 가만히 있는 것을 좋아한다.	
A : 스포츠를 하는 것을 즐긴다. B : 스포츠를 보는 것을 좋아한다.	

▶측정결과

㉠ 'A'가 많은 경우 : 활동적이고, 몸을 움직이게 하는 것이 컨디션이 좋다.

• 면접관의 심리 : '활동적으로 활동력이 좋아 보인다.'

• 면접대책 : 활동하고 얻은 성과 등과 주어진 상황의 대응능력을 보여준다.

㉡ 'B'가 많은 경우 : 침착한 인상으로, 차분하게 있는 타입이다.

• 면접관의 심리 : '좀처럼 행동하려 하지 않아 보이고, 일을 빠르게 처리할 수 있을까?'

④ 지속성(노력성) … 무슨 일이든 포기하지 않고 끈기 있게 하려는 정도를 측정한다.

질문	선택
A : 일단 시작한 일은 시간이 걸려도 끝까지 마무리한다. B : 일을 하다 어려움에 부딪히면 단념한다.	
A : 끈질긴 편이다. B : 바로 단념하는 편이다.	
A : 인내가 강하다는 말을 듣는다. B : 금방 싫증을 낸다는 말을 듣는다.	
A : 집념이 깊은 편이다. B : 담백한 편이다.	
A : 한 가지 일에 구애되는 것이 좋다고 생각한다. B : 간단하게 체념하는 것이 좋다고 생각한다.	

▶측정결과

㉠ 'A'가 많은 경우 : 시작한 것은 어려움이 있어도 포기하지 않고 인내심이 높다.
- 면접관의 심리 : '한 가지의 일에 너무 구애되고, 업무의 진행이 원활할까?'
- 면접대책 : 인내력이 있는 것은 플러스 평가를 받을 수 있지만 집착이 강해 보이기도 한다.

㉡ 'B'가 많은 경우 : 뒤끝이 없고 조그만 실패로 일을 포기하기 쉽다.
- 면접관의 심리 : '질리는 경향이 있고, 일을 정확히 끝낼 수 있을까?'
- 면접대책 : 지속적인 노력으로 성공했던 사례를 준비하도록 한다.

⑤ 신중성(주의성) … 자신이 처한 주변상황을 즉시 파악하고 자신의 행동이 어떤 영향을 미치는지를 측정한다.

질문	선택
A : 여러 가지로 생각하면서 완벽하게 준비하는 편이다. B : 행동할 때부터 임기응변적인 대응을 하는 편이다.	
A : 신중해서 타이밍을 놓치는 편이다. B : 준비 부족으로 실패하는 편이다.	
A : 자신은 어떤 일에도 신중히 대응하는 편이다. B : 순간적인 충동으로 활동하는 편이다.	
A : 시험을 볼 때 끝날 때까지 재검토하는 편이다. B : 시험을 볼 때 한 번에 모든 것을 마치는 편이다.	
A : 일에 대해 계획표를 만들어 실행한다. B : 일에 대한 계획표 없이 진행한다.	

▶측정결과

㉠ 'A'가 많은 경우 : 주변 상황에 민감하고, 예측하여 계획 있게 일을 진행한다.
- 면접관의 심리 : '너무 신중해서 적절한 판단을 할 수 있을까?', '앞으로의 상황에 불안을 느끼지 않을까?'
- 면접대책 : 예측을 하고 실행을 하는 것은 플러스 평가가 되지만, 너무 신중하면 일의 진행이 정체될 가능성을 보이므로 추진력이 있다는 강한 의욕을 보여준다.

㉡ 'B'가 많은 경우 : 주변 상황을 살펴보지 않고 착실한 계획 없이 일을 진행시킨다.
- 면접관의 심리 : '사려 깊지 않고, 실패하는 일이 많지 않을까?', '판단이 빠르고 유연한 사고를 할 수 있을까?'
- 면접대책 : 사전준비를 중요하게 생각하고 있다는 것 등을 보여주고, 경솔한 인상을 주지 않도록 한다. 또한 판단력이 빠르거나 유연한 사고 덕분에 일 처리를 잘 할 수 있다는 것을 강조한다.

(3) 의욕적인 측면

의욕적인 측면은 의욕의 정도, 활동력의 유무 등을 측정한다. 여기서의 의욕이란 우리들이 보통 말하고 사용하는 '하려는 의지'와는 조금 뉘앙스가 다르다. '하려는 의지'란 그 때의 환경이나 기분에 따라 변화하는 것이지만, 여기에서는 조금 더 변화하기 어려운 특징, 말하자면 정신적 에너지의 양으로 측정하는 것이다.

의욕적 측면은 행동적 측면과는 다르고, 전반적으로 어느 정도 점수가 높은 쪽을 선호한다. 모의검사의 의욕적 측면의 결과가 낮다면, 평소 일에 몰두할 때 조금 의욕 있는 자세를 가지고 서서히 개선하도록 노력해야 한다.

① **달성의욕** … 목적의식을 가지고 높은 이상을 가지고 있는지를 측정한다.

질문	선택
A : 경쟁심이 강한 편이다. B : 경쟁심이 약한 편이다.	
A : 어떤 한 분야에서 제1인자가 되고 싶다고 생각한다. B : 어느 분야에서든 성실하게 임무를 진행하고 싶다고 생각한다.	
A : 규모가 큰일을 해보고 싶다. B : 맡은 일에 충실히 임하고 싶다.	
A : 아무리 노력해도 실패한 것은 아무런 도움이 되지 않는다. B : 가령 실패했을 지라도 나름대로의 노력이 있었으므로 괜찮다.	
A : 높은 목표를 설정하여 수행하는 것이 의욕적이다. B : 실현 가능한 정도의 목표를 설정하는 것이 의욕적이다.	

▶측정결과

㉠ 'A'가 많은 경우 : 큰 목표와 높은 이상을 가지고 승부욕이 강한 편이다.
- 면접관의 심리 : '열심히 일을 해줄 것 같은 유형이다.'
- 면접대책 : 달성의욕이 높다는 것은 어떤 직종이라도 플러스 평가가 된다.

㉡ 'B'가 많은 경우 : 현재의 생활을 소중하게 여기고 비약적인 발전을 위하여 기를 쓰지 않는다.
- 면접관의 심리 : '외부의 압력에 약하고, 기획입안 등을 하기 어려울 것이다.'
- 면접대책 : 일을 통하여 하고 싶은 것들을 구체적으로 어필한다.

② **활동의욕** … 자신에게 잠재된 에너지의 크기로, 정신적인 측면의 활동력이라 할 수 있다.

질문	선택
A : 하고 싶은 일을 실행으로 옮기는 편이다. B : 하고 싶은 일을 좀처럼 실행할 수 없는 편이다.	
A : 어려운 문제를 해결해 가는 것이 좋다. B : 어려운 문제를 해결하는 것을 잘하지 못한다.	
A : 일반적으로 결단이 빠른 편이다. B : 일반적으로 결단이 느린 편이다.	
A : 곤란한 상황에도 도전하는 편이다. B : 사물의 본질을 깊게 관찰하는 편이다.	
A : 시원시원하다는 말을 잘 듣는다. B : 꼼꼼하다는 말을 잘 듣는다.	

▶측정결과

㉠ 'A'가 많은 경우 : 꾸물거리는 것을 싫어하고 재빠르게 결단해서 행동하는 타입이다.
- 면접관의 심리 : '일을 처리하는 솜씨가 좋고, 일을 척척 진행할 수 있을 것 같다.'
- 면접대책 : 활동의욕이 높은 것은 플러스 평가가 된다. 사교성이나 활동성이 강하다는 인상을 준다.

㉡ 'B'가 많은 경우 : 안전하고 확실한 방법을 모색하고 차분하게 시간을 아껴서 일에 임하는 타입이다.
- 면접관의 심리 : '재빨리 행동을 못하고, 일의 처리속도가 느린 것이 아닐까?'
- 면접대책 : 활동성이 있는 것을 좋아하고 움직임이 더디다는 인상을 주지 않도록 한다.

3 성격의 유형

(1) 인성검사유형의 4가지 척도

정서적인 측면, 행동적인 측면, 의욕적인 측면의 요소들은 성격 특성이라는 관점에서 제시된 것들로 각 개인의 장·단점을 파악하는 데 유용하다. 그러나 전체적인 개인의 인성을 이해하는 데는 한계가 있다.

성격의 유형은 개인의 '성격적인 특색'을 가리키는 것으로, 사회인으로서 적합한지, 아닌지를 말하는 관점과는 관계가 없다. 따라서 채용의 합격 여부에는 사용되지 않는 경우가 많으며, 입사 후의 적정 부서 배치의 자료가 되는 편이라 생각하면 된다. 그러나 채용과 관계가 없다고 해서 아무런 준비도 필요없는 것은 아니다. 자신을 아는 것은 면접 대책의 밑거름이 되므로 모의검사 결과를 충분히 활용하도록 하여야 한다.

본서에서는 4개의 척도를 사용하여 기본적으로 16개의 패턴으로 성격의 유형을 분류하고 있다. 각 개인의 성격이 어떤 유형인지 재빨리 파악하기 위해 사용되며, '적성'에 맞는지, 맞지 않는지의 관점에 활용된다.

- 흥미·관심의 방향 : 내향형 ←──────→ 외향형
- 사물에 대한 견해 : 직관형 ←──────→ 감각형
- 판단하는 방법 : 감정형 ←──────→ 사고형
- 환경에 대한 접근방법 : 지각형 ←──────→ 판단형

(2) 성격유형

① 흥미·관심의 방향(내향 ⇆ 외향) … 흥미·관심의 방향이 자신의 내면에 있는지, 주위환경 등 외면에 향하는 지를 가리키는 척도이다.

질문	선택
A : 내성적인 성격인 편이다. B : 개방적인 성격인 편이다.	
A : 항상 신중하게 생각을 하는 편이다. B : 바로 행동에 착수하는 편이다.	
A : 수수하고 조심스러운 편이다. B : 자기 표현력이 강한 편이다.	
A : 다른 사람과 함께 있으면 침착하지 않다. B : 혼자서 있으면 침착하지 않다.	

▶측정결과
㉠ 'A'가 많은 경우(내향) : 관심의 방향이 자기 내면에 있으며, 조용하고 낯을 가리는 유형이다. 행동력은 부족하나 집중력이 뛰어나고 신중하고 꼼꼼하다.
㉡ 'B'가 많은 경우(외향) : 관심의 방향이 외부환경에 있으며, 사교적이고 활동적인 유형이다. 꼼꼼함이 부족하여 대충하는 경향이 있으나 행동력이 있다.

② 일(사물)을 보는 방법(직감 ⇆ 감각) … 일(사물)을 보는 법이 직감적으로 형식에 얽매이는지, 감각적으로 상식적인지를 가리키는 척도이다.

질문	선택
A : 현실주의적인 편이다. B : 상상력이 풍부한 편이다. A : 정형적인 방법으로 일을 처리하는 것을 좋아한다. B : 만들어진 방법에 변화가 있는 것을 좋아한다. A : 경험에서 가장 적합한 방법으로 선택한다. B : 지금까지 없었던 새로운 방법을 개척하는 것을 좋아한다. A : 성실하다는 말을 듣는다. B : 호기심이 강하다는 말을 듣는다.	

▶측정결과
㉠ 'A'가 많은 경우(감각) : 현실적이고 경험주의적이며 보수적인 유형이다.
㉡ 'B'가 많은 경우(직관) : 새로운 주제를 좋아하며, 독자적인 시각을 가진 유형이다.

③ 판단하는 방법(감정 ⇆ 사고) … 일을 감정적으로 판단하는지, 논리적으로 판단하는지를 가리키는 척도이다.

질문	선택
A : 인간관계를 중시하는 편이다. B : 일의 내용을 중시하는 편이다. A : 결론을 자기의 신념과 감정에서 이끌어내는 편이다. B : 결론을 논리적 사고에 의거하여 내리는 편이다. A : 다른 사람보다 동정적이고 눈물이 많은 편이다. B : 다른 사람보다 이성적이고 냉정하게 대응하는 편이다. A : 다른 사람보다 동정적이고 눈물이 많은 편이다. B : 다른 사람보다 이성적이고 냉정하게 대응하는 편이다.	

▶측정결과
㉠ 'A'가 많은 경우(감정) : 일을 판단할 때 마음·감정을 중요하게 여기는 유형이다. 감정이 풍부하고 친절하나 엄격함이 부족하고 우유부단하며, 합리성이 부족하다.
㉡ 'B'가 많은 경우(사고) : 일을 판단할 때 논리성을 중요하게 여기는 유형이다. 이성적이고 합리적이나 타인에 대한 배려가 부족하다.

④ **환경에 대한 접근방법** … 주변상황에 어떻게 접근하는지, 그 판단기준을 어디에 두는지를 측정한다.

질문	선택
A : 사전에 계획을 세우지 않고 행동한다. B : 반드시 계획을 세우고 그것에 의거해서 행동한다. A : 자유롭게 행동하는 것을 좋아한다. B : 조직적으로 행동하는 것을 좋아한다. A : 조직성이나 관습에 속박당하지 않는다. B : 조직성이나 관습을 중요하게 여긴다. A : 계획 없이 낭비가 심한 편이다. B : 예산을 세워 물건을 구입하는 편이다.	

▶측정결과

㉠ 'A'가 많은 경우(지각) : 일의 변화에 융통성을 가지고 유연하게 대응하는 유형이다. 낙관적이며 질서보다는 자유를 좋아하나 임기응변식의 대응으로 무계획적인 인상을 줄 수 있다.

㉡ 'B'가 많은 경우(판단) : 일의 진행시 계획을 세워서 실행하는 유형이다. 순차적으로 진행하는 일을 좋아하고 끈기가 있으나 변화에 대해 적절하게 대응하지 못하는 경향이 있다.

(3) 성격유형의 판정

성격유형은 합격 여부의 판정보다는 배치를 위한 자료로써 이용된다. 즉, 기업은 입사시험 단계에서 입사 후에도 사용할 수 있는 정보를 입수하고 있다는 것이다. 성격검사에서는 어느 척도가 얼마나 고득점이었는지에 주시하고 각각의 측면에서 반드시 하나씩 고르고 편성한다. 편성은 모두 16가지가 되나 각각의 측면을 더 세분하면 200가지 이상의 유형이 나온다.

여기에서는 16가지 편성을 제시한다. 성격검사에 어떤 정보가 게재되어 있는지를 이해하면서 자기의 성격유형을 파악하기 위한 실마리로 활용하도록 한다.

① 내향 – 직관 – 감정 – 지각(TYPE A)

관심이 내면에 향하고 조용하고 소극적이다. 사물에 대한 견해는 새로운 것에 대해 호기심이 강하고, 독창적이다. 감정은 좋아하는 것과 싫어하는 것의 판단이 확실하고, 감정이 풍부하고 따뜻한 느낌이 있는 반면, 합리성이 부족한 경향이 있다. 환경에 접근하는 방법은 순응적이고 상황의 변화에 대해 유연하게 대응하는 것을 잘한다.

② 내향 – 직관 – 감정 – 사고(TYPE B)

관심이 내면으로 향하고 조용하고 쑥쓰러움을 잘 타는 편이다. 사물을 보는 관점은 독창적이며, 자기나름대로 궁리하며 생각하는 일이 많다. 좋고 싫음으로 판단하는 경향이 강하고 타인에게는 친절한 반면, 우유부단하기 쉬운 편이다. 환경 변화에 대해 유연하게 대응하는 것을 잘한다.

③ 내향 – 직관 – 사고 – 지각(TYPE C)

관심이 내면으로 향하고 얌전하고 교제범위가 좁다. 사물을 보는 관점은 독창적이며, 현실에서 먼 추상적인 것을 생각하기를 좋아한다. 논리적으로 생각하고 판단하는 경향이 강하고 이성적이지만, 남의 감정에 대해서는 무반응인 경향이 있다. 환경의 변화에 순응적이고 융통성 있게 임기응변으로 대응할 수가 있다.

④ 내향 – 직관 – 사고 – 판단(TYPE D)

관심이 내면으로 향하고 주의깊고 신중하게 행동을 한다. 사물을 보는 관점은 독창적이며 논리를 좋아해서 이치를 따지는 경향이 있다. 논리적으로 생각하고 판단하는 경향이 강하고, 객관적이지만 상대방의 마음에 대한 배려가 부족한 경향이 있다. 환경에 대해서는 순응하는 것보다 대응하며, 한 번 정한 것은 끈질기게 행동하려 한다.

⑤ 내향 – 감각 – 감정 – 지각(TYPE E)

관심이 내면으로 향하고 조용하며 소극적이다. 사물을 보는 관점은 상식적이고 그대로의 것을 좋아하는 경향이 있다. 좋음과 싫음으로 판단하는 경향이 강하고 타인에 대해서 동정심이 많은 반면, 엄격한 면이 부족한 경향이 있다. 환경에 대해서는 순응적이고, 예측할 수 없다해도 태연하게 행동하는 경향이 있다.

⑥ 내향 – 감각 – 감정 – 판단(TYPE F)

관심이 내면으로 향하고 얌전하며 쑥쓰러움을 많이 탄다. 사물을 보는 관점은 상식적이고 논리적으로 생각하는 것보다도 경험을 중요시하는 경향이 있다. 좋고 싫음으로 판단하는 경향이 강하고 사람이 좋은 반면, 개인적 취향이나 소원에 영향을 받는 일이 많은 경향이 있다. 환경에 대해서는 영향을 받지 않고, 자기 페이스 대로 꾸준히 성취하는 일을 잘한다.

⑦ 내향 – 감각 – 사고 – 지각(TYPE G)

관심이 내면으로 향하고 얌전하고 교제범위가 좁다. 사물을 보는 관점은 상식적인 동시에 실천적이며, 틀에 박힌 형식을 좋아한다. 논리적으로 판단하는 경향이 강하고 침착하지만 사람에 대해서는 엄격하여 차가운 인상을 주는 일이 많다. 환경에 대해서 순응적이고, 계획적으로 행동하지 않으며 자유로운 행동을 좋아하는 경향이 있다.

⑧ 내향 – 감각 – 사고 – 판단(TYPE H)

　　관심이 내면으로 향하고 주의 깊고 신중하게 행동을 한다. 사물을 보는 관점이 상식적이고 새롭고 경험하지 못한 일에 대응을 잘 하지 못한다. 논리적으로 생각하고 판단하는 경향이 강하고, 공평하지만 상대방의 감정에 대해 배려가 부족할 때가 있다. 환경에 대해서는 작용하는 편이고, 질서 있게 행동하는 것을 좋아한다.

⑨ 외향 – 직관 – 감정 – 지각(TYPE I)

　　관심이 외향으로 향하고 밝고 활동적이며 교제범위가 넓다. 사물을 보는 관점은 독창적이고 호기심이 강하며 새로운 것을 생각하는 것을 좋아한다. 좋음 싫음으로 판단하는 경향이 강하다. 사람은 좋은 반면 개인적 취향이나 소원에 영향을 받는 일이 많은 편이다.

⑩ 외향 – 직관 – 감정 – 판단(TYPE J)

　　관심이 외향으로 향하고 개방적이며 누구와도 쉽게 친해질 수 있다. 사물을 보는 관점은 독창적이고 자기 나름대로 궁리하고 생각하는 면이 많다. 좋음과 싫음으로 판단하는 경향이 강하고, 타인에 대해 동정적이기 쉽고 엄격함이 부족한 경향이 있다. 환경에 대해서는 작용하는 편이고 질서 있는 행동을 하는 것을 좋아한다.

⑪ 외향 – 직관 – 사고 – 지각(TYPE K)

　　관심이 외향으로 향하고 태도가 분명하며 활동적이다. 사물을 보는 관점은 독창적이고 현실과 거리가 있는 추상적인 것을 생각하는 것을 좋아한다. 논리적으로 생각하고 판단하는 경향이 강하고, 공평하지만 상대에 대한 배려가 부족할 때가 있다.

⑫ 외향 – 직관 – 사고 – 판단(TYPE L)

　　관심이 외향으로 향하고 밝고 명랑한 성격이며 사교적인 것을 좋아한다. 사물을 보는 관점은 독창적이고 논리적인 것을 좋아하기 때문에 이치를 따지는 경향이 있다. 논리적으로 생각하고 판단하는 경향이 강하고 침착성이 뛰어나지만 사람에 대해서 엄격하고 차가운 인상을 주는 경우가 많다. 환경에 대해 작용하는 편이고 계획을 세우고 착실하게 실행하는 것을 좋아한다.

⑬ 외향 – 감각 – 감정 – 지각(TYPE M)

　　관심이 외향으로 향하고 밝고 활동적이고 교제범위가 넓다. 사물을 보는 관점은 상식적이고 종래대로 있는 것을 좋아한다. 보수적인 경향이 있고 좋아함과 싫어함으로 판단하는 경향이 강하며 타인에게는 친절한 반면, 우유부단한 경우가 많다. 환경에 대해 순응적이고, 융통성이 있고 임기응변으로 대응할 가능성이 높다.

⑭ 외향 – 감각 – 감정 – 판단(TYPE N)

　관심이 외향으로 향하고 개방적이며 누구와도 쉽게 대면할 수 있다. 사물을 보는 관점은 상식적이고 논리적으로 생각하기보다는 경험을 중시하는 편이다. 좋아함과 싫어함으로 판단하는 경향이 강하고 감정이 풍부하며 따뜻한 느낌이 있는 반면에 합리성이 부족한 경우가 많다. 환경에 대해서 작용하는 편이고, 한 번 결정한 것은 끈질기게 실행하려고 한다.

⑮ 외향 – 감각 – 사고 – 지각(TYPE O)

　관심이 외향으로 향하고 시원한 태도이며 활동적이다. 사물을 보는 관점이 상식적이며 동시에 실천적이고 명백한 형식을 좋아하는 경향이 있다. 논리적으로 생각하고 판단하는 경향이 강하고, 객관적이지만 상대 마음에 대해 배려가 부족한 경향이 있다.

⑯ 외향 – 감각 – 사고 – 판단(TYPE P)

　관심이 외향으로 향하고 밝고 명랑하며 사교적인 것을 좋아한다. 사물을 보는 관점은 상식적이고 경험하지 못한 새로운 것에 대응을 잘 하지 못한다. 논리적으로 생각하고 판단하는 경향이 강하고 이성적이지만 사람의 감정에 무심한 경향이 있다. 환경에 대해서는 작용하는 편이고, 자기 페이스대로 꾸준히 성취하는 것을 잘한다.

4 인성검사의 대책

(1) 미리 알아두어야 할 점

① 출제 문항 수 … 인성검사의 출제 문항 수는 특별히 정해진 것이 아니며 각 기업체의 기준에 따라 달라질 수 있다. 보통 100문항 이상에서 500문항까지 출제된다고 예상하면 된다.

② 출제형식

　　㉠ '예' 아니면 '아니오'의 형식

다음 문항을 읽고 자신에게 해당되는지 안 되는지를 판단하여 해당될 경우 '예'를, 해당되지 않을 경우 '아니오'를 고르시오.

질문	예	아니오
1. 자신의 생각이나 의견은 좀처럼 변하지 않는다.	○	
2. 구입한 후 끝까지 읽지 않은 책이 많다.		○

다음 문항에 대해서 평소에 자신이 생각하고 있는 것이나 행동하고 있는 것에 ○표를 하시오.

질문	그렇다	약간 그렇다	그저 그렇다	별로 그렇지 않다	그렇지 않다
1. 시간에 쫓기는 것이 싫다.		○			
2. 여행가기 전에 계획을 세운다			○		

　　㉡ A와 B의 선택형식

A와 B에 주어진 문장을 읽고 자신에게 해당되는 것을 고르시오.

질문	선택
A : 걱정거리가 있어서 잠을 못 잘 때가 있다.	(○)
B : 걱정거리가 있어도 잠을 잘 잔다.	( )

(2) 임하는 자세

① 솔직하게 있는 그대로 표현한다 … 인성검사는 평범한 일상생활 내용들을 다룬 짧은 문장과 어떤 대상이나 일에 대한 선로를 선택하는 문장으로 구성되었으므로 평소에 자신이 생각한 바를 너무 골똘히 생각하지 말고 문제를 보는 순간 떠오른 것을 표현한다.

② 모든 문제를 신속하게 대답한다 … 인성검사는 시간 제한이 없는 것이 원칙이지만 기업체들은 일정한 시간 제한을 두고 있다. 인성검사는 개인의 성격과 자질을 알아보기 위한 검사이기 때문에 정답이 없다. 다만, 기업체에서 바람직하게 생각하거나 기대되는 결과가 있을 뿐이다. 따라서 시간에 쫓겨서 대충 대답을 하는 것은 바람직하지 못하다.

③ 일관성 있게 대답한다 … 간혹 반복되는 문제들이 출제되기 때문에 일관성 있게 답하지 않으면 감점될 수 있으므로 유의한다. 실제로 공기업 인사부 직원의 인터뷰에 따르면 일관성이 없게 대답한 응시자들이 감점을 받아 탈락했다고 한다. 거짓된 응답을 하다보면 일관성 없는 결과가 나타날 수 있으므로, 위에서 언급한 대로 신속하고 솔직하게 답해 일관성 있는 응답을 하는 것이 중요하다.

④ 마지막까지 집중해서 검사에 임한다 … 장시간 진행되는 검사에 지치지 않고 마지막까지 집중해서 정확히 답할 수 있도록 해야 한다.

CHAPTER

02 실전 인성검사

┃1~180┃ 다음 질문을 읽고, 자신에게 적합하다고 생각하면 YES, 그렇지 않다면 NO를 선택하시오 (인성검사는 응시자의 인성을 파악하기 위한 자료이므로 정답이 존재하지 않습니다).

	YES	NO
1. 조금이라도 나쁜 소식은 절망의 시작이라고 생각해버린다.	( )	( )
2. 언제나 실패가 걱정이 되어 어쩔 줄 모른다.	( )	( )
3. 다수결의 의견에 따르는 편이다.	( )	( )
4. 혼자서 커피숍에 들어가는 것은 전혀 두려운 일이 아니다.	( )	( )
5. 승부근성이 강하다.	( )	( )
6. 자주 흥분해서 침착하지 못하다.	( )	( )
7. 지금까지 살면서 타인에게 폐를 끼친 적이 없다.	( )	( )
8. 소곤소곤 이야기하는 것을 보면 자기에 대해 험담하고 있는 것으로 생각된다.	( )	( )
9. 무엇이든지 자기가 나쁘다고 생각하는 편이다.	( )	( )
10. 자신을 변덕스러운 사람이라고 생각한다.	( )	( )
11. 고독을 즐기는 편이다.	( )	( )
12. 자존심이 강하다고 생각한다.	( )	( )
13. 금방 흥분하는 성격이다.	( )	( )
14. 거짓말을 한 적이 없다.	( )	( )
15. 신경질적인 편이다.	( )	( )
16. 끙끙대며 고민하는 타입이다.	( )	( )
17. 감정적인 사람이라고 생각한다.	( )	( )
18. 자신만의 신념을 가지고 있다.	( )	( )
19. 다른 사람을 바보 같다고 생각한 적이 있다.	( )	( )

20. 금방 말해버리는 편이다. ……………………………………………… ( )( )

21. 싫어하는 사람이 없다. ………………………………………………… ( )( )

22. 대재앙이 오지 않을까 항상 걱정을 한다. ………………………… ( )( )

23. 쓸데없는 고생을 하는 일이 많다. ………………………………… ( )( )

24. 자주 생각이 바뀌는 편이다. ………………………………………… ( )( )

25. 문제점을 해결하기 위해 여러 사람과 상의한다. ……………… ( )( )

26. 내 방식대로 일을 한다. ……………………………………………… ( )( )

27. 영화를 보고 운 적이 많다. ………………………………………… ( )( )

28. 어떤 것에 대해서도 화낸 적이 없다. …………………………… ( )( )

29. 사소한 충고에도 걱정을 한다. …………………………………… ( )( )

30. 자신은 도움이 안 되는 사람이라고 생각한다. ………………… ( )( )

31. 금방 싫증을 내는 편이다. ………………………………………… ( )( )

32. 개성적인 사람이라고 생각한다. …………………………………… ( )( )

33. 자기주장이 강한 편이다. …………………………………………… ( )( )

34. 뒤숭숭하다는 말을 들은 적이 있다. ……………………………… ( )( )

35. 학교를 쉬고 싶다고 생각한 적이 한 번도 없다. ……………… ( )( )

36. 사람들과 관계 맺는 것을 잘하지 못한다. ……………………… ( )( )

37. 사려 깊은 편이다. …………………………………………………… ( )( )

38. 몸을 움직이는 것을 좋아한다. …………………………………… ( )( )

39. 끈기가 있는 편이다. ………………………………………………… ( )( )

40. 신중한 편이라고 생각한다. ………………………………………… ( )( )

41. 인생의 목표는 큰 것이 좋다. ……………………………………… ( )( )

42. 어떤 일이라도 바로 시작하는 타입이다. ……………………… ( )( )

43. 낯가림을 하는 편이다. ……………………………………………… ( )( )

44. 생각하고 나서 행동하는 편이다. ………………………………… ( )( )

45. 쉬는 날은 밖으로 나가는 경우가 많다. ·······················( )( )

46. 시작한 일은 반드시 완성시킨다. ·····························( )( )

47. 면밀한 계획을 세운 여행을 좋아한다. ·······················( )( )

48. 야망이 있는 편이라고 생각한다. ·····························( )( )

49. 활동력이 있는 편이다. ·····································( )( )

50. 많은 사람들과 왁자지껄하게 식사하는 것을 좋아하지 않는다. ·······( )( )

51. 돈을 허비한 적이 없다. ····································( )( )

52. 어릴 적에 운동회를 아주 좋아하고 기대했다. ·················( )( )

53. 하나의 취미에 열중하는 타입이다. ··························( )( )

54. 모임에서 리더에 어울린다고 생각한다. ·······················( )( )

55. 입신출세의 성공이야기를 좋아한다. ··························( )( )

56. 어떠한 일도 의욕을 가지고 임하는 편이다. ···················( )( )

57. 학급에서는 존재가 희미했다. ·······························( )( )

58. 항상 무언가를 생각하고 있다. ······························( )( )

59. 스포츠는 보는 것보다 하는 게 좋다. ·························( )( )

60. '참 잘했네요'라는 말을 자주 듣는다. ·························( )( )

61. 흐린 날은 반드시 우산을 가지고 간다. ·······················( )( )

62. 주연상을 받을 수 있는 배우를 좋아한다. ·····················( )( )

63. 공격하는 타입이라고 생각한다. ·····························( )( )

64. 리드를 받는 편이다. ······································( )( )

65. 너무 신중해서 기회를 놓친 적이 있다. ·······················( )( )

66. 시원시원하게 움직이는 타입이다. ····························( )( )

67. 야근을 해서라도 업무를 끝낸다. ····························( )( )

68. 누군가를 방문할 때는 반드시 사전에 확인한다. ···············( )( )

69. 노력해도 결과가 따르지 않으면 의미가 없다. ·················( )( )

70. 무조건 행동해야 한다. ··· (   )(   )

71. 유행에 둔감하다고 생각한다. ·· (   )(   )

72. 정해진 대로 움직이는 것은 시시하다. ·· (   )(   )

73. 꿈을 계속 가지고 있고 싶다. ·· (   )(   )

74. 질서보다 자유를 중요시하는 편이다. ·· (   )(   )

75. 혼자서 취미에 몰두하는 것을 좋아한다. ··································· (   )(   )

76. 직관적으로 판단하는 편이다. ·· (   )(   )

77. 영화나 드라마를 보면 등장인물의 감정에 이입된다. ················ (   )(   )

78. 시대의 흐름에 역행해서라도 자신을 관철하고 싶다. ··············· (   )(   )

79. 다른 사람의 소문에 관심이 없다. ·· (   )(   )

80. 창조적인 편이다. ··· (   )(   )

81. 비교적 눈물이 많은 편이다. ·· (   )(   )

82. 융통성이 있다고 생각한다. ·· (   )(   )

83. 친구의 휴대전화 번호를 잘 모른다. ·· (   )(   )

84. 스스로 고안하는 것을 좋아한다. ·· (   )(   )

85. 정이 두터운 사람으로 남고 싶다. ·· (   )(   )

86. 조직의 일원으로 별로 안 어울린다. ·· (   )(   )

87. 세상의 일에 별로 관심이 없다. ··· (   )(   )

88. 변화를 추구하는 편이다. ·· (   )(   )

89. 업무는 인간관계로 선택한다. ·· (   )(   )

90. 환경이 변하는 것에 구애되지 않는다. ·· (   )(   )

91. 불안감이 강한 편이다. ··· (   )(   )

92. 인생은 살 가치가 없다고 생각한다. ··· (   )(   )

93. 의지가 약한 편이다. ·· (   )(   )

94. 다른 사람이 하는 일에 별로 관심이 없다. ·································· (   )(   )

95. 사람을 설득시키는 것은 어렵지 않다. ·······································( )( )

96. 심심한 것을 못 참는다. ···( )( )

97. 다른 사람을 욕한 적이 한 번도 없다. ·······························( )( )

98. 다른 사람에게 어떻게 보일지 신경을 쓴다. ······················( )( )

99. 금방 낙심하는 편이다. ···( )( )

100. 다른 사람에게 의존하는 경향이 있다. ······························( )( )

101. 그다지 융통성이 있는 편이 아니다. ·································( )( )

102. 다른 사람이 내 의견에 간섭하는 것이 싫다. ····················( )( )

103. 낙천적인 편이다. ···( )( )

104. 숙제를 잊어버린 적이 한 번도 없다. ·······························( )( )

105. 밤길에는 발소리가 들리기만 해도 불안하다. ····················( )( )

106. 상냥하다는 말을 들은 적이 있다. ·······································( )( )

107. 자신은 유치한 사람이다. ··( )( )

108. 잡담을 하는 것보다 책을 읽는 것이 낫다. ·························( )( )

109. 나는 영업에 적합한 타입이라고 생각한다. ························( )( )

110. 술자리에서 술을 마시지 않아도 흥을 돋울 수 있다. ···········( )( )

111. 한 번도 병원에 간 적이 없다. ···( )( )

112. 나쁜 일은 걱정이 되어서 어쩔 줄을 모른다. ····················( )( )

113. 금세 무기력해지는 편이다. ··( )( )

114. 비교적 고분고분한 편이라고 생각한다. ·····························( )( )

115. 독자적으로 행동하는 편이다. ···( )( )

116. 적극적으로 행동하는 편이다. ···( )( )

117. 금방 감격하는 편이다. ··( )( )

118. 어떤 것에 대해서는 불만을 가진 적이 없다. ····················( )( )

119. 밤에 못 잘 때가 많다. ··( )( )

120. 자주 후회하는 편이다. ···(   )(   )

121. 뜨거워지기 쉽고 식기 쉽다. ·····································(   )(   )

122. 자신만의 세계를 가지고 있다. ·································(   )(   )

123. 많은 사람 앞에서도 긴장하는 일은 없다. ·················(   )(   )

124. 말하는 것을 아주 좋아한다. ···································(   )(   )

125. 인생을 포기하는 마음을 가진 적이 한 번도 없다. ·······(   )(   )

126. 어두운 성격이다. ··(   )(   )

127. 금방 반성한다. ···(   )(   )

128. 활동범위가 넓은 편이다. ·······································(   )(   )

129. 자신을 끈기 있는 사람이라고 생각한다. ···················(   )(   )

130. 좋다고 생각하더라도 좀 더 검토하고 나서 실행한다. ······(   )(   )

131. 위대한 인물이 되고 싶다. ·····································(   )(   )

132. 한 번에 많은 일을 떠맡아도 힘들지 않다. ···············(   )(   )

133. 사람과 만날 약속은 부담스럽다. ····························(   )(   )

134. 질문을 받으면 충분히 생각하고 나서 대답하는 편이다. ····(   )(   )

135. 머리를 쓰는 것보다 땀을 흘리는 일이 좋다. ·············(   )(   )

136. 결정한 것에는 철저히 구속받는다. ························(   )(   )

137. 외출 시 문을 잠갔는지 몇 번을 확인한다. ···············(   )(   )

138. 이왕 할 거라면 일등이 되고 싶다. ·························(   )(   )

139. 과감하게 도전하는 타입이다. ·································(   )(   )

140. 자신은 사교적이 아니라고 생각한다. ······················(   )(   )

141. 무심코 도리에 대해서 말하고 싶어진다. ···················(   )(   )

142. '항상 건강하네요!'라는 말을 듣는다. ·······················(   )(   )

143. 단념하면 끝이라고 생각한다. ·································(   )(   )

144. 예상하지 못한 일은 하고 싶지 않다. ······················(   )(   )

145. 파란만장하더라도 성공하는 인생을 걷고 싶다. ·····················(　)(　)

146. 활기찬 편이라고 생각한다. ·····································(　)(　)

147. 소극적인 편이라고 생각한다. ·································(　)(　)

148. 무심코 평론가가 되어 버린다. ·······························(　)(　)

149. 자신은 성급하다고 생각한다. ·······························(　)(　)

150. 꾸준히 노력하는 타입이라고 생각한다. ····················(　)(　)

151. 내일의 계획이라도 메모한다. ·······························(　)(　)

152. 리더십이 있는 사람이 되고 싶다. ·························(　)(　)

153. 열정적인 사람이라고 생각한다. ···························(　)(　)

154. 다른 사람 앞에서 이야기를 잘 하지 못한다. ···············(　)(　)

155. 통찰력이 있는 편이다. ····································(　)(　)

156. 엉덩이가 가벼운 편이다. ·································(　)(　)

157. 여러 가지로 구애됨이 있다. ······························(　)(　)

158. 돌다리도 두들겨 보고 건너는 쪽이 좋다. ··················(　)(　)

159. 자신에게는 권력욕이 있다. ······························(　)(　)

160. 업무를 할당받으면 기쁘다. ······························(　)(　)

161. 사색적인 사람이라고 생각한다. ···························(　)(　)

162. 비교적 개혁적이다. ······································(　)(　)

163. 좋고 싫음으로 정할 때가 많다. ···························(　)(　)

164. 전통에 구애되는 것은 버리는 것이 적절하다. ··············(　)(　)

165. 교제 범위가 좁은 편이다. ································(　)(　)

166. 발상의 전환을 할 수 있는 타입이라고 생각한다. ···········(　)(　)

167. 너무 주관적이어서 실패한다. ·····························(　)(　)

168. 현실적이고 실용적인 면을 추구한다. ······················(　)(　)

169. 내가 어떤 배우의 팬인지 아무도 모른다. ··················(　)(　)

170. 현실보다 가능성이다. ···( )( )

171. 마음이 담겨 있으면 선물은 아무 것이나 좋다. ·······················( )( )

172. 여행은 마음대로 하는 것이 좋다. ·······································( )( )

173. 추상적인 일에 관심이 있는 편이다. ·······································( )( )

174. 일은 대담히 하는 편이다. ···( )( )

175. 괴로워하는 사람을 보면 우선 동정한다. ·······························( )( )

176. 가치기준은 자신의 안에 있다고 생각한다. ·······························( )( )

177. 조용하고 조심스러운 편이다. ···( )( )

178. 상상력이 풍부한 편이라고 생각한다. ·······································( )( )

179. 의리, 인정이 두터운 상사를 만나고 싶다. ·······························( )( )

180. 인생의 앞날을 알 수 없어 재미있다. ·······································( )( )

|1~40| 다음 상황을 읽고 제시된 질문에 답하시오.

① 전혀 그렇지 않다　　　② 별로 그렇지 않다　　　③ 약간 그렇다　　　④ 매우 그렇다

1. 움직이는 것을 몹시 귀찮아하는 편이라고 생각한다. ·······································① ② ③ ④

2. 특별히 소극적이라고 생각하지 않는다. ···① ② ③ ④

3. 이것저것 평하는 것이 싫다. ···① ② ③ ④

4. 자신은 성급하지 않다고 생각한다. ···① ② ③ ④

5. 꾸준히 노력하는 것을 잘 하지 못한다. ···① ② ③ ④

6. 내일의 계획은 머릿속에 기억한다. ···① ② ③ ④

7. 협동성이 있는 사람이 되고 싶다. ···① ② ③ ④

8. 열정적인 사람이라고 생각하지 않는다. ···① ② ③ ④

9. 다른 사람 앞에서 이야기를 잘한다. ···① ② ③ ④

10. 행동력이 있는 편이다. ···① ② ③ ④

11. 엉덩이가 무거운 편이다. ···① ② ③ ④

12. 특별히 구애받는 것이 없다. ···① ② ③ ④

13. 돌다리는 두들겨 보지 않고 건너도 된다. ···① ② ③ ④

14. 자신에게는 권력욕이 없다. ···① ② ③ ④

15. 업무를 할당받으면 부담스럽다. ···① ② ③ ④

16. 활동적인 사람이라고 생각한다. ···① ② ③ ④

17. 비교적 보수적이다. ···① ② ③ ④

18. 어떤 일을 결정할 때 나에게 손해인지 이익인지로 정할 때가 많다. ··········① ② ③ ④

19. 전통을 견실히 지키는 것이 적절하다. ···① ② ③ ④

20. 교제 범위가 넓은 편이다. ···① ② ③ ④

21. 상식적인 판단을 할 수 있는 타입이라고 생각한다. ·····································① ② ③ ④

22. 너무 객관적이어서 실패한다. ···① ② ③ ④

23. 보수적인 면을 추구한다. ···① ② ③ ④

24. 내가 누구의 팬인지 주변의 사람들이 안다. ···① ② ③ ④

25. 가능성보다 현실이다. ·· ① ② ③ ④

26. 그 사람이 필요한 것을 선물하고 싶다. ·································· ① ② ③ ④

27. 여행은 계획적으로 하는 것이 좋다. ······································ ① ② ③ ④

28. 구체적인 일에 관심이 있는 편이다. ······································ ① ② ③ ④

29. 일은 착실히 하는 편이다. ···① ② ③ ④

30. 괴로워하는 사람을 보면 우선 이유를 생각한다. ··················· ① ② ③ ④

31. 가치기준은 자신의 밖에 있다고 생각한다. ···························· ① ② ③ ④

32. 밝고 개방적인 편이다. ·· ① ② ③ ④

33. 현실 인식을 잘하는 편이라고 생각한다. ······························ ① ② ③ ④

34. 공평하고 공적인 상사를 만나고 싶다. ·································· ① ② ③ ④

35. 시시해도 계획적인 인생이 좋다. ·· ① ② ③ ④

36. 적극적으로 사람들과 관계를 맺는 편이다. ··························· ① ② ③ ④

37. 경솔한 편이라고 생각한다. ···① ② ③ ④

38. 인생의 목표는 손이 닿을 정도면 된다. ································· ① ② ③ ④

39. 무슨 일도 좀처럼 바로 시작하지 못한다. ···························· ① ② ③ ④

40. 행동하고 나서 생각하는 편이다. ·· ① ② ③ ④

PART

IV

면접

CHAPTER

01 면접의 기본

1 **면접준비**

(1) 면접의 기본 원칙

① **면접의 의미** … 면접이란 다양한 면접기법을 활용하여 지원한 직무에 필요한 능력을 지원자가 보유하고 있는지를 확인하는 절차라고 할 수 있다. 즉, 지원자의 입장에서는 채용 직무수행에 필요한 요건들과 관련하여 자신의 환경, 경험, 관심사, 성취 등에 대해 기업에 직접 어필할 수 있는 기회를 제공받는 것이며, 기업의 입장에서는 서류전형만으로 알 수 없는 지원자에 대한 정보를 직접적으로 수집하고 평가하는 것이다.

② **면접의 특징** … 면접은 기업의 입장에서 서류전형이나 필기전형에서 드러나지 않는 지원자의 능력이나 성향을 볼 수 있는 기회로, 면대면으로 이루어지며 즉흥적인 질문들이 포함될 수 있기 때문에 지원자가 완벽하게 준비하기 어려운 부분이 있다. 하지만 지원자 입장에서도 서류전형이나 필기전형에서 모두 보여주지 못한 자신의 능력 등을 기업의 인사담당자에게 어필할 수 있는 추가적인 기회가 될 수도 있다.

[서류 · 필기전형과 차별화되는 면접의 특징]

- 직무수행과 관련된 다양한 지원자 행동에 대한 관찰이 가능하다.
- 면접관이 알고자 하는 정보를 심층적으로 파악할 수 있다.
- 서류상의 미비한 사항과 의심스러운 부분을 확인할 수 있다.
- 커뮤니케이션 능력, 대인관계 능력 등 행동 · 언어적 정보도 얻을 수 있다.

③ **면접의 유형**

　㉠ **구조화 면접** : 구조화 면접은 사전에 계획을 세워 질문의 내용과 방법, 지원자의 답변 유형에 따른 추가 질문과 그에 대한 평가 역량이 정해져 있는 면접 방식으로 표준화 면접이라고도 한다.

　　- 표준화된 질문이나 평가요소가 면접 전 확정되며, 지원자는 편성된 조나 면접관에 영향을 받지 않고 동일한 질문과 시간을 부여받을 수 있다.

- 조직 또는 직무별로 주요하게 도출된 역량을 기반으로 평가요소가 구성되어, 조직 또는 직무에서 필요한 역량을 가진 지원자를 선발할 수 있다.
- 표준화된 형식을 사용하는 특성 때문에 비구조화 면접에 비해 신뢰성과 타당성, 객관성이 높다.

ⓛ 비구조화 면접 : 비구조화 면접은 면접 계획을 세울 때 면접 목적만을 명시하고 내용이나 방법은 면접관에게 전적으로 일임하는 방식으로 비표준화 면접이라고도 한다.
- 표준화된 질문이나 평가요소 없이 면접이 진행되며, 편성된 조나 면접관에 따라 지원자에게 주어지는 질문이나 시간이 다르다.
- 면접관의 주관적인 판단에 따라 평가가 이루어져 평가 오류가 빈번히 일어난다.
- 상황 대처나 언변이 뛰어난 지원자에게 유리한 면접이 될 수 있다.

④ 경쟁력 있는 면접 요령
ⓖ 면접 전에 준비하고 유념할 사항
- 예상 질문과 답변을 미리 작성한다.
- 작성한 내용을 문장으로 외우지 않고 키워드로 기억한다.
- 지원한 회사의 최근 기사를 검색하여 기억한다.
- 지원한 회사가 속한 산업군의 최근 기사를 검색하여 기억한다.
- 면접 전 1주일간 이슈가 되는 뉴스를 기억하고 자신의 생각을 반영하여 정리한다.
- 찬반토론에 대비한 주제를 목록으로 정리하여 자신의 논리를 내세운 예상답변을 작성한다.

ⓛ 면접장에서 유념할 사항
- 질문의 의도 파악 : 답변을 할 때에는 질문 의도를 파악하고 그에 충실한 답변이 될 수 있도록 질문사항을 유념해야 한다. 많은 지원자가 하는 실수 중 하나로 답변을 하는 도중 자기 말에 심취되어 질문의 의도와 다른 답변을 하거나 자신이 알고 있는 지식만을 나열하는 경우가 있는데, 이럴 경우 의사소통능력이 부족한 사람으로 인식될 수 있으므로 주의하도록 한다.
- 답변은 두괄식 : 답변을 할 때에는 두괄식으로 결론을 먼저 말하고 그 이유를 설명하는 것이 좋다. 미괄식으로 답변을 할 경우 용두사미의 답변이 될 가능성이 높으며, 결론을 이끌어 내는 과정에서 논리성이 결여될 우려가 있다. 또한 면접관이 결론을 듣기 전에 말을 끊고 다른 질문을 추가하는 예상치 못한 상황이 발생될 수 있으므로 답변은 자신이 전달하고자 하는 바를 먼저 밝히고 그에 대한 설명을 하는 것이 좋다.

- 지원한 회사의 기업정신과 인재상을 기억 : 답변을 할 때에는 회사가 원하는 인재라는 인상을 심어주기 위해 지원한 회사의 기업정신과 인재상 등을 염두에 두고 답변을 하는 것이 좋다. 모든 회사에 해당되는 애매모호한 답변보다는 지원한 회사에 맞는 맞춤형 답변을 하는 것이 좋다.
- 나보다는 회사와 사회적 관점에서 답변 : 답변을 할 때에는 자기중심적인 관점을 피하고 좀 더 넓은 시각으로 회사와 국가, 사회적 입장까지 고려하는 인재임을 어필하는 것이 좋다. 자기중심적 시각을 바탕으로 자신의 출세만을 위해 회사에 입사하려는 인상을 심어줄 경우 면접에서 불이익을 받을 가능성이 높다.
- 난처한 질문은 정직한 답변 : 난처한 질문에 답변을 해야 할 때에는 피하기보다는 정면돌파로 정직하고 솔직하게 답변하는 것이 좋다. 난처한 부분을 감추고 드러내지 않으려 회피하려는 지원자의 모습은 인사담당자에게 입사 후에도 비슷한 상황에 처했을 때 회피할 수도 있다는 우려를 심어줄 수 있다. 따라서 직장생활에 있어 중요한 덕목 중 하나인 정직을 바탕으로 솔직하게 답변을 하도록 한다.

(2) 면접의 종류 및 준비 전략

① 인성면접

  ㉠ 면접 방식 및 판단기준
  - 면접 방식 : 인성면접은 면접관이 가지고 있는 개인적 면접 노하우나 관심사에 의해 질문을 실시한다. 주로 입사지원서나 자기소개서의 내용을 토대로 지원동기, 과거의 경험, 미래 포부 등을 이야기하도록 하는 방식이다.
  - 판단기준 : 면접관의 개인적 가치관과 경험, 해당 역량의 수준, 경험의 구체성·진실성 등
  ㉡ 특징 : 인성면접은 그 방식으로 인해 역량과 무관한 질문들이 많고 지원자에게 주어지는 면접질문, 시간 등이 다를 수 있다. 또한 입사지원서나 자기소개서의 내용을 토대로 하기 때문에 지원자별 질문이 달라질 수 있다.

ⓒ 예시 문항 및 준비전략

• 예시 문항

> • 3분 동안 자기소개를 해 보십시오.
> • 자신의 장점과 단점을 말해 보십시오.
> • 학점이 좋지 않은데 그 이유가 무엇입니까?
> • 최근에 인상 깊게 읽은 책은 무엇입니까?
> • 회사를 선택할 때 중요시하는 것은 무엇입니까?
> • 일과 개인생활 중 어느 쪽을 중시합니까?
> • 10년 후 자신은 어떤 모습일 것이라고 생각합니까?
> • 휴학 기간 동안에는 무엇을 했습니까?

• 준비전략 : 인성면접은 입사지원서나 자기소개서의 내용을 바탕으로 하는 경우가 많으므로 자신이 작성한 입사지원서와 자기소개서의 내용을 충분히 숙지하도록 한다. 또한 최근 사회적으로 이슈가 되고 있는 뉴스에 대한 견해를 묻거나 시사상식 등에 대한 질문을 받을 수 있으므로 이에 대한 대비도 필요하다. 자칫 부담스러워 보이지 않는 질문으로 가볍게 대답하지 않도록 주의하고 모든 질문에 입사 의지를 담아 성실하게 답변하는 것이 중요하다.

② 발표면접

ㄱ 면접 방식 및 판단기준

• 면접 방식 : 지원자가 특정 주제와 관련된 자료를 검토하고 그에 대한 자신의 생각을 면접관 앞에서 주어진 시간 동안 발표하고 추가 질의를 받는 방식으로 진행된다.

• 판단기준 : 지원자의 사고력, 논리력, 문제해결력 등

ㄴ 특징 : 발표면접은 지원자에게 과제를 부여한 후, 과제를 수행하는 과정과 결과를 관찰·평가한다. 따라서 과제수행 결과뿐 아니라 수행과정에서의 행동을 모두 평가할 수 있다.

ⓒ 예시 문항 및 준비전략

• 예시 문항

[신입사원 조기 이직 문제]

※ 지원자는 아래에 제시된 자료를 검토한 뒤, 신입사원 조기 이직의 원인을 크게 3가지로 정리하고 이에 대한 구체적인 개선안을 도출하여 발표해 주시기 바랍니다.

※ 본 과제에 정해진 정답은 없으나 논리적 근거를 들어 개선안을 작성해 주십시오.

• A기업은 동종업계 유사기업들과 비교해 볼 때, 비교적 높은 재무안정성을 유지하고 있으며 업무강도가 그리 높지 않은 것으로 외부에 알려져 있음.

• 최근 조사결과, 동종업계 유사기업들과 연봉을 비교해 보았을 때 연봉 수준도 그리 나쁘지 않은 편이라는 것이 확인되었음.

• 그러나 지난 3년간 1~2년차 직원들의 이직률이 계속해서 증가하고 있는 추세이며, 경영진 회의에서 최우선 해결과제 중 하나로 거론되었음.

• 이에 따라 인사팀에서 현재 1~2년차 사원들을 대상으로 개선되어야 하는 A기업의 조직문화에 대한 설문조사를 실시한 결과, '상명하복식의 의사소통'이 36.7%로 1위를 차지했음.

• 이러한 설문조사와 함께, 신입사원 조기 이직에 대한 원인을 분석한 결과 파랑새 증후군, 셀프홀릭 증후군, 피터팬 증후군 등 3가지로 분류할 수 있었음.

〈동종업계 유사기업들과의 연봉 비교〉   〈우리 회사 조직문화 중 개선되었으면 하는 것〉

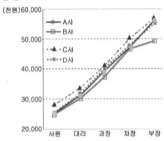

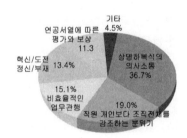

〈신입사원 조기 이직의 원인〉

• 파랑새 증후군
- 현재의 직장보다 더 좋은 직장이 있을 것이라는 막연한 기대감으로 끊임없이 새로운 직장을 탐색함.
- 학력 수준과 맞지 않는 '하향지원', 전공과 적성을 고려하지 않고 일단 취업하고 보자는 '묻지마 지원'이 파랑새 증후군을 초래함.

• 셀프홀릭 증후군
- 본인의 역량에 비해 가치가 낮은 일을 주로 하면서 갈등을 느낌.

• 피터팬 증후군
- 기성세대의 문화를 무조건 수용하기보다는 자유로움과 변화를 추구함.
- 상명하복, 엄격한 규율 등 기성세대가 당연시하는 관행에 거부감을 가지며 직장에 답답함을 느낌.

• 준비전략 : 발표면접의 시작은 과제 안내문과 과제 상황, 과제 자료 등을 정확하게 이해하는 것에서 출발한다. 과제 안내문을 침착하게 읽고 제시된 주제 및 문제와 관련된 상황의 맥락을 파악한 후 과제를 검토한다. 제시된 기사나 그래프 등을 충분히 활용하여 주어진 문제를 해결할 수 있는 해결책이나 대안을 제시하며, 발표를 할 때에는 명확하고 자신 있는 태도로 전달할 수 있도록 한다.

③ 토론면접

　㉠ 면접 방식 및 판단기준

• 면접 방식 : 상호갈등적 요소를 가진 과제 또는 공통의 과제를 해결하는 내용의 토론 과제를 제시하고, 그 과정에서 개인 간의 상호작용 행동을 관찰하는 방식으로 면접이 진행된다.

• 판단기준 : 팀워크, 적극성, 갈등 조정, 의사소통능력, 문제해결능력 등

　㉡ 특징 : 토론을 통해 도출해 낸 최종안의 타당성도 중요하지만, 결론을 도출해 내는 과정에서의 의사소통능력이나 갈등상황에서 의견을 조정하는 능력 등이 중요하게 평가되는 특징이 있다.

　㉢ 예시 문항 및 준비전략

• 예시 문항

> • 군 가산점제 부활에 대한 찬반토론
> • 담뱃값 인상에 대한 찬반토론
> • 비정규직 철폐에 대한 찬반토론
> • 대학의 영어 강의 확대 찬반토론
> • 워크숍 장소 선정을 위한 토론

• 준비전략 : 토론면접은 무엇보다 팀워크와 적극성이 강조된다. 따라서 토론과정에 적극적으로 참여하며 자신의 의사를 분명하게 전달하며, 갈등상황에서 자신의 의견만 내세울 것이 아니라 다른 지원자의 의견을 경청하고 배려하는 모습도 중요하다. 갈등상황을 일목요연하게 정리하여 조정하는 등의 의사소통능력을 발휘하는 것도 좋은 전략이 될 수 있다.

④ 상황면접

　㉠ 면접 방식 및 판단기준

• 면접 방식 : 상황면접은 직무 수행 시 접할 수 있는 상황들을 제시하고, 그러한 상황에서 어떻게 행동할 것인지를 이야기하는 방식으로 진행된다.

• 판단기준 : 해당 상황에 적절한 역량의 구현과 구체적 행동지표

ⓛ 특징 : 실제 직무 수행 시 접할 수 있는 상황들을 제시하므로 입사 이후 지원자의 업무 수행능력을 평가하는 데 적절한 면접 방식이다. 또한 지원자의 가치관, 태도, 사고방식 등의 요소를 통합적으로 평가하는 데 용이하다.

ⓒ 예시 문항 및 준비전략

• 예시 문항

> 당신은 생산관리팀의 팀원으로, 생산팀이 기한에 맞춰 효율적으로 제품을 생산할 수 있도록 관리하는 역할을 맡고 있습니다. 3개월 뒤에 제품A를 정상적으로 출시하기 위해 생산팀의 생산 계획을 수립한 상황입니다. 그러나 원가가 곧 실적으로 이어지는 구매팀에서는 최대한 원가를 줄여 전반적 단가를 낮추려고 원가절감을 위한 제안을 하였으나, 연구개발팀에서는 구매팀이 제안한 방식으로 제품을 생산할 경우 대부분이 구매팀의 실적으로 산정될 것이므로 제대로 확인도 해보지 않은 채 적합하지 않은 방식이라고 판단하고 있습니다. 당신은 어떻게 하겠습니까?

• 준비전략 : 상황면접은 먼저 주어진 상황에서 핵심이 되는 문제가 무엇인지를 파악하는 것에서 시작한다. 주질문과 세부질문을 통하여 질문의 의도를 파악하였다면, 그에 대한 구체적인 행동이나 생각 등에 대해 응답할수록 높은 점수를 얻을 수 있다.

⑤ 역할면접

㉠ 면접 방식 및 판단기준

• 면접 방식 : 역할면접 또는 역할연기 면접은 기업 내 발생 가능한 상황에서 부딪히게 되는 문제와 역할을 가상적으로 설정하여 특정 역할을 맡은 사람과 상호작용하고 문제를 해결해 나가도록 하는 방식으로 진행된다. 역할연기 면접에서는 면접관이 직접 역할연기를 하면서 지원자를 관찰하기도 하지만, 역할연기 수행만 전문적으로 하는 사람을 투입할 수도 있다.

• 판단기준 : 대처능력, 대인관계능력, 의사소통능력 등

ⓛ 특징 : 역할면접은 실제 상황과 유사한 가상 상황에서의 행동을 관찰함으로서 지원자의 성격이나 대처 행동 등을 관찰할 수 있다.

ⓒ 예시 문항 및 준비전략

• 예시 문항

> [금융권 역할면접의 예]
> 당신은 ○○은행의 신입 텔러이다. 사람이 많은 월말 오전 한 할아버지(면접관 또는 역할담당자)께서 ○○은행을 사칭한 보이스피싱으로 500만 원을 피해 보았다며 소란을 일으키고 있다. 실제 업무상황이라고 생각하고 상황에 대처해 보시오.

- 준비전략 : 역할연기 면접에서 측정하는 역량은 주로 갈등의 원인이 되는 문제를 해결하고 제시된 해결방안을 상대방에게 설득하는 것이다. 따라서 갈등해결, 문제해결, 조정·통합, 설득력과 같은 역량이 중요시된다. 또한 갈등을 해결하기 위해서 상대방에 대한 이해도 필수적인 요소이므로 고객 지향을 염두에 두고 상황에 맞게 대처해야 한다. 역할면접에서는 변별력을 높이기 위해 면접관이 압박적인 분위기를 조성하는 경우가 많기 때문에 스트레스 상황에서 불안해하지 않고 유연하게 대처할 수 있도록 시간과 노력을 들여 충분히 연습하는 것이 좋다.

◼ 2 ◼ 면접 이미지 메이킹

(1) 성공적인 이미지 메이킹 포인트

① 복장 및 스타일

　㉠ 남성

- 양복 : 양복은 단색으로 하며 넥타이나 셔츠로 포인트를 주는 것이 효과적이다. 짙은 회색이나 감청색이 가장 단정하고 품위 있는 인상을 준다.
- 셔츠 : 흰색이 가장 선호되나 자신의 피부색에 맞추는 것이 좋다. 푸른색이나 베이지색은 산뜻한 느낌을 줄 수 있다. 양복과의 배색도 고려하도록 한다.
- 넥타이 : 의상에 포인트를 줄 수 있는 아이템이지만 너무 화려한 것은 피한다. 지원자의 피부색은 물론, 정장과 셔츠의 색을 고려하며, 체격에 따라 넥타이 폭을 조절하는 것이 좋다.
- 구두 & 양말 : 구두는 검정색이나 짙은 갈색이 어느 양복에나 무난하게 어울리며 깔끔하게 닦아 준비한다. 양말은 정장과 동일한 색상이나 검정색을 착용한다.
- 헤어스타일 : 머리스타일은 단정한 느낌을 주는 짧은 헤어스타일이 좋으며 앞머리가 있다면 이마나 눈썹을 가리지 않는 선에서 정리하는 것이 좋다.

ⓛ 여성

- 의상 : 단정한 스커트 투피스 정장이나 슬랙스 슈트가 무난하다. 블랙이나 그레이, 네이비, 브라운 등 차분해 보이는 색상을 선택하는 것이 좋다.
- 소품 : 구두, 핸드백 등은 같은 계열로 코디하는 것이 좋으며 구두는 너무 화려한 디자인이나 굽이 높은 것을 피한다. 스타킹은 의상과 구두에 맞춰 단정한 것으로 선택한다.
- 액세서리 : 액세서리는 너무 크거나 화려한 것은 좋지 않으며 과하게 많이 하는 것도 좋은 인상을 주지 못한다. 착용하지 않거나 작고 깔끔한 디자인으로 포인트를 주는 정도가 적당하다.
- 메이크업 : 화장은 자연스럽고 밝은 이미지를 표현하는 것이 좋으며 진한 색조는 인상이 강해 보일 수 있으므로 피한다.
- 헤어스타일 : 커트나 단발처럼 짧은 머리는 활동적이면서도 단정한 이미지를 줄 수 있도록 정리한다. 긴 머리의 경우 하나로 묶거나 단정한 머리망으로 정리하는 것이 좋으며, 짙은 염색이나 화려한 웨이브는 피한다.

② 인사

　ⓐ 인사의 의미 : 인사는 예의범절의 기본이며 상대방의 마음을 여는 기본적인 행동이라고 할 수 있다. 인사는 처음 만나는 면접관에게 호감을 살 수 있는 가장 쉬운 방법이 될 수 있기도 하지만 제대로 예의를 지키지 않으면 지원자의 인성 전반에 대한 평가로 이어질 수 있으므로 각별히 주의해야 한다.

　ⓑ 인사의 핵심 포인트

- 인사말 : 인사말을 할 때에는 밝고 친근감 있는 목소리로 하며, 자신의 이름과 수험번호 등을 간략하게 소개한다.
- 시선 : 인사는 상대방의 눈을 보며 하는 것이 중요하며 너무 빤히 쳐다본다는 느낌이 들지 않도록 주의한다.
- 표정 : 인사는 마음에서 우러나오는 존경이나 반가움을 표현하고 예의를 차리는 것이므로 살짝 미소를 지으며 하는 것이 좋다.
- 자세 : 인사를 할 때에는 가볍게 목만 숙인다거나 흐트러진 상태에서 인사를 하지 않도록 주의하며 절도 있고 확실하게 하는 것이 좋다.

③ 시선처리와 표정, 목소리

　㉠ **시선처리와 표정** : 표정은 면접에서 지원자의 첫인상을 결정하는 중요한 요소이다. 얼굴 표정은 사람의 감정을 가장 잘 표현할 수 있는 의사소통 도구로 표정 하나로 상대방에게 호감을 주거나, 비호감을 사기도 한다. 호감이 가는 인상의 특징은 부드러운 눈썹, 자연스러운 미간, 적당히 볼록한 광대, 올라간 입 꼬리 등으로 가볍게 미소를 지을 때의 표정과 일치한다. 따라서 면접 중에는 밝은 표정으로 미소를 지어 호감을 형성할 수 있도록 한다. 시선은 면접관과 고르게 맞추되 생기 있는 눈빛을 띄도록 하며, 너무 빤히 쳐다본다는 인상을 주지 않도록 한다.

　㉡ **목소리** : 면접은 주로 면접관과 지원자의 대화로 이루어지므로 목소리가 미치는 영향이 상당하다. 답변을 할 때에는 부드러우면서도 활기차고 생동감 있는 목소리로 하는 것이 면접관에게 호감을 줄 수 있으며 적당한 제스처가 더해진다면 상승효과를 얻을 수 있다. 그러나 적절한 답변을 하였음에도 불구하고 콧소리나 날카로운 목소리, 자신감 없는 작은 목소리는 답변의 신뢰성을 떨어뜨릴 수 있으므로 주의하도록 한다.

④ **자세**

　㉠ **걷는 자세**

　　• 면접장에 입실할 때에는 상체를 곧게 유지하고 발끝은 평행이 되게 하며 무릎을 스치듯 11자로 걷는다.

　　• 시선은 정면을 향하고 턱은 가볍게 당기며 어깨나 엉덩이가 흔들리지 않도록 주의한다.

　　• 발바닥 전체가 닿는 느낌으로 안정감 있게 걸으며 발소리가 나지 않도록 주의한다.

　　• 보폭은 어깨넓이만큼이 적당하지만, 스커트를 착용했을 경우 보폭을 줄인다.

　　• 걸을 때도 미소를 유지한다.

　㉡ **서있는 자세**

　　• 몸 전체를 곧게 펴고 가슴을 자연스럽게 내민 후 등과 어깨에 힘을 주지 않는다.

　　• 정면을 바라본 상태에서 턱을 약간 당기고 아랫배에 힘을 주어 당기며 바르게 선다.

　　• 양 무릎과 발뒤꿈치는 붙이고 발끝은 11자 또는 V형을 취한다.

　　• 남성의 경우 팔을 자연스럽게 내리고 양손을 가볍게 쥐어 바지 옆선에 붙이고, 여성의 경우 공수자세를 유지한다.

ⓒ 앉은 자세

• 남성

> • 의자 깊숙이 앉고 등받이와 등 사이에 주먹 1개 정도의 간격을 두며 기대듯 앉지 않도록 주의한다. (남녀 공통 사항)
> • 무릎 사이에 주먹 2개 정도의 간격을 유지하고 발끝은 11자를 취한다.
> • 시선은 정면을 바라보며 턱은 가볍게 당기고 미소를 짓는다. (남녀 공통 사항)
> • 양손은 가볍게 주먹을 쥐고 무릎 위에 올려놓는다.
> • 앉고 일어날 때에는 자세가 흐트러지지 않도록 주의한다. (남녀 공통 사항)

• 여성

> • 스커트를 입었을 경우 왼손으로 뒤쪽 스커트 자락을 누르고 오른손으로 앞쪽 자락을 누르며 의자에 앉는다.
> • 무릎은 붙이고 발끝을 가지런히 하며, 다리를 왼쪽으로 비스듬히 기울이면 단정해 보이는 효과가 있다.
> • 양손을 모아 무릎 위에 모아 놓으며 스커트를 입었을 경우 스커트 위를 가볍게 누르듯이 올려놓는다.

(2) 면접 예절

① 행동 관련 예절

　　㉠ **지각은 절대금물** : 시간을 지키는 것은 예절의 기본이다. 지각을 할 경우 면접에 응시할 수 없거나, 면접 기회가 주어지더라도 불이익을 받을 가능성이 높아진다. 따라서 면접 장소가 결정되면 교통편과 소요시간을 확인하고 가능하다면 사전에 미리 방문해 보는 것도 좋다. 면접 당일에는 서둘러 출발하여 면접 시간 20~30분 전에 도착하여 회사를 둘러보고 환경에 익숙해지는 것도 성공적인 면접을 위한 요령이 될 수 있다.

　　㉡ **면접 대기 시간** : 지원자들은 대부분 면접장에서의 행동과 답변 등으로만 평가를 받는다고 생각하지만 그렇지 않다. 면접관이 아닌 면접진행자 역시 대부분 인사실무자이며 면접관이 면접 후 지원자에 대한 평가에 있어 확신을 위해 면접진행자의 의견을 구한다면 면접진행자의 의견이 당락에 영향을 줄 수 있다. 따라서 면접 대기 시간에도 행동과 말을 조심해야 하며, 면접을 마치고 돌아가는 순간까지도 긴장을 늦춰서는 안 된다. 면접 중 압박적인 질문에 답변을 잘 했지만, 면접장을 나와 흐트러진 모습을 보이거나 욕설을 한다면 면접 탈락의 요인이 될 수 있으므로 주의해야 한다.

ⓒ 입실 후 태도 : 본인의 차례가 되어 호명되면 또렷하게 대답하고 들어간다. 만약 면접장 문이 닫혀 있다면 상대에게 소리가 들릴 수 있을 정도로 노크를 두세 번 한 후 대답을 듣고 나서 들어가야 한다. 문을 여닫을 때에는 소리가 나지 않게 조용히 하며 공손한 자세로 인사한 후 성명과 수험번호를 말하고 면접관의 지시에 따라 자리에 앉는다. 이 경우 착석하라는 말이 없는데 먼저 의자에 앉으면 무례한 사람으로 보일 수 있으므로 주의한다. 의자에 앉을 때에는 끝에 앉지 말고 무릎 위에 양손을 가지런히 얹는 것이 예절이라고 할 수 있다.

ⓔ 옷매무새를 자주 고치지 마라. : 일부 지원자의 경우 옷매무새 또는 헤어스타일을 자주 고치거나 확인하기도 하는데 이러한 모습은 과도하게 긴장한 것 같아 보이거나 면접에 집중하지 못하는 것으로 보일 수 있다. 남성 지원자의 경우 넥타이를 자꾸 고쳐 맨다거나 정장 상의 끝을 너무 자주 만지작거리지 않는다. 여성 지원자는 머리를 계속 쓸어 올리지 않고, 특히 짧은 치마를 입고서 신경이 쓰여 치마를 끌어 내리는 행동은 좋지 않다.

ⓜ 다리를 떨거나 산만한 시선은 면접 탈락의 지름길 : 자신도 모르게 다리를 떨거나 손가락을 만지는 등의 행동을 하는 지원자가 있는데, 이는 면접관의 주의를 끌 뿐만 아니라 불안하고 산만한 사람이라는 느낌을 주게 된다. 따라서 가능한 한 바른 자세로 앉아 있는 것이 좋다. 또한 면접관과 시선을 맞추지 못하고 여기저기 둘러보는 듯한 산만한 시선은 지원자가 거짓말을 하고 있다고 여겨지거나 신뢰할 수 없는 사람이라고 생각될 수 있다.

② 답변 관련 예절

ⓐ 면접관이나 다른 지원자와 가치 논쟁을 하지 않는다. : 질문을 받고 답변하는 과정에서 면접관 또는 다른 지원자의 의견과 다른 의견이 있을 수 있다. 특히 평소 지원자가 관심이 많은 문제이거나 잘 알고 있는 문제인 경우 자신과 다른 의견에 대해 이의가 있을 수 있다. 하지만 주의할 것은 면접에서 면접관이나 다른 지원자와 가치 논쟁을 할 필요는 없다는 것이며 오히려 불이익을 당할 수도 있다. 정답이 정해져 있지 않은 경우에는 가치관이나 성장배경에 따라 문제를 받아들이는 태도에서 답변까지 충분히 차이가 있을 수 있으므로 굳이 면접관이나 다른 지원자의 가치관을 지적하고 고치려 드는 것은 좋지 않다.

ⓛ 답변은 항상 정직해야 한다. : 면접이라는 것이 아무리 지원자의 장점을 부각시키고 단점을 축소시키는 것이라고 해도 절대로 거짓말을 해서는 안 된다. 거짓말을 하게 되면 지원자는 불안하거나 꺼림칙한 마음이 들게 되어 면접에 집중을 하지 못하게 되고 수많은 지원자를 상대하는 면접관은 그것을 놓치지 않는다. 거짓말은 그 지원자에 대한 신뢰성을 떨어뜨리며 이로 인해 다른 스펙이 아무리 훌륭하다고 해도 채용에서 탈락하게 될 수 있음을 명심하도록 한다.

ⓒ 경력직을 경우 전 직장에 대해 험담하지 않는다. : 지원자가 전 직장에서 무슨 업무를 담당했고 어떤 성과를 올렸는지는 면접관이 관심을 둘 사항일 수 있지만, 이전 직장의 기업문화나 상사들이 어땠는지는 그다지 궁금해 하는 사항이 아니다. 전 직장에 대해 험담을 늘어놓는다든가, 동료와 상사에 대한 악담을 하게 된다면 오히려 지원자에 대한 부정적인 이미지만 심어줄 수 있다. 만약 전 직장에 대한 말을 해야 할 경우가 생긴다면 가능한 한 객관적으로 이야기하는 것이 좋다.

ⓔ 자기 자신이나 배경에 대해 자랑하지 않는다. : 자신의 성취나 부모 형제 등 집안사람들이 사회·경제적으로 어떠한 위치에 있는지에 대한 자랑은 면접관으로 하여금 지원자에 대해 오만한 사람이거나 배경에 의존하려는 나약한 사람이라는 이미지를 갖게 할 수 있다. 따라서 자기 자신이나 배경에 대해 자랑하지 않도록 하고, 자신이 한 일에 대해서 너무 자세하게 얘기하지 않도록 주의해야 한다.

3 면접 질문 및 답변 포인트

(1) 가족 및 대인관계에 관한 질문

① 당신의 가정은 어떤 가정입니까?

면접관들은 지원자의 가정환경과 성장과정을 통해 지원자의 성향을 알고 싶어 이와 같은 질문을 한다. 비록 가정 일과 사회의 일이 완전히 일치하는 것은 아니지만 '가화만사성'이라는 말이 있듯이 가정이 화목해야 사회에서도 화목하게 지낼 수 있기 때문이다. 그러므로 답변 시에는 가족사항을 정확하게 설명하고 집안의 분위기와 특징에 대해 이야기하는 것이 좋다.

② 아버지의 직업은 무엇입니까?

　　아주 기본적인 질문이지만 지원자는 아버지의 직업과 내가 무슨 관련성이 있을까 생각하기 쉬워 포괄적인 답변을 하는 경우가 많다. 그러나 이는 바람직하지 않은 것으로 단답형으로 답변하면 세부적인 직종 및 근무연한 등을 물을 수 있으므로 모든 걸 한 번에 대답하는 것이 좋다.

③ 친구 관계에 대해 말해 보십시오.

　　지원자의 인간성을 판단하는 질문으로 교우관계를 통해 답변자의 성격과 대인관계능력을 파악할 수 있다. 새로운 환경에 적응을 잘하여 새로운 친구들이 많은 것도 좋지만, 깊고 오래 지속되어온 인간관계를 말하는 것이 더욱 바람직하다.

(2) 성격 및 가치관에 관한 질문

① 당신의 PR포인트를 말해 주십시오.

　　PR포인트를 말할 때에는 지나치게 겸손한 태도는 좋지 않으며 적극적으로 자기를 주장하는 것이 좋다. 앞으로 입사 후 하게 될 업무와 관련된 자기의 특성을 구체적인 일화를 더하여 이야기하도록 한다.

② 당신의 장·단점을 말해 보십시오.

　　지원자의 구체적인 장·단점을 알고자 하기 보다는 지원자가 자기 자신에 대해 얼마나 알고 있으며 어느 정도의 객관적인 분석을 하고 있나, 그리고 개선의 노력 등을 시도하는지를 파악하고자 하는 것이다. 따라서 장점을 말할 때는 업무와 관련된 장점을 뒷받침할 수 있는 근거와 함께 제시하며, 단점을 이야기할 때에는 극복을 위한 노력을 반드시 포함해야 한다.

③ 가장 존경하는 사람은 누구입니까?

　　존경하는 사람을 말하기 위해서는 우선 그 인물에 대해 알아야 한다. 잘 모르는 인물에 대해 존경한다고 말하는 것은 면접관에게 바로 지적당할 수 있으므로, 추상적이라도 좋으니 평소에 존경스럽다고 생각했던 사람에 대해 그 사람의 어떤 점이 좋고 존경스러운지 대답하도록 한다. 또한 자신에게 어떤 영향을 미쳤는지도 언급하면 좋다.

(3) 학교생활에 관한 질문

① 지금까지의 학교생활 중 가장 기억에 남는 일은 무엇입니까?

가급적 직장생활에 도움이 되는 경험을 이야기하는 것이 좋다. 또한 경험만을 간단하게 말하지 말고 그 경험을 통해서 얻을 수 있었던 교훈 등을 예시와 함께 이야기하는 것이 좋으나 너무 상투적인 답변이 되지 않도록 주의해야 한다.

② 성적은 좋은 편이었습니까?

면접관은 이미 서류심사를 통해 지원자의 성적을 알고 있다. 그럼에도 불구하고 이 질문을 하는 것은 지원자가 성적에 대해서 어떻게 인식하느냐를 알고자 하는 것이다. 성적이 나빴던 이유에 대해서 변명하려 하지 말고 담백하게 받아들이고 그것에 대한 개선노력을 했음을 밝히는 것이 적절하다.

③ 학창시절에 시위나 집회 등에 참여한 경험이 있습니까?

기업에서는 노사분규를 기업의 사활이 걸린 중대한 문제로 인식하고 거시적인 차원에서 접근한다. 이러한 기업문화를 제대로 인식하지 못하여 학창시절의 시위나 집회 참여 경험을 자랑스럽게 답변할 경우 감점요인이 되거나 심지어는 탈락할 수 있다는 사실에 주의한다. 시위나 집회에 참가한 경험을 말할 때에는 타당성과 정도에 유의하여 답변해야 한다.

(4) 지원동기 및 직업의식에 관한 질문

① 왜 우리 회사를 지원했습니까?

이 질문은 어느 회사나 가장 먼저 물어보고 싶은 것으로 지원자들은 기업의 이념, 대표의 경영능력, 재무구조, 복리후생 등 외적인 부분을 설명하는 경우가 많다. 이러한 답변도 적절하지만 지원 회사의 주력 상품에 관한 소비자의 인지도, 경쟁사 제품과의 시장점유율을 비교하면서 입사동기를 설명한다면 상당히 주목받을 수 있을 것이다.

② 만약 이번 채용에 불합격하면 어떻게 하겠습니까?

불합격할 것을 가정하고 회사에 응시하는 지원자는 거의 없을 것이다. 이는 지원자를 궁지로 몰아넣고 어떻게 대응하는지를 살펴보며 입사 의지를 알아보려고 하는 것이다. 이 질문은 너무 깊이 들어가지 말고 침착하게 답변하는 것이 좋다.

③ 당신이 생각하는 바람직한 사원상은 무엇입니까?

직장인으로서 또는 조직의 일원으로서의 자세를 묻는 질문으로 지원하는 회사에서 어떤 인재상을 요구하는 가를 알아두는 것이 좋으며, 평소에 자신의 생각을 미리 정리해 두어 당황하지 않도록 한다.

④ 직무상의 적성과 보수의 많음 중 어느 것을 택하겠습니까?

이런 질문에서 회사 측에서 원하는 답변은 당연히 직무상의 적성에 비중을 둔다는 것이다. 그러나 적성만을 너무 강조하다 보면 오히려 솔직하지 못하다는 인상을 줄 수 있으므로 어느 한 쪽을 너무 강조하거나 경시하는 태도는 바람직하지 못하다.

⑤ 상사와 의견이 다를 때 어떻게 하겠습니까?

과거와 다르게 최근에는 상사의 명령에 무조건 따르겠다는 수동적인 자세는 바람직하지 않다. 회사에서는 때에 따라 자신이 판단하고 행동할 수 있는 직원을 원하기 때문이다. 그러나 지나치게 자신의 의견만을 고집한다면 이는 팀원 간의 불화를 야기할 수 있으며 팀 체제에 악영향을 미칠 수 있으므로 선호하지 않는다는 것에 유념하여 답해야 한다.

⑥ 근무지가 지방인데 근무가 가능합니까?

근무지가 지방 중에서도 특정 지역은 되고 다른 지역은 안 된다는 답변은 바람직하지 않다. 직장에서는 순환 근무라는 것이 있으므로 처음에 지방에서 근무를 시작했다고 해서 계속 지방에만 있는 것은 아님을 유의하고 답변하도록 한다.

(5) 여가 활용에 관한 질문

취미가 무엇입니까?

기초적인 질문이지만 특별한 취미가 없는 지원자의 경우 대답이 애매할 수밖에 없다. 그래서 가장 많이 대답하게 되는 것이 독서, 영화감상, 혹은 음악감상 등과 같은 흔한 취미를 말하게 되는데 이런 취미는 면접관의 주의를 끌기 어려우며 설사 정말 위와 같은 취미를 가지고 있다 하더라도 제대로 답변하기는 힘든 것이 사실이다. 가능하면 독특한 취미를 말하는 것이 좋으며 이제 막 시작한 것이라도 열의를 가지고 있음을 설명할 수 있으면 그것을 취미로 답변하는 것도 좋다.

CHAPTER

02 면접기출

한국가스공사의 면접전형은 1차 직무PT면접(100점)과 2차 직업기초면접(100점)으로 진행된다.

- 1차 직무PT면접 : 직무관련 제시된 주제 또는 상황에 대해 응시자 개인별 일정시간(약 20~30분) 동안 워드프로세서 등을 활용하여 자료작성 후 주제 발표

- 2차 직업기초면접 : 한국가스공사 핵심가치, 인성검사 결과 및 입사지원서를 기반으로 개인별 직무를 수행하는데 필요한 기초적인 역량을 평가

❆ 면접 기출

- 자기소개를 해보시오.

- 자신의 장점과 단점을 말해보시오.

- 자신의 스펙에 대해 어떻게 준비했는지 말해보시오.

- 살면서 가장 힘들었던 일은 무엇이었는지 말해보시오.

- 다른 지원자보다 자신이 더 우수하다고 생각하는지 말해보시오.

- 금일 헤드라인 뉴스가 뭐였는지 알고 있는가?

- 한국가스공사가 하는 주요사업에 대해 아는 것을 말해보시오.

- 우리나라 가스 산업에 대해 말해보시오.

- 한국가스공사의 앞으로의 발전방향을 제시해 보시오.

- 액화석유가스에 대해 말해보시오.

- 한국가스공사가 천연가스를 어디에서 수입하고 있는지 말해보시오.

- 한국가스공사의 사업전략에 대해 알고 있다면 말해보시오.

- 유가 상승과 하락의 이유에 대해 설명해보시오.

- 천연가스의 장점을 아는 대로 말해보시오.

- 최근에 읽은 책 중 기억에 남는 책을 말해보시오.

- 공기업에 지원하는 이유는 무엇인지 말해보시오.

- 공기업 민영화에 대한 자신의 생각을 말해보시오.

- 공기업과 일반기업의 차이점에 대해 말해 보시오.

- 도시가스 요금부과 방식이 부피단위에서 열량단위로 바뀌었는데 아는 대로 말해보시오.

- 살면서 가장 큰 계기를 준 일은 무슨 일이었는지 말해보시오.

- 자신이 올해 세웠던 목표에 대해 말해보시오.

- 상사와의 갈등이 생기면 어떻게 대처하겠는가?

- 과중한 업무를 상사가 자신에게만 시킨다면 어떻게 하겠는가?

- 자신에게 주어진 업무가 자신과 맞지 않고 하기 싫다면 어떻게 대처 하겠는가?

- 자신의 말실수로 오해를 사게 된 경험이 있는가? 어떻게 해결했는가?

- 한국의 빨리빨리 문화와 중국의 느긋한 기다림의 문화 중 어떤 것이 더 좋은거 같은지 말해보시오.

- 자신을 희생해서 남을 도와준 경험이 있는가?

- 노조의 파업 등 노동쟁의에 대한 생각은?

- 공기업 방만경영에 대한 자신의 의견을 말해보시오.

- 공공기관이 지방으로 이전한다면 취업해서 일할 수 있는가?

- 최근 사회적으로 이슈가 되고 있는 것은 무엇인가?

- 마지막으로 하고 싶은 말은?

- 프아송비에 대해 설명하고 어떤 부분에 응용할 수 있는지 말해보시오.

- 사진측량과 지상측량을 설명하시오.

- 유효응력설명, 2방향 슬래브에 대해 설명하시오.

- 베어링의 종류에 대해 설명하시오.

- 허용응력설계법과 극한강도설계법의 차이에 대해 설명하시오.

- 콘크리트 건조시 수축에 대해 설명하시오.

- 공공현상 발생원인과 대처방법에 대해 설명하시오.

- 베르누이 정리에 대해 설명해보시오.

- 레이놀즈수와 층류, 난류에 대해 설명하시오.

- 가스공사에서 사용하는 기계의 종류를 아는 대로 말해보시오.

- 압력단위에 대해 설명해 보시오.

- CNG의 정의에 대해 말해보시오.

- 용접의 종류의 대표적인 사용개소에 대해 설명하시오.

- 수격현상이란 무엇인지 설명하시오.

- 한국가스공사 관련 기사를 읽은 적이 있는가?

- 바둑에 흰 돌과 검은 돌을 쓰는 이유는?

- 휴대폰 사용자를 추론해보라

- 지원자가 사는 동네에 유치원이 몇 개 있는지 추론해보라

- 지원자가 가장 좋아하는 과목은 무엇이며 그 이유는?

- 지원자는 친구가 많은가? 친구들을 소개해 보시오

- 살아오면서 가장 열정을 가지고 해 본 일은 무엇인가?

- 살면서 가장 후회되는 일은 무엇인지 말해보시오

- 지원자 자신의 건강은 어떤 편인가?

- 민법 상 하자있는 의사표시란 무엇인지 말해보시오

- 정당방위와 긴급피난을 비교 및 설명해보시오

- 공사 또는 공기업에서 일하려는 이유를 말해보시오

- 스마트그리드를 설명해보시오

- 공기업이 개선해야 할 점은 무엇인지 말해보시오

서원각과 함께

꿈의 날개를 펴라

기업체 시리즈

서울교통공사

서울시설공단

한국가스안전공사

코레일(한국철도공사)

온라인강의와
함께 공부하자!

공무원 | 자격증 | NCS | 부사관·장교

네이버 검색창과 유튜브에 소정미디어를 검색해보세요.
다양한 강의로 학습에 도움을 받아보세요.